LA PROMENADE DE VERSAILLES

DEDIE'E

AV ROI.

A PARIS,
Chez CLAVDE BARBIN, au Palais,
sur le Perron de la Sainte Chapelle.

M. DC. LXIX.
Avec Privilege du Roi.

LA PROMENADE DE VERSAILLES.

JE m'aquite avec plaisir de ma promesse, & de mon devoir, en écrivant l'agréable promenade que nous fîmes avant hier. A peine fûmes nous arrivez sur cette hauteur, d'où l'on découvre tout d'vn coup le magnifique Palais où nous allions, que la belle Etrangére s'écriant

A

LA PROMENADE

avec vn ton de voix d'admiration, Que voi-je, me dit-elle, couronner si magnifiquement cette éminence opposée, qui domine vne si agréable étenduë de païs, est-ce là ce que vous appellez la petite maison du plus grand Roi de la terre? Oüy, luy dis-je Madame, c'est Versailles, & cette veuë qui n'est ni trop étenduë ni trop bornée, & qui a beaucoup de diversité en peu d'espace, est assûrément fort belle. Mais, Madame, ajoûtai-je, je vous prie de regarder avec quelque attention cét étang paisible que vous voiez, & qui n'estant pas fort grand ne meriteroit peut-estre pas d'être fort consideré, si je n'avois à vous dire qu'il est la source de mille belles choses que vous ver-

Extrait du Privilege du Roy.

PAR Lettres Patentes de sa Majesté, données à Paris le 16. Mars 1669. scellées du grand seau de cire jaune, & signées, Par le Roy en son Conseil, MABOVL: il est permis à Claude Barbin Marchand Libraire à Paris, de faire imprimer, vendre & debiter vn livre intitulé *la Promenade de Versailles*, pendant dix années, à compter du jour qu'il sera achevé d'imprimer pour la premiere fois: Avec defenses à toutes personnes de quelque condition qu'elles soient, d'imprimer ou faire imprimer, vendre & debiter ledit livre sans le consentement dudit Barbin, sur les peines portées par lesdites Lettres.

Registrées sur le livre de la Communauté au mois de Mars 1669. Signé, A. SOVBRON, Syndic.

Ledit Barbin a cedé moitié dudit Privilege à Denis Thierry.

DE VERSAILLES.

rez tantoſt. Il eſt vrai, repliqua l'aimable Etrangére, que je ne m'y ferois pas arrétée long-temps, & que je l'aurois ſeulement regardé comme vn ſimple ornement que la nature auroit donné à ce beau païſage, afin qu'on ne pût pas luy reprocher de n'avoir point d'eau, & j'aurois plûtoſt pris garde à ces grandes & belles avenuës : Car malgré la jeuneſſe des arbres qui les forment, on ne laiſſe pas de connoiſtre déja que de ſi grandes routes doivent conduire à vne maiſon Roiale. Pour moi qui aime paſſionnément les beaux lieux, dit Glicere ; (c'eſt ainſi que j'appellerai vne parente de cette belle inconnuë) je me prepare d'avoir beaucoup de plaisir à la promenade de Versailles. Je prétends en avoir encore plus que vous, dit vn de leurs parens que je nommerai Telamon, car je suis si touché des beaux objets des belles maisons, des jardins, des bois, des fontaines, & de tout ce qui fait la grande beauté des Palais de la campagne, que je n'ai jamais vû de lieu qui ait quelque chose d'extraordinaire, sans en faire, ou le plan ou la description; & comme j'ai extremément voiagé, je puis me vanter d'avoir les plus beaux lieux du monde en ma disposition. Mais pour vous, je voi bien que vous vous preparez à voir simplement Versailles, lorsque je songe à m'en rendre le maistre; ce sera pourtant sans of-

DE VERSAILLES.

fenser le grand Prince qui en fait ses délices, puisque ce n'est que pour en publier la beauté quand je serai retourné en mon païs. A ce que je comprens, luy dis-je, vous n'estes pas de l'humeur de ceux qui ne peuvent souffrir la description d'vne belle maison ni d'vn beau jardin, comme il y en a beaucoup par le monde. Bien loin de là, repliqua Telamon ; quand je rencontre quelqu'une de ces descriptions je m'y arreste avec plaisir, & je trouve que si les autres endroits des livres servent au divertissement de l'esprit, ceux-ci sont les délices de l'imagination. En mon particulier, dit la belle Etrangére, je suis de l'avis de Telamon : mais quant à Glicere, quoiqu'elle aime fort les belles maisons & les beaux jardins, c'est pour s'y promener effectivement, & point du tout pour en voir de belles descriptions ; car lorsqu'elle en trouve dans des livres, & particuliérement dans des Romans, elle les passe sans les lire, & court aprés les Héros, comme si elle avoit part à leurs aventures, & qu'elle fût la rivale des Heroïnes. Vous me reprochez mon impatience si agréablement, toute mélancolique que vous estes, repliqua Glicere, que je ne m'en oserois fâcher ; & j'aime mieux avouër de bonne foi que je ne m'accommode guere des descriptions, & que j'ai quelquefois vû des ouvrages, où je trouvois qu'il y en avoit trop;

DE VERSAILLES.

quoique d'ailleurs je les estimasse beaucoup. Vous avez tant d'esprit en toutes choses, répondit Telamon, que je veux vous guérir de l'erreur où je vous voi: car comme je me prepare déja à faire vne grande description de Versailles, je veux faire mon Apologie, si j'en ai le loisir, avant que d'estre dans ce Palais. Je regardai alors si nous estions bien proches, & la belle Etrangére ayant mesme commandé qu'on allast vn peu plus doucement, Telamon demanda à Glicere par quelle raison elle condamnoit les descriptions. Vous m'embarrassez fort, repliqua cette aimable femme, car je ne sai pas toûjours bien pourquoi les choses me plaisent ou me déplai-

A iiij

sent : mais en général, il me semble que soit en Histoire, soit en Roman, mon esprit cesse d'agir dés que je trouve vne description qui l'arreste; & comme rien n'ennuye tant que de ne bouger d'vne place, je m'impatiente, je sors du palais ou du jardin, & je cours, comme on me l'a agréablement reproché, aprés les Héros & les aventures. Mais enfin, dit Telamon, qui a beaucoup d'esprit & beaucoup de savoir ; il faut poser pour vne régle générale, que l'Art embellit la Nature; que les palais sont plus beaux que les cavernes, que les jardins bien cultivez sont plus agréables que des landes steriles. Cependant si l'on vous en croyoit, la mo-

moire des villes, des palais, & des jardins magnifiques périroit avec le temps, puisque l'on n'en feroit point de descriptions; car l'architecture n'est pas immortelle, & nous ignorerions mille belles choses qui ont esté faites par de grans Princes, en matiére de bastimens, si on n'en trouvoit pas de descriptions dans l'Histoire. Il est mesme certain que pour bien entendre les choses qui se passent, il faut que l'esprit conçoive les lieux où elles sont arrivées : & c'est pour cela que la Géographie, qui n'est autre chose qu'vne description générale du monde, est absolûment nécessaire à la connoissance de l'Histoire. Je crains fort, reprit Glicere en riant, que ce que vous allez dire ne soit vn peu trop savant pour moi : mais n'importe, je ferai ce que je pourrai pour vous entendre & pour en profiter. Il ne sera pas malaisé, reprit-il : car je n'ai qu'à vous prouver par des exemples que les plus grans Historiens n'ont rien crû faire d'indigne d'eux en faisant des descriptions. Le plus ancien de tous, qu'on appelle le Pere de l'Histoire, & que je n'ose vous nommer, de peur que vous ne trouviez ce nom-là trop savant, semble encore voiager dans ses écrits, tant il s'arreste à tous les beaux lieux qu'il rencontre, & à tous les édifices publics ; il ne represente pas seulement la beauté des temples & des palais, les statuës, les jardins, &

DE VERSAILLES.

tous les ornemens qu'il y trouve; il apprend les païs d'où venoient les pierres, il nomme les Architectes qui les ont employées, & circonstancie jusques aux moindres choses, en décrivant le vestibule du temple de Mercure, qu'Amasis Roi d'Egypte avoit fait bastir; & de la maniére dont ce grand homme parle de tous les fleuves qu'il décrit, & particuliérement du Nil, on voit bien qu'il songe autant à divertir qu'à instruire. Il ne faut pas s'imaginer, ajoûta Telamon, qu'on décrive toûjours les lieux & les bastimens pour l'amour d'eux-mesmes, quelque beaux qu'ils soient; c'est bien souvent autant pour ceux qui les ont aimez ou qui les ont fait bastir. La

Colomne de Trajan à Rome, qu'on a gravée avec soin, afin qu'elle dure encore aprés que le temps aura achevé de la détruire, n'est principalement considérable que par le nom d'vn grand Empereur: & si quelque personne qui sache écrire décrit bien Versailles, ne doutez pas que cette description ne soit agréable à la posterité, & qu'on ne soit bien-aise de savoir comment estoit fait ce palais où tant de grans desseins ont esté conceus. En effet, c'est à Versailles, interrompis-je, où le Roi pendant qu'il ne sembloit songer qu'à divertir toute sa Cour, & qu'à se divertir luy-mesme, formoit ces grandes entreprises que nous luy avons vû si glorieusement exécuter; c'est delà qu'il partit pour aller conquerir la Flandres; c'est-là qu'il revint, lorsqu'il en eut conquis vne grande partie, & borné luy-mesme ses grandes victoires; & c'est-là encore qu'il conçut l'heroïque dessein de faire la guerre en vne saison destinée au repos, & de conquerir la Franche-Comté aussi promtement que Cesar vainquoit autrefois. Il est aisé de comprendre, dit la belle Etrangére, que les grandes qualitez du Prince, redoubleront la curiosité qu'on aura toûjours pour Versailles, & je crains beaucoup pour le party de Glicere, si elle veut s'opposer à la description que vous en ferez. Pour luy en oster le dessein, dit Telamon, il ne faut pas luy laisser croire que ce soit vn Historien tout seul qui ait orné son histoire de pareilles descriptions. Tous les plus célébres en sont remplis, & le fameux Josephe, qui vient d'estre admirablement traduit en François, & qui est aujourd'huy entre les mains de tout le monde, décrit les Temples, & plusieurs autres choses, represente exactement tous les presens que fit le Roi d'Egypte aux sacrificateurs des Juifs, & sur tout vne table si magnifique, qu'elle seroit digne d'estre à Versailles. Polybe mesme, ce sage & prudent Historien; pardonnez-moi, s'il vous plaist, ce nom-là & celuy de quelques autres encore; car ne pouvant jamais parler auſſi agréablement que vous, il faut du moins que je vous paroiſſe plus ſavant en vous nommant des gens qui ne ſont apparemment guere de voſtre connoiſſance. Ce fameux Hiſtorien, dis-je, pourſuivit Telamon, qui n'employe guere ſes paroles qu'à ce qui peut inſtruire, ne laiſſe pas de faire vne deſcription d'Ecbatane, & des palais des Rois de Medie, qui ne peut eſtre regardée que comme vn ornement de ſon Hiſtoire. Il avoit meſme décrit exactement vn palais des Rois d'Eſpagne dans les livres qui ſont perdus. Pline le Jeune fait vne deſcription d'vne belle maiſon dans vne de ſes Epiſtres, qui montre aſſez que le goust de son siécle n'estoit pas le vostre. Et pour l'ancien Pline, l'oncle du premier que j'ai nommé, on peut dire qu'il décrit toute la nature, & tous les ouvrages de l'art : Les tombeaux, les fontaines, le grand Colisée que Cesar fit bastir, les ponts, les aqueducs, la belle maison de Scaurus, tout se trouve décrit dans ses ouvrages ; Cesar enfin luy-mesme dans ses Commentaires, décrit avec autant de soin vn pont qu'il avoit fait bastir sur le Rhin, que les batailles qu'il avoit gagnées. Ah Telamon, s'écria Glicere en riant, pour Josephe, Polybe, & tous les Plines du monde j'aurois eu peine à me rendre ; mais qui peut resister à Cesar ? Ce n'est pas, ajoûta-

ajoûta-t-elle, qu'on ne puſt répondre, ſi je ne me trompe, que les Hiſtoriens rapportant ce qui a eſté, ont plus de droit de faire des deſcriptions, que ceux qui nous content ſeulement ce qui ne fut jamais. Au contraire, reprit Telamon, il eſt encore plus permis à ceux qui inventent, de faire des deſcriptions, qu'aux Hiſtoriens : car les premiers doivent principalement travailler pour inſtruire, & les autres doivent ſeulement divertir en inſtruiſant : Joint qu'à parler en général, les deſcriptions bien faites aprennent toûjours quelque choſe à ceux qui les liſent, en repréſentant les objets, ſinon tels qu'ils ſont, au moins tels qu'ils devroient eſtre, pour produire vn

B

grand & noble effet; outre qu'elles remplissent l'esprit d'idées agréables. Aussi tous les Poëtes emploient bien plus souvent les descriptions, que les Historiens; & soit qu'on regarde ceux de l'antiquité ou les modernes, on trouvera que depuis Homére jusques à l'Arioste, pour ne rien dire des vivans, tous les beaux Poëmes sont remplis de descriptions fabuleuses. Les Romans sont vne espece de Poësie, qui tient pourtant quelque chose de plus de l'Histoire : car dans les vrais Poëmes, on peut dire quelquefois des choses si merveilleuses, qu'elles approchent de l'impossibilité : où au contraire, il faut que dans les Romans bien faits la vrai-semblance soit par

DE VERSAILLES.

tout., & soit mesme par tout la Maistresse. Dans vn Poëme Heroïque on peut bâtir vn Palais de pierres précieuses, si l'on veut; dans vn Roman, c'est assez d'emploier la jaspe & le porphire, mais cette necessité de dire des choses vrai-semblables, donne l'avantage de les pouvoir dire avec mille circonstances qui y répandent je ne sai quel air de vérité. Je croi cependant qu'il y a vne observation à faire, c'est que lorsqu'vne description est entiérement inventée, il ne la faut jamais longue; mais quand on emploie des lieux effectifs, on peut s'étendre autant que le sujet le demande, & nous devons cette justice à ceux qui font ces descriptions, de penser qu'ils ont eu des raisons particuliéres de les mettre dans leurs ouvrages. Ainsi Glicere, si vous n'aimez pas ces choses-là, passez les sans les lire ; mais ne blâmez pas ceux qui les aiment, non plus que ceux qui les font, & vsez-en comme dans vne collation magnifique où l'on sert de toutes sortes de fruits, & où chacun choisit ce qu'il aime, sans blâmer ce qu'il n'aime pas. Ah Telamon, dit Glicere, me voilà parfaitement bien instruite, & je vous rends mille graces de ce que vous n'avez rien dit que je n'aie tres-bien entendu. Telamon, & moi rîmes de ce que disoit Glicere ; mais pour la belle Etrangere, elle en soûrit modestement, & voiant que nous estions déja proches du Palais, se mit à considerer cette agréable place en demi-lune (formée par vne balustrade) dont les pointes finissent par deux Obelisques, portans la devise du Roy à toutes les trois faces. Elle prit garde aussi en passant à ces petits Hostels de campagne qui sont bâtis proche du Palais pour la commodité des Grands de la Cour, & aux inscriptions qui les font connoître. Mais pendant que j'envoiai vn billet que j'avois, afin qu'on nous laissât entrer, je vis sortir vne de mes amies avec cinq ou six personnes qui parurent toutes extremément surprises de la grande beauté de nostre Etrangere, car sa coiffe estoit levée, parce qu'elle avoit

B iij

voulu regarder l'aspect de ce magnifique Palais. Mon amie me reconnoissant, s'en vint à moi pour la voir de plus prés, avant que d'entrer dans son carrosse; mais comme son admiration augmentoit en la voiant mieux, elle feignit d'avoir quelque chose d'important à me dire, afin de me demander qui estoit cette admirable personne. Je descendis donc, & comme il ne faisoit point de soleil, je demandai permission à la belle Etrangére d'aller dire vn mot à mon amie, pendant qu'elle regarderoit l'avant-cour à travers vne grande grille dont elle est fermée, aboutissant à deux gros pavillons qui sans rien oster de la veuë du Palais, font vne symétrie agréable.

Mais à peine fûmes nous éloignez de huit ou dix pas, qu'elle me demanda qui eſtoit cette grande beauté, & les autres perſonnes qui l'accompagnoient, qui avoient l'air de gens de qualité. Je vous aſſure, lui dis-je, que je n'en ſai guere plus que vous, & tout ce que je puis vous en dire, c'eſt qu'il y a trois ſemaines que cét homme que vous voiez qui n'eſt plus dans ſa prémiére jeuneſſe, & dont l'air eſt fort d'vn homme de condition, vint me trouver, & m'apporta vne lettre d'vn de mes plus chers amis qui eſt en voiage : Cét ami ne marque point le lieu d'où il m'écrit, afin que je ne tire nulle conſequence pour deviner d'où ſont les perſonnes dont il me parle. Mais il me prie d'aimer, & de servir cette belle Etrangére, qui doit faire quelque sejour en France ; il m'assure qu'elle est d'vne grande naissance & d'vne grande vertu, & luy donne mille loüanges. Il m'apprend qu'vne Dame qui est avec elle, est son amie & sa parente, & que celuy qu'il a chargé de sa lettre est leur parent, & a infiniment de l'esprit. C'est tout ce que j'en sai, j'adjouste seulement que l'ami qui m'écrit ainsi, n'a pas accoustumé de loüer legérement, il est sage & sincere ; & je ne puis douter de ce qu'il me mande. Voilà vne aventure admirable, me dit mon amie, & si j'osois, je rentrerois à Versailles avec vous, pour avoir ma part d'vne si bonne compagnie. Il ne le faut pas, luy dis-je : car la belle Etrangére cherche la solitude, & depuis trois semaines que je la voi, que je l'admire & que je l'aime, je n'ai pû l'obliger à prendre nul divertissement que celuy-ci, encore est-ce moins l'envie de se divertir qu'vn effet de la grande reputation du Roi, qui fait qu'elle a la curiosité de voir Versailles. Mais encore, me dit mon amie, ne savez-vous rien de plus d'vne personne que vous aimez déja. Je sai, luy repliquai-je, qu'elle a mille charmes que je ne puis exprimer, qu'elle a beaucoup & de fort belles pierreries, que ce qu'elle a d'équipage a vn certain air de qualité, qui marque que ce n'eſt pas vne perſonne d'vn rang commun, & qu'enfin ce n'eſt pas du coſté du bien que la Fortune luy eſt contraire. Mais adieu, luy dis-je, je voi qu'on va ouvrir les portes de l'avant-cour, laiſſez-moi avec ma nouvelle amie qui eſt la plus charmante du monde. En effet, je retournai la joindre, & je ne la vis pas pluſtoſt qu'elle me demanda l'explication de la figure du Soleil qu'elle voioit en divers lieux. Je luy dis alors que c'eſtoit la deviſe dont le Roi s'eſtoit ſervi dans vn Carrouſel qui avoit eſté & fort magnifique & fort galant; & qu'en effet, on ne pouvoit prendre vn corps de Deviſe plus noble que celuy-là pour le Roi, & où il ſe trouvast plus de choses capables de convenir à vn Prince qui étoit la lumiere du monde, & qui avoit esté donné à la France, pour la combler de gloire. Comme Telamon a beaucoup de connoissance de l'Architecture, il trouva l'avant-cour d'vne belle grandeur, d'vne forme agréable, avec les deux aisles de bastimens qui la ferment à droit & à gauche, & dont la noble simplicité sert à faire paroistre l'aspect du Palais plus magnifique & plus riant. La belle Etrangére s'arresta au bord des fossez revestus de balustrades des deux costez, & qui ont vne veuë champestre à droit & à gauche, & ses regards traversant ces grandes arcades, où l'or & le vert sont si bien mêlez enfemble, elle fut charmée de l'afpect de ce Palais. Divers rangs de buftes ornent la face du baftiment & les deux aifles auffi, dont vn magnifique corridor à baluftres dorez, fait la communication, & regne enfuite tout à l'entour du Palais, pour le rendre non feulement plus beau, mais auffi plus commode. Comme le Soleil parut vn moment fort à découvert, il fembla à la belle Etrangére que ce n'eftoit que pour faire briller davantage tout l'or, dont le comble du Palais eft orné, & pour luy faire paroiftre plus agréable le Ciel ouvert qu'on voit à travers le veftibule, & la belle veuë qui s'étend auffi loin que les regards peuvent aller. Telamon tira alors ses tablettes, & commença à prendre des memoires de ce qu'il regardoit; Glicere ne luy en fit mesme plus la guerre, trouvant que tout ce qu'elle voioit, meritoit bien qu'on s'en souvînt. Aprés avoir donc bien regardé tout ce qui se peut voir d'abord, nous entrâmes dans le vestibule, qui pour n'étre pas extremément grand, ne laisse pas de plaire, & d'estre tres-ingenieusement pensé; il est entiérement peint & doré, ayant plusieurs chandeliers de cristal pour l'éclairer la nuit: mais à peine y fûmes nous entrez, que la belle Etrangére estant surprise de voir deux cheminées aux deux bouts avec deux enfoncemens, me demanda à quel vsage cela estoit destiné : C'est,

Madame, luy dis-je, qu'aux autres maisons du Roi, on a cherché la magnificence par la grandeur des salles, des appartemens & des galleries, & qu'en celuy-ci qui n'est pas d'vne fort grande étenduë pour les bâtimens, tout y est si bien ménagé, que rien n'y est inutile, & le vestibule sert à plusieurs choses. Premierement, il est, comme vous le voiez, selon son vsage naturel vn passage pour aller aux appartemens bas, & pour entrer dans les jardins ; & par dessus cela, le Roi, quand il luy plaist, en fait vn lieu tres-commode pour la Comédie. Le Theâtre est dans l'vn des enfoncemens, & les Violons dans l'autre, sans embarrasser l'Assemblée, & on y donne

DE VERSAILLES. 31

mesme le Bal : & quand on veut, en fermant ces deux enfoncemens, avec vn lambris qui se met & s'oste facilement, ce sont deux agréables chambres & vn vestibule. Cela est tout-à-fait bien imaginé, dit la belle Etrangére, & je suis ravie de voir que la maison d'vn grand Roi a diverses choses, aussi bien pour la commodité, que pour l'ornement. En effet, ajoûta Glicere, l'ordinaire des grandes maisons est d'avoir de grandes incommoditez; les Architectes songent si fort à estre sur les tablettes de Telamon, je veux dire à l'exterieur des choses, dont ils veulent estre loüez par des étrangers, qu'à peine pensent-ils à ce qui peut rendre ces beaux lieux les plus

LA PROMENADE

commodes pour ceux qui en font les Maiſtres. D'abord la belle Etrangére ſortit du veſtibule, & paſſa ſur le pont qui traverſe les magnifiques foſſez de ce Palais; mais je la priai de ne s'y arréter guere, afin qu'elle viſt les appartemens, avant que de voir les jardins, & je la laiſſai ſeulement regarder vn inſtant les meſmes foſſez qu'elle avoit vûs en entrant, reveſtus de baluſtrades des deux côtez, & découvrir au delà des premiers jardins qui ſont d'vne grande étenduë, des rondeaux, des fontaines jalliſſantes, des terraſſes, & des parterres. Elle prit meſme garde que du bout du pont on voit à la gauche & à la droite deux allées de Pins qui ſemblent deux bois, quoiqu'il qu'il n'y ait que celle de la main gauche qui ait vn veritable bois derriere elle ; de-sorte que ces deux allées en bornant la veuë, la font paroître plus agréable, & redoublent la beauté du lointain, qui est en aspect du Palais, aussi bien que celuy qui est sur la droite, & qui rend cét objet tres-aimable. Glicere & Telamon avoient déja fait huit ou dix pas à droit, & ne pouvoient se lasser de regarder ni la face du Palais de ce costé-là, ni l'étenduë des jardins de tous les costez où l'on voit mille beautez différentes. Mais la belle Etrangére se laissant conduire les rappella, & nous entrâmes à la droite dans vn appartement dont le Roi se sert quelquefois, quoique le sien soit véritablement au premier étage. A l'autre costé, sont les appartemens pour les personnes de la Cour, dont tous les meubles sont différens, & fort propres, avec vn air de grandeur qui se trouve par tout. Lorsque nous fûmes dans cét appartement bas, dont, comme je l'ai déja dit, le Roi se sert en quelques rencontres, la belle Etrangére en observant vne certaine propreté sans grande magnificence qui est en tout l'ameublement, entra dans le cabinet, & se tournant vers moi, C'est donc quelquefois ici, me dit-elle, que vostre grand Roi a formé ces grans desseins, qui ont attiré tant de fois sur luy les yeux de toute l'Europe. Il n'en faut pas douter, luy dis-je; mais j'ai entendu assurer à des personnes qui ont l'honneur de l'approcher souvent, qu'il se fait vn cabinet, s'il faut ainsi dire, des lieux mesme les plus tumultueux, & qu'au milieu de la foule & des plaisirs, il pense tranquilement aux choses qu'il croit estre obligé de faire. Pour moi, dit l'aimable Glicere, comme j'aime toûjours mieux les Héros que leur Palais; je croi qu'avant que de voir celuy-ci vous devriez nous bien representer quel en est le maistre. Ah Glicere, reprit Telamon en l'interrompant, quelle injure nous faites-vous, & à vous-mesme? Poüvons-nous donc ignorer ce qu'est vn Roi que toute la terre connoist & admire? Si je l'entreprens, ajoûta-t-il en me regardant, vous verrez bien-tost qu'en cela les étrangers ne se laissent guere surpasser par les François. Vous me direz sans doute, si je vous laisse parler, luy répliquai-je, ce que toute la terre fait, & que la Renommée publie par tout avec tant de pompe, qu'il est né dans les triomphes, qu'ils n'ont fait que croistre & augmenter comme son âge, excepté que le cours & le nombre de ses victoires a toûjours passé de bien loin celuy de ses années. Vous me ferez voir les batailles, les combats, les villes prises, les guerres civiles & étrangéres heureusement terminées, les Alliez soûtenus, les ennemis vaincus, sa propre ambition surmontée la derniére, & cedant à regret pour le bien du monde : les beaux Arts honorez de ses bienfaits, respirer à l'aise, & joindre heureusement le repos & le travail sous vne protection si puissante : Qu'on comptoit avec étonnement les grandes actions de ses Ancestres, que les siennes ne se peuvent compter. Mais savez-vous bien, Telamon, que ce n'est pas encore assez dire, & qu'il faut aller beaucoup au delà. Je n'en doute pas, répliqua-t-il, & j'ajoûterai, si vous me le permettez, à cét eloge ce que toute la terre ne fait pas moins desormais : Un esprit amoureux de la gloire, & qui en fait sa premiére passion : Une ame naturellement savante qui fe connoift à tout : des lumiéres à qui l'expérience mefme ne peut rien donner ni de plus prompt ni de plus jufte : Un corps auffi adroit à toute forte d'exercices, qu'infatigable à toute forte de travaux, en qui les yeux ne découvrent rien qui ne plaife, qui ne charme & qui ne raviffe ; comme fi la nature n'avoit penfé qu'à eux en formant le Héros : Qu'il n'a pas feulement fur le vifage l'air de maître du monde ; mais que c'eft comme on l'a dit, vn honnefte homme majeftueux, qui jufques à la moindre de fes actions fait voir toute la retenuë d'vn particulier avec toute l'autorité d'vn grand Prince : Qu'il femble ne commander pas feulement aux

DE VERSAILLES.

hommes, mais au temps & aux affaires, quand on le voit, se donnant à tant de choses différentes, se posseder toûjours, & dans la contrainte de mille devoirs nécessaires, sans manquer jamais à pas-vn, ne faire jamais que sa volonté : Que personne ne l'égale ni à dire toûjours ce qu'il faut, ni à ne dire jamais que ce qu'il faut : Qu'il a de la magnanimité sans orgueil, de la magnificence sans ostentation, de la civilité sans abaissement ; qu'il y joint vne bonté & vne consideration tres-obligeante pour tout ce qui l'approche, de la galanterie, de la politesse, de la complaisance, communiquant pour ainsi dire, à toutes ces vertus privées, sans les tirer de leur rang, quelque chose du sien qui le distingue toûjours, & le fait paroistre, soit dans les plaisirs, soit dans les grandes choses toûjours vn grand Roi, toûjours différent, & toûjours égal à soi-mesme. Je croi, dit alors la belle Etrangére, qu'il est difficile de rien ajoûter à cét éloge. Je l'avouë, luy dis-je, & c'est avec moins d'étonnement que de joie, de voir que mon Prince soit presque aussi connu parmi vous que parmi nous. J'aurois peine neantmoins à m'empécher de le louër encore d'vne autre sorte, s'il ne me sembloit temps desormais d'aller voir toutes les beautez de cette charmante maison. Car enfin tout ce que Telamon vient de nous dire

DE VERSAILLES. 41

convient à Louïs Quatorziéme, tel qu'il étoit avant les conqueftes de Flandres & de la Franche-Comté. Il nous a fait voir admirablement en fort peu d'efpace vn grand Roi fort honnefte homme, mais fi la fantaifie m'en prend en quelque endroit de la promenade, je vous le montrerai encore auffi grand Capitaine que vaillant foldat, & nous verrons alors, s'il ne me refte rien à dire. Aprés cela, je fis fortir la belle Étrangére de cét appartement bas, & je la menai par l'efcalier qui eft à l'aîle de ce cofté-là, qu'elle trouva fort agréable; en effet, les marches en font d'vn marbre jafpé, le rampant eft de bronze doré d'vn fort beau travail, tous les costez sont peints en bassetailles dorées, il est fort bien éclairé, & pour n'estre pas extremément grand il est noble & commode. Il y en a vn tout pareil à l'aisle opposée, dont le dôme semble estre vn ciel ouvert. Je montrai d'abord à la belle Etrangére l'appartement de Monsieur le Dauphin, qui est en haut sur l'appartement bas du Roi. Les meubles en furent trouvez tres-propres, & bien entendus, & sur tout, la veuë de ce lieu-là charma Telamon. En effet, on voit de cét appartement vn grand jardin de fleurs fermé d'vne balustrade dorée, vn rondeau au milieu avec vne veuë champestre au delà, ornée d'vn temple rustique : Et comme il y a certaines fleurs qu'on appelle des Immortelles, parce qu'elles ne paſſent point; je penſe qu'on pourroit appeller ce jardin d'vn nom approchant de celuy-là; car on y voit des fleurs en toutes les ſaiſons, qui ſuccédent les vnes aux autres. On a en ce lieu-là du coſté de la cour vne veuë ſauvage & ſimple, qui ne laiſſe pas de plaire. J'ai déja tant entendu parler de Monſieur le Dauphin, dit alors Glicere, qu'à mon avis ce n'eſt pas vn des moindres bonheurs du Roi d'avoir vn fils qui promet ſi bien de luy reſſembler. Il eſt vrai, répliquai-je, que ce jeune Prince eſt incomparable en toutes choſes; il a la beauté du Roi & de la Reine, le grand air de la haute naissance en toutes ses actions, vn feu si brillant dans l'esprit, qu'on diroit qu'il veut se défaire de l'enfance avant que de cesser d'estre enfant; & ce qu'il y a de merveilleux, c'est qu'il connoist parfaitement bien de luy-mesme qu'il n'y a que le Roi audessus de luy. Mais quelque hauteur qu'il ait dans l'esprit pour tout le reste du monde, il est dans vne soûmission tres-profonde pour le Roi son pere, qu'il aime autant qu'il le craint; & la mesme lumiére qui luy fait déja connoistre ce que les autres luy doivent, luy fait voir aussi ce qu'il doit à ce grand Prince. Ensuite je menai la belle Estrangére dans l'appartement de la Reine, dont toutes les diverses piéces ont des

platfons fort beaux, & fort différens. Et comme Glicere fait
fort bien travailler en ouvrages,
elle admira l'ameublement qui
eſtoit alors dans la chambre de
la Reine. Voiez, dit-elle à la
belle Etrangére, cét ameublement de point d'Eſpagne d'or,
d'argent & de fleurs nuées ſur vn
fond blanc ; peut-on rien voir
de plus beau ni de mieux aſſor-
ti? Enſuite nous entrâmes dans le
grand ſalon qui eſt tres-ſuperbe,
dont tous les ornemens ſont tres-
beaux, avec quantité de chandeliers tres-magnifiques, & des bra-
ſiers de meſme. Les peintures du
dôme ſont tres-belles, & les tableaux maritimes des diverſes faces ſont fort agréables. Mais en
cét endroit aiant paſſé ſur le cor-

ridor, la belle Etrangére, Glicere, & Telamon firent vn grand cri d'admiration pour la beauté de la veuë. En effet, on voit de ce lieu-là devant foi plufieurs grands parterres, avec des rondeaux & des jets, & au delà de ces parterres, de ces jets & de ces gerbes d'eau, vn canal de quatre cens toifes de long & de feize de large, qui malgré la fituation du lieu, & malgré la nature, s'enfonce en droite ligne vers le haut d'vn tertre, & l'on apperçoit à la gauche & à la droite des bois qui s'abaiffent, comme ne voulant pas ofter la veuë du lointain qui eft au delà. J'eus de la peine à retirer cette aimable compagnie d'vn lieu fi charmant: J'ai vû beaucoup de

DE VERSAILLES. 47

belles maisons en divers lieux de l'Europe, dit Telamon ; mais je n'ai jamais vû que celle-ci qui soit environnée de jardins de tous les costez ; car si vous y prenez garde, il n'y a que l'entrée qui n'en ait point, encore est-elle ornée par de grandes avenuës qui valent bien vn jardin. Ensuite toutes ces personnes estant passées dans le grand cabinet, elles firent encore vne exclamation pleine d'étonnement, qui me témoigna qu'elles estoient fort surprises de la magnificence d'vn si beau lieu. La belle Etrangére s'arresta d'abord à la face, qui est opposée aux croisées, où l'on voit des pilastres de miroirs entremêlez d'autres pilastres à feüillages dorez sur vn

fonds de lapis avec les chiffres du Roi ; ce qui fait vn effet merveilleux par la reflexion de tant de beaux objets dans ces pilaftres tranfparens qui font tous couronnez de foleils d'or. Elle regarda enfuite vn nombre infini de chofes magnifiques & rares, qui font fur divers rangs de fuperbes tablettes, dont la multitude & le brillant éclat ofte la liberté du choix, & dont le grand amas fait vn objet fort furprenant. Pendant que la belle Etrangére regardoit tant de belles filigranes d'or & d'argent, Glicere confidéroit de petits obelifques d'orfévrerie, des corbeilles, des vafes, des guéridons, des brafiers, des caffolettes, & mille autres chofes, ne pouvant
affez

assez s'étonner de voir aussi des fauteüils de filigrane d'argent sur vn fonds bleu, où l'on voit le soleil à tous les dossiers, & dont le prix fait assez connoistre la beauté. Cependant les siéges & les écrans sont tous d'vn mesme travail: mais ce qui arresta le plus les Dames, furent les portraits qui sont dans ce cabinet, & sur tout celuy de la Reine, dont ils admirérent la beauté. Et comme la belle Etrangére me demandoit beaucoup de choses de cette charmante Princesse, je luy dis que si j'entreprenois de luy en apprendre tout ce qui s'en pourroit dire nous ne verrions pas Versailles; Il suffit ajoûtai-je qu'aprés avoir vû par sa peinture qu'elle est parfaitement

D

belle, de savoir que la beauté de son ame surpasse celle de ses yeux, qui sont pourtant les plus beaux yeux du monde; & qu'enfin sa vertu la met autant audessus des autres, que son rang & sa naissance. La belle Etrangére loüa aussi avec exagération la beauté d'vn grand nombre de Dames, dont les portraits sont placez, & dans ce cabinet, & dans les autres appartemens du Palais; & elle avoüa n'avoir rien vû de si charmant en son païs. Nous passâmes ensuite dans vn autre appartement, où l'on voit deux grands cabinets, qui n'étant fermez qu'avec des glaces de miroir, laissent voir tout au travers les plus riches cryftaux

DE VERSAILLES.

du monde, les vns en grands vases de diverses figures, les autres en coupes & en soûscoupes. Et la belle Etrangére s'arresta avec plaisir à voir six piéces admirables de ces cryſtaux qui sont sur la cheminée. Mais comme Telamon avoit impatience de voir cette multitude de jardins qu'il avoit remarquez du corridor, nous passâmes assez viſte dans les autres appartemens du Palais, & nous deſcendîmes par l'eſcalier opposé à celuy par où nous eſtions montez. Nous retournâmes dans le veſtibule à deſſein d'entrer d'abord dans les jardins : Mais nous trouvâmes en ce lieu-là deux de mes amis fort honnestes gens qui ſembloient avoir quelque grande affaire à démêler. La beauté de l'Etrangére les surprit, & pour avoir plus de temps de l'admirer ils vinrent à moi, & me dirent qu'ils avoient grand besoin que je les misse d'accord, & que je leur disse mon sentiment sur vne chose qui leur tenoit fort au cœur. Je leur dis que je ferois ce qu'ils voudroient, pourveu qu'ils me dissent dequoi il s'agissoit : Il s'agit, dit le premier, de savoir s'il y a plus ou moins de tendresse à dire adieu à ce qu'on aime, ou à ne le dire pas. Nôtre contestation, ajoûta-t-il, a commencé par quatre vers que celuy contre qui je dispute, a mis à la fin d'vn billet qu'il m'a écrit ce matin : Je le pressois d'aller encore vne fois à S. Germain, pour dire adieu à vne personne qu'il ne hait pas, avant que de partir pour Candie, & aprés d'assez méchantes raisons il m'a envoié les quatre vers dont je parle : Les voici,

Allons Tircis, allons où l'honneur nous convie.
Arrachons-nous enfin à cét aimable lieu :
Mais partons sans revoir l'adorable Silvie ;
On ne sait point aimer quand on peut dire adieu.

Je sai bien, reprit agréablement celuy qui avoit envoié les quatre vers, en regardant son ami, que vous cherchez que je montre ceux que vous avez faits. Je vous contenterai, ajoûta-t-il en me baillant vn papier malgré la resistance de son ami: je le pris, & j'y trouvai ce qui suit, que je leûs tout haut.

Réponse aux plus injustes vers du monde.

Votre cœur, cher Damon, sait-il bien ce qu'il pense,
Partir sans dire adieu c'est avancer l'absence,
C'est meriter l'oubli d'un esprit généreux,
C'est dire sans parler qu'on n'est guere amoureux.
Pour moi je ne saurois abandonner Climene,
Sans voir dans ses beaux yeux l'image de ma peine;
Je veux que ses regards sombres & languissans
Consolent mes douleurs en troublant tous mes sens.

DE VERSAILLES.

Helas ! ignorez-vous qu'aux ab-
sens miserables
Les plus tristes adieux sont les plus
agréables :
Qu'vn si doux souvenir redouble
leur amour ;
Leur montre à tous momens les
plaisirs du retour ;
Adoucit les ennuis de ces longues
journées,
Que leur cœur amoureux compte
pour des années ;
Et qu'enfin revenant vers l'objet
de ses vœux,
Plus on fut affligé, plus on se
trouve heureux.

Pour moi, dis-je, aprés avoir achevé de lire, je suis de l'avis de celuy qui veut dire adieu : Mais afin d'estre équitable, je ne veux pourtant me déterminer

D iiij

qu'aprés que j'aurai entendu les raisons de celuy qui est d'vn sentiment opposé. Et puisque la porte du vestibule qui conduit au jardin n'est pas encore ouverte, dis-je à la belle Etrangére, trouvez bon que ces deux amis nous disent leurs raisons avant que je leur die mon sentiment. Je veux toûjours tout ce que vous voulez, reprit la belle Etrangére; mais je croi qu'en ces sortes de choses le cœur est meilleur juge que l'esprit. Vous avez raison, Madame, reprit celuy qui ne vouloit point dire adieu, & le mien me dit assez que c'est vn excés de tendresse, qui ne permet pas d'aller dire adieu à la personne qu'on aime, & qu'il n'y a que les cœurs tiédes qui puissent avoir assez de fermeté pour aller dire de belles paroles en partant, & faire vn adieu en forme. Ah! ignorant que vous estes, reprit son ami, que vous connoissez peu l'amour, si vous pensez qu'il faille de belles paroles pour dire adieu fort tendrement; il faut de la douleur dans les yeux, il ne faut point montrer d'esprit. Les longs discours n'y sont pas à propos, vn silence entremêlé de soûpirs y vaut beaucoup mieux, de tristes regards sans affectation, de la sincerité dans la douleur comme dans les paroles; & pour tout dire vn je ne sai quoi de doux & d'amer tout ensemble, qui passe cent fois d'vn cœur à l'autre en ces tristes momens, est ce qui assure plus d'vne constance eternelle en se separant, que les plus beaux discours ne le pourroient faire. Mais aprés tout, dit celuy qui défendoit ce sentiment opposé, vous pouvez voir la personne que vous aimez, & la quiter sans expirer de douleur : & moi je vous déclare que si je voiois la personne que j'aime, je ne pourrois partir ; c'est-pourquoi je pars sans la voir. Je crains mesme de l'affliger en la voiant, & j'aime mieux luy écrire vne belle lettre fort touchante, que de l'aller importuner de mes larmes. Ah ! s'écria son ami, vne lettre fort touchante n'est point ce qu'on appelle vne belle lettre, & puis en quelle heresie d'amour estes-vous, de ne vouloir pas que la personne que vous aimez soit touchée de vôtre absence ? Pouvez-vous dire cela, sans dire en mesme temps que vous n'estes guere affligé vous-mesme : aussi suis-je persuadé que tous ces gens qui ne veulent point dire adieu aux personnes qu'ils aiment, soit en amour, soit en amitié, aiment leur repos préférablement à tout, puisqu'ils cherchent mesme la tranquilité dans l'absence, & qu'ils ne veulent pas s'affliger mesme en partant. Je me figure encore, ajoûta-t-il en riant, que ces gens-là ne veulent ni lettres ni portraits de ceux qu'ils abandonnent, de peur que cela ne les attendrist; & qu'il leur suffit au retour de retrouver ceux qu'-

ils ont laissez; peut-estre mesme qu'ils ne se tourmenteroient guere s'ils ne les retrouvoient plus, & qu'ils appréhenderoient d'en parler, de crainte d'en avoir quelque douleur. Vous portez la chose trop loin, reprit son ami ; mais je ne me saurois dédire de ce que j'ai avancé, qu'il y a quelque foiblesse d'affection à dire adieu, & que l'impossibilité que j'y trouve est vne marque d'amour. Et je dis au contraire, répliqua son ami, que c'est vn defaut de vostre passion, & vne mauvaise delicatesse de vostre cœur qui ne veut pas s'affliger, voulant separer les plaisirs & les peines, prendre les premiers & laisser les autres aux vrais amants, qui savent trouver l'art de les confondre presque toûjours, & de n'avoir point de plaisirs sans douleurs, ni de douleurs sans plaisirs : Je soûtiens mesme qu'vn cœur qui sait aimer, ménage le temps de voir la personne qu'il aime jusques à vn moment ; on part le plus tard qu'on peut ; on s'arrache plûtost qu'on ne part ; on marche lentement en se separant ; on tourne la teste quand mesme on ne peut plus voir la personne qu'on laisse avec tant de regret ; on regarde tant qu'on peut le lieu où elle demeure. Enfin on s'en éloigne avec tant de peine, qu'il est aisé de juger que ceux qui font le contraire de cela, qui se hâtent de partir, qui partent sans voir & sans parler, & vont en poste écrire vne belle lettre à cinquante lieuës delà, ont vne amour fort commode pour eux, & qui ne les tourmente guere. La belle Etrangere soûrit malgré sa mélancolie, & dit fort agréablement qu'elle croiòit que ceux qui ne vouloient point dire adieu avoient plus de raison qu'on ne pensoit, parce qu'il y avoit apparence que ces gens-là auroient l'air si tranquile en le disant, qu'on connoistroit la foiblesse de leur affection, & qu'ils cherchoient à cacher leur indifférence, plûtost que leur douleur. Pour moi, dit Telamon, qui n'ai jamais eu de passion fort violente, je me suis souvent dispensé de la coûtume de dire adieu à mes amis, & je suis persuadé

DE VERSAILLES.

que quand on n'a pas vne tendreſſe extrême pour ceux de qui on va prendre congé, c'eſt vne cérémonie ſouvent aſſez inutile. J'en conviens, dit celuy qui vouloit qu'on diſt adieu à ſa maiſtreſſe & à ſes vrais amis; mais en meſme temps je souſtiens qu'il faut dire adieu aux perſonnes qu'on aime tendrement; quand ce ne ſeroit que pour les diſtinguer de celles qu'on n'aime pas de la meſme ſorte. Comme je crus, qu'il ne faloit pas alonger la converſation, je pris la parole, & me rangeai du parti de celuy qui vouloit qu'on diſt adieu. En effet, dis-je alors, c'eſt vne choſe ſi attachée à la véritable paſſion, qu'on ne peut s'en diſpenſer ſans crime; on voit si l'on peut la personne qu'on aime, la derniére en partant du lieu où elle est, & la premiére au retour : & je suis tellement persuadée que c'est en ces momens-là que l'affection reciproque se fait le mieux connoistre, qu'à mon avis c'est vn crime en amour de partir sans dire adieu, quand c'est vne chose possible. Je pense mesme que la desobeïssance la plus excusable à vn amant, seroit celle de prendre congé de sa maistresse, quoiqu'elle le luy eust défendu : & selon mon sentiment partir volontairement sans dire adieu, ne peut jamais estre favorablement expliqué ; & le mieux qu'on puisse penser, c'est que c'est vn amant qui fuit la douleur. Ensuite

DE VERSAILLES. 65
suite la porte du vestibule estant ouverte, la belle Etrangére à qui Telamon donnoit la main s'avança, nous la suivîmes, & la beauté de tant d'objets différens fit changer la conversation. Les deux amis nous suivirent pourtant, & me parurent surpris de l'éclat de la belle Etrangére, qui loüa fort ce qu'elle avoit déja vû du corridor, c'est à dire la veuë de ces grands parterres de tous ces jets d'eau qu'on voit de tous les côtez, de cette gerbe d'eau prodigieuse qui est au canal des Cygnes, & qui par cent aigrettes ramassées fait vn objet qu'on ne peut trouver en nul autre lieu. Elle loüa mesme fort tous les vases de fleurs dont les balustrades des fosses & des terrasses
E

sont bordées, & qui sont vn objet si galant & si agréable ; elle prit garde qu'vne grande partie de ces vases sont de porcelaine, & les autres de bronze d'vn travail admirable, principalement ceux qui sont sur la balustrade du premier parterre, où l'on voit de petits enfans appuyez sur les ances des vases, qui avec vne attention enfantine, semblent admirer les fleurs dont ils sont remplis. Je dis alors à la belle Etrangére, que si elle eust vû courir les testes dans les fossez que je luy montrai, elle eust bien connu que le Roi estoit le maître en toutes choses : & comme elle voulut estre instruite de cette sorte de divertissement, vn de ces deux amis qui avoient disputé, luy dit la chose, & luy dépeignit le Roi voulant bien s'égaler aux plus adroits de ses sujets, les surpasser tous en remportant l'honneur de cét exercice, où il faut, & beaucoup d'adresse & beaucoup de grace. C'est assurément vne belle & agréable chose, dis-je alors, de voir le Roi en ce beau desert, lorsqu'il y fait de petites festes galantes, ou de celles qui étonnent par leur magnificence, par leur nouveauté, par leur pompe, par la multitude des divertissemens éclatans, par les musiques différentes, par les eaux, par les feux d'artifice, par l'abondance en toutes choses, & sur tout par des Palais de verdure, qu'on peut nommer des lieux enchantez, dont jamais la nature & l'art joints ensemble ne s'estoient encore avisez. Vous avez raison, dit vn des deux amis. Mais quiconque a vû le Roi pendant la campagne de Flandres, l'admire encore mille fois plus parmi les plaisirs, que ne font ceux qui ne l'ont point vû à la guerre. Car enfin voir vn Prince faire trembler tous ses sujets par la crainte des perils où il s'expose, étonner les premiers Capitaines de l'Univers par sa capacité, charmer tout le monde jusques aux simples soldats, par vne familiarité Heroïque, entendre mieux le campement & la marche des armées, que les plus habiles & les plus anciens Mareschaux de bataille, vouloir reconnoistre les places luy-mesme, & en connoistre mieux qu'aucun autre, ou le fort ou le foible, aller à la trenchée avec vne fermeté intrepide, resister à la fatigue, aux veilles, & à tout ce que la guerre a de plus penible, & faire tout cela avec la mesme facilité, & la mesme gayeté qu'il ordonne les festes de Versailles : C'est ce qui les rend assurément beaucoup plus belles, & ce qui le rend le plus admirable de tous les hommes. Ah! m'écriai-je, en regardant la belle Etrangére, je suis ravie d'avoir trouvé vn ami qui m'ait dégagée de ce que je vous avois promis en parlant du Roi. Il est vrai, répliqua-t-elle, que tout cela est merveilleux, & qu'il ne faut pas s'étonner qu'vn Roi tel que le voſtre rempliſſe toute la terre du bruit de ſon nom. Nous tournâmes alors à la main droite, & marchant entre la baluſtrade des foſſez, & celle de la premiére terraſſe, nous arrivâmes à vn eſcalier magnifique, au bas duquel eſt vne belle fontaine, avec pluſieurs figures dorées qui jettent de l'eau en abondance, & aſſez loin au delà, au milieu de diverſes allées vn grand rondeau, où l'on voit Neptune dans ſon char tiré par ſix chevaux marins, d'où il ſort vne infinité de jets d'eau qui ſe croiſent, & qui environnent vn autre jet d'vne hauteur prodigieuſe, & tous ces jets enſemble font vn ſi grand murmure en retombant dans le grand bassin, que toute la surface du rondeau en est troublée. On voit aussi de ce mesme endroit d'autres parterres, d'autres fontaines; & à la gauche vne allée de pins fort sombre, & mille objets différens. Mais enfin aprés avoir descendu cét escalier, nous tournâmes encore à droit, & nous fûmes vers la grotte, qui est au bout de l'allée; & comme elle a trois grandes arcades, qu'elle est ornée de bassetailles, la belle Etrangére l'eut prise pour vn magnifique arc de triomphe, si elle n'eust pas remarqué que les arcades estoient fermées par des portes à jour toutes dorées d'vn travail admirable avec vn soleil à celle du milieu. La seule chose qui luy fit connoiſtre d'auſſi loin que c'eſtoit vne grotte, fut vn long rang de coquilles dorées, qui regne au haut des arcades : Mais lorſque les portes s'ouvrirent, & que toutes ces perſonnes apperceurent la merveilleuſe beauté de cette grotte, elles dirent cent choſes ingenieuſes pour marquer leur admiration. En effet, il n'eſt pas poſſible, la premiére fois qu'on voit vne ſi belle choſe, de ne douter pas de ce qu'on voit, & de ne s'imaginer pas que c'eſt vn enchantement. Les yeux ſont ravis, les oreilles ſont charmées, l'eſprit eſt étonné, & l'imagination eſt accablée, s'il faut ainſi dire, par la multitude des beaux objets. Cette grotte eſt tres-ma-

DE VERSAILLES.

gnifique, grande, spacieuse, ayant trois enfoncemens, dont les diverses beautez ont pourtant du rapport entre elles. Le soleil est encore representé au haut de la grotte, comme vn astre dominant en tous lieux. Tous les ornemens que l'architecture peut recevoir, y paroissent formez par des coquillages, du moins ceux qui peuvent convenir aux eaux, comme des poissons & des oiseaux aquatiques, vrais ou fabuleux. On voit aussi en divers endroits des masques & des trophées d'armes industrieusement formez de coquillages, & de nacres de diverses couleurs, dont la nuance & la varieté jointe à vne juste symmetrie font mille objets tous nouveaux & tous furprenans, & des Arabefques qui plaifent infiniment. On voit à toutes les encogneures de grandes coquilles de marbre jafpé, d'où l'eau s'épanche avec vne abondance extrême. Neptune eft reprefenté dans l'enfoncement du haut de la grotte, tenant vne vrne renverfée, d'où il fort vne fi grande quantité d'eau, qu'il s'en forme vne grande nape de cryftal mobile, s'il eft permis de parler ainfi, qui occupe toute la largeur de la grotte, & par fa beauté, comme par fon murmure, remplit l'efprit d'étonnement & d'admiration. On voit encore des Tritons, & des Nereïdes en divers endroits, formez de nacre, & d'autres coquillages qui jettent de l'eau abondamment, & qui portent pour tribut à Neptune des oiseaux, ou des poissons de leur empire. A l'entrée de la grotte paroît vne table de marbre rouge ; il est vray qu'elle devient bien-tost vne table d'eau par vn jet d'vne grosseur prodigieuse qui part avec tant d'impetuosité, qu'on diroit qu'il va percer le haut de la grotte, & monter jusques au ciel : Mais outre ces grandes napes d'eau, ces grandes coquilles, ces Tritons, ces Nereïdes, & ce jet prodigieux, on voit quatre chandeliers aquatiques, s'il est permis de les nommer ainsi, qui sont d'vne invention admirable, ils ont au lieu de lumiére, chacun six branches dorées en figure d'Algue

LA PROMENADE
marine, qui jettent de l'eau en abondance, & dont les jets se croisant font vn objet merveilleux & nouveau. Audessus des deux coquilles de marbre jaspé qu'on voit en entrant aux deux costez de l'enfoncement de la grotte, paroist le chiffre du Roi, sur vn fonds de coquillage gris-de-lin, formé de petites coquilles de nacre, qui semblent des perles; la couronne fermée, qui est audessus du chiffre, est ornée de fleurs-de-lis de nacre, entremêlées d'ambre, qui semble de l'or. Plusieurs miroirs enchassez dans des coquillages multiplient encore tous ces beaux objets, & mille oiseaux de relief, parfaitement bien imitez, trompent les yeux pendant que les oreilles

DE VERSAILLES.

font agréablement trompées : car par vne invention toute nouvelle, il y a des orgues cachez & placez de telle sorte, qu'vn écho de la grotte leur répond d'vn costé à l'autre; mais si naturellement & si nettement, que tant que cette harmonie dure, on croit effectivement estre au milieu d'vn bocage, où mille oiseaux se répondent, & cette musique champestre mêlée au murmure des eaux, fait vn effet qu'on ne peut exprimer. On place mesme quelquefois en divers endroits de ce beau lieu, des orangers, des festons de fleurs qui conviennent à tout le reste ; mais enfin, il paroist vne si grande abondance d'eau dans cette belle grotte, qu'il semble qu'il faille que la mer en soit le reservoir : & pour montrer qu'on en a de reste, quand on veut faire voir tous ces aimables objets d'vn peu plus loin, & qu'on a fait retirer la compagnie, mille petits jets d'eau croisez sortent à six pas de là, & ne s'élevent qu'autant qu'il faut pour en défendre l'entrée, & non pas pour en oster la veuë. L'Etrangére fut si charmée de tant de choses surprenantes, qu'elle ne pouvoit assez les admirer, non plus que Telamon & Glicere. Cette belle personne demandant avec empressement d'où pouvoit venir vne si grande abondance d'eau : Vous souvient-il, Madame, luy dis-je, que je vous ai priée en arrivant,

DE VERSAILLES.

de regarder ce paisible étang qu'on voit à la droite de cette hauteur, d'où l'on découvre Versailles; c'est delà que viennent ces torrens, que l'art a entrepris d'élever pour le divertissement d'vn grand Roi; & afin que vous n'en puissiez douter, il faut que vous voyiez vous-mesme ce que je vous dis. En effet, on luy fit voir ces tuyaux d'vne grosseur prodigieuse, par où l'eau s'éleve d'vne maniére qui paroist surnaturelle à ceux qui ne savent pas jusques où s'étend la force de ces machines, qu'on a inventées pour l'élevation des eaux, & à qui il semble qu'on doit savoir gré de laisser les riviéres dans leur lit, tant il est vrai que l'art fait presentement surmonter la nature. Telamon fut ravi de voir tous ces divers reservoirs revestus de balustrades, qui contiennent des fleuves entiers, s'il faut ainsi dire, & qui vont de l'vn à l'autre jusques aux glacieres, & à vn petit chasteau où est la merveilleuse machine qui sert à tant de belles choses. Telamon admira la maniére avec laquelle cette eau aprés s'estre élevée par de gros tuyaux, se répand dans la grotte par plusieurs petits ; & sur tout la grande œconomie de toutes ces eaux, qui fait qu'il ne s'en pert point du tout, & que la mesme eau qui a fait tant de miracles s'en retourne paisiblement d'où elle est venuë, & paroist aussi modeste & aussi tranquile

quile qu'auparavant. Enfuite nous retournâmes paffer dans le palais, pour aller voir tous les jardins : & comme en loüant Verfailles on revint naturellement à parler du Roi: Pour moy, dit Glicere, vn de mes étonnemens eft, de voir qu'vn Prince qui a tant de plaifirs à choifir pendant la paix, les puiffe quiter facilement pour aller à la guerre. Voftre étonnement eft jufte, reprit vn de ces deux amis qui avoient difputé enfemble ; mais il le feroit bien davantage, fi vous faviez de quelle maniére le Roi fit le voiage de la Franche-Comté, & quelles furent les fatigues, qui l'ont fait appeller le Héros de toutes les faifons. Le fecret obfervé en toute cette entreprife, la diligence de la marche, malgré toute la rigueur de l'hyver, & toute la difficulté des chemins, la promtitude des conqueftes enfin font des chofes prefque incroiables, & d'autant plus dignes de loüange, que le Roi comptoit tout cela pour rien, & que par vne humanité qui releve toutes les grandes vertus, il prenoit foin de tous ceux qui le fuivirent, & s'abaiffoit jufques à de petites chofes qui font toûjours le caractere d'vn grand Roi quand il fait les faire à propos: Et fi ce n'eftoit, ajoûta-t-il, que vous m'avez perfuadé qu'il faut dire adieu aux gens qu'on aime, pour leur montrer qu'on fait bien aimer, je ne quiterois pas fi-toft vn difcours, qui pourroit durer tout le jour sans redire les mesmes choses. Mais puisque vous m'avez condamné à dire adieu, me dit-il en se tournant vers moi, je commence par vous, & m'en retourne à l'heure mesme à S. Germain, pour prendre congé d'vne personne que je ne puis quiter sans douleur. Son ami soûrit en l'entendant parler ainsi, & l'vn & l'autre nous ayant quitez, aprés m'avoir demandé inutilement qui estoient toutes ces personnes, & sur tout la belle Etrangére, nous fûmes dans le jardin de fleurs à balustrade dorée, bordé de cyprés & d'arbustes différens, & rempli de mille espéces de fleurs; la face d'embas est fermée par vne balustrade à hauteur d'appui, d'où la veuë est fort champestre. Ce jardin, aussi bien que tous les autres, a ses terrasses bordées de vases de cuivre peints en porcelaine. Au dessous de cette terrasse à balustrade est le jardin des orangers, dont la belle Etrangére fut extremément surprise ; car elle ne comprenoit pas qu'on pût mettre de si grands arbres dans des caisses. Telamon qui a extremément voiagé, avoüa n'en avoir jamais vû de si beaux, & ne loüa pas moins les mirthes, dont l'ancienneté les rend admirables. Si ce n'estoit, dit-il, en adressant la parole à Glicere, que vous me trouveriez encore trop savant, je dirois que ces mirthes semblent estre du temps de Venus & d'Adonis, & avoir receu de la mere des Amours cette jeuneſſe immortelle qui les a fait vieillir ſans perdre leur beauté. Comme j'ai plus entendu parler de Venus & d'Adonis, que de Pline & de Polybe, reprit Glicere en ſoûriant, ce que vous venez de dire n'eſt pas trop ſavant pour moi; & ſi je voulois le reprendre, je dirois ſeulement que cela eſt vn peu bien fleuri. A ce que je voi, me dit la belle Etrangére, voſtre Prince ſe plaiſt à faire que l'Art, ou ſurmonte ou embelliſſe la Nature par tout. Afin de vous confirmer dans ce ſentiment, luy dis-je, je n'ai qu'à vous dire que ce n'eſt pas vne affaire pour luy de changer des étangs de place, & qu'vn de ces jours il en changera deux, ou trois, & il y en aura vn vis à vis d'icy, pour orner ce petit coin de païfage. On diroit à vous entendre parler, dit Glicere, que le Roi change auffi facilement des étangs de place, qu'on change les pieces du jeu des échets. Plus aifément encore, repris-je en riant, & cette grande orangerie qui eft fous la terraffe où nous fommes, fera encore plus longue de la moitié qu'elle n'eft, quoiqu'elle foit déja tres-belle : Nous fûmes alors voir tous ces beaux orangers de plus prés, que la belle Etrangére admira encore davantage. On luy fit voir enfuite ces grans jardins pour les fruits, où par des efpaliers de hauteurs diffé-

DE VERSAILLES. 87
rentes difpofez en allées, & expofez judicieufement au foleil, on a trouvé l'art d'avoir des fruits qu'on croiroit que le foleil de Provence auroit fait meurir. Nous fûmes au fortir du jardin des orangers voir en paffant le labyrinte, & entre des bois verds entrecoupez d'allées & de fontaines, gagner le haut de ce fuperbe jardin, qu'on appelle le fer à cheval acaufe de fa figure, & dont la magnificence toute roiale montre affez qu'il ne peut eftre à vn particulier, quelque grand qu'il fuft. La terraffe qui regne audeffus eft vn endroit admirable pour la veuë, rien de trop loin, rien de trop prés ; elle eft bordée d'arbuftes fauvages toûjours verds. Et ce grand jardin en am-
F iiij

phitheâtre avec trois perrons magnifiques, & trois rondeaux fituez en triangle, a quelque chofe de furprenant qu'on ne peut décrire. Tout y rit, tout y plaift, tout y porte à la joie, & marque la grandeur du Maiftre; & cette belle allée qui part de l'allée découverte, & qui va fe rendre au canal des cygnes, où eft cette merveilleufe gerbe d'eau, fait vn objet qui plaift infiniment; fur tout depuis que ce canal qui s'enfonce en droite ligne dans vn tertre, en a augmenté la beauté. Ce magnifique jardin, auffi bien que les autres, a fes vafes de fleurs fur fes terraffes, & la veuë des bofquets qui font à droit & à gauche au delà, infpire l'amour &

les plaisirs à ceux qui en ont le cœur capable. Mais comment est-il possible, dit la belle Etrangére, qu'vn si grand & si beau jardin se soit dérobé à mes yeux pendant que j'estois sur le corridor du palais, d'où j'en ai découvert tant d'autres. C'est assurément, dit Telamon, vne des grandes beautez de Versailles, que la varieté des jardins & des bosquets; car il y a de tout ce qui peut rendre vn lieu agréable. Si nous en avions le temps, dis-je alors, je vous menerois dans vn labyrinte de berceaux rustiques entremêlez de statuës, où vous trouveriez vne solitude sauvage qui ne vous déplairoit pas. Nous fîmes aprés cela cent tours dans ces superbes jardins : Nous allâmes voir de plus prés ce grand jet de la fontaine de Neptune, que l'on voit de l'escalier en allant à la grotte, & toutes ces personnes avouërent qu'on n'en peut voir de plus beau. Elles prirent garde qu'au bout de toutes les allées on a mis des grilles, au delà desquelles on découvre des païsages agréables, qui font paroître les jardins plus beaux, & aprés avoir trouvé cent étoiles d'allées grandes ou petites avec des fontaines, nous retournâmes au canal des cygnes, dont on ne peut trop admirer la beauté. Pour moi, dit la belle Etrangére, ce que je trouve de plus singulier dans ces jardins, c'est qu'-

ils sont propres à toute sorte de divertissemens. Il est vrai, repris-je, qu'il y a des endroits pour des carrosels, & le Roi y en fit vn, où toute sa Cour parut avec éclat, & où il effaça ceux qui pouvoient effacer tout le reste du monde. Mais il y a d'autres endroits dans ces mesmes jardins aussi propres pour le moins à la solitude, & à la resverie d'vn amant mélancolique. Aprés cela nous sortîmes par vne grande grille, & nous entrâmes dans vn vaste rond d'arbres, où grand nombre d'allées aboutissent, & où aboutit aussi le canal dont j'ai déja parlé, dont le milieu est marqué par vn grand quarré d'eau, & ce canal de quatre cens toises est environné de deux terrasses bordées d'arbres, avec vne grande place au haut du tertre, en forme de demi-lune, d'où l'on voit tout le palais & le jardin en amphitheâtre. Ensuite nous fûmes à la ménagerie entre des pallissades toûjours vertes, & en y allant je me pleignis à la belle Etrangére, de ce que je faisois tout ce que je pouvois pour charmer la mélancolie qu'elle avoit dans l'ame, sans qu'elle voulût que je seusse vn peu mieux qui elle estoit. Helas, me dit-elle en soûpirant, vous ne savez ce que vous demandez ; car si vous avez quelque amitié pour moi, comme vous voulez que je le croie, je vous affligerois, au lieu de vous divertir. Ce n'est pas, ajoûta-t-elle, que je vous puisse rien refuser, excepté de vous dire mon nom & mon païs. Ah Madame, luy dis-je, vous me donnez bien de la joie ; & j'ai tant de peur que vous ne vous repentiez de ce que vous me promettez, que j'ai envie de vous prendre au mot à l'heure mesme. Il faudroit donc, me dit-elle, que Glicere se donnast la peine de vous dire ce que vous voulez savoir. J'y consens, reprit Glicere, & sans différer davantage, hâtons-nous de voir la ménagerie, & nous retournerons ensuite au jardin des orangers, où je vous dirai tout ce qu'on me permettra de vous dire. Le dessein de cette ménagerie, reprit Telamon, me fait souvenir d'Alexandre, qui aprés avoir appris tant de choses importantes de son excellent precepteur, luy donna ensuite moyen d'étudier avec soin la nature de tous les animaux, & de faire cette belle Histoire naturelle qu'il a laissée à la posterité. Vous avez raison, repris-je ; & vous y pouvez ajoûter que le Roi a établi des Academies particuliéres pour l'étude des choses de cette espéce, qu'il fait travailler avec beaucoup de dépense à des lieux propres à observer les astres, afin de faire voir qu'on peut encherir sur les connoissances des anciens, & perfectionner toutes les Sciences, & tous les Arts sous son regne. Telamon en estant demeuré d'accord, nous entrâmes alors dans la cour de la ménagerie, où l'on

DE VERSAILLES. 95

voit vn pavillon d'vne symmetrie particuliére, ayant vn escalier au milieu; & aprés l'avoir monté, & passé vn avant-cabinet assez propre, on entre dans vn grand cabinet à huit faces, qui a sept croisées, & vn corridor de fer doré audehors, qui regne tout à l'entour. De ce corridor on voit sept cours différentes, remplies de toutes sortes d'oiseaux & d'animaux rares. Leurs peintures sont dans le cabinet, comme pour preparer à ce qu'on va voir, ou pour en faire souvenir aprés l'avoir vû. Toutes les cours ne sont fermées que de balustrades de fer jointes par des termes d'architecture; & presque toutes ont des rondeaux, & sont gasonnées, ne man-

quant d'ailleurs de rien qui soit ou nécessaire ou commode aux animaux ou aux oiseaux qu'elles contiennent. La cour où toutes ces autres cours viennent aboutir, & qui environne ce pavillon d'vn costé seulement, a vn cercle de six fontaines, qui sortent de six piliers de marbre ; Elle est toute semée de petits tuyaux cachez sous terre, & quand on le veut, elle devient pour ainsi dire vn parterre de jets d'eau croisez. Comme la belle Etrangére aime naturellement les oiseaux, elle fut dans toutes les cours, & admira ces belles poules d'Egypte, que ceux qui les montrent appellent des Demoiselles, acause de leur bonne grace & de leur beauté; elles
sont

font grandes, droites, leur plumage est gris d'argent, elles ont des pennaches blancs, la poitrine noire & les yeux orangez. Elle admira la magnificence des logemens des pigeons, qui ont des fontaines & des rigoles : & Glicere dit à Telamon en riant, que ceux de Venus n'eſtoient pas auſſi bien logez que ceux de Mars, rapportant cela au Roi. La belle Etrangére luy fit la guerre modeſtement de ce qu'elle venoit de dire, ajoûtant que cela n'eſtoit pas de l'vſage de France, où il ne faut pas faire le bel eſprit. Je le ſai bien, répliqua-t-elle, mais j'ai voulu montrer à Telamon que j'eſtois plus ſavante qu'il ne penſe, & que je pouvois parler de Venus auſſi

G

bien que luy. Aprés avoir ri de ce qu'elle disoit, elles virent la cour des pelicans, des oyes d'Inde, des canes maritimes, des elephants, des gaselles, des marmottes, & des civettes, & vn certain animal appellé chapas, plus beau & mieux marqueté qu'vn tigre, doux & flateur comme vn chien, & cent autres choses trop longues à dire. Enfin pour ne laisser rien à voir, aprés avoir fait vn repas fort propre, que Telamon avoit fait apprester en ce lieu-là, nous gagnâmes le haut de la montagne, où l'on trouve cette petite machine peinte & dorée qu'on nomme roulette, dans laquelle assis à son aise, l'on glisse & l'on roule avec vne extrême rapidité du haut en bas de cette pente fort droite, & l'on se precipite, pour ainsi dire par divertissement, d'vne maniére qui n'a point de peril quand on y prend garde. Nous fûmes aprés faire le tour du grand parc par vne allée haute, où nous trouvâmes quantité de cerfs. La veuë est tres-belle du bout de cette grande allée; car le païsage est d'vne grande étenduë: l'on découvre tout Versailles de ce lieu-là: & quoique la distance ne permette pas de distinguer exactement les objets, neantmoins tous ces toits dorez, tous ces parterres, tous ces bois verts, & toutes ces fontaines dans la confusion que l'éloignement leur donne, ont de la magnificence & de la grandeur. Mais enfin comme je mourois d'envie de savoir quelque chose des aventures de la belle Etrangére, nous retournâmes à l'orangerie, ne voulant partir de Versailles que quand le soleil se coucheroit. En y allant, Glicere dit à Telamon qu'il feroit bien de regarder sur ses tablettes s'il n'avoit rien oublié; car si cela est, je m'en appercevrai, & je n'oublierai de ma vie ce que je viens de voir, tant il a fait d'impression dans ma memoire. Et pour moi, dit la belle Etrangére à son amie, je ferai aujourd'hui ce que vous disiez tantost que vous faites toûjours; car bien qu'il n'y ait rien de plus charmant que Versailles, les loüanges du Roi sont encore demeurées plus avant dans mon

DE VERSAILLES.

cœur, que toutes les beautez de son magnifique Palais. Je ne sai, repris-je alors en soûriant, si je dois dire à Telamon, que dans six mois la description qu'il fera de Versailles sur les memoires qu'il en a pris aujourd'huy, ne ressemblera presque plus, du moins pour les bastimens du Palais, & de la ménagerie; car le Roi a déja donné les ordres pour en faire d'autres, incomparablement plus beaux. Il y aura aussi des figures admirables dans tous les rondeaux, & à toutes les fontaines, & mille ornemens nouveaux que je ne sai point encore. Et de grace, dit Telamon, ne m'en dites pas davantage, j'aime Versailles en l'état qu'il est, & j'aime mieux vous promettre de faire exprés vn voiage en France, pour venir voir le nouveau Palais de voſtre Prince. Cependant je mettrai au deſſous de la deſcription que je ferai, quelque choſe d'approchant à ce que mettent les grans peintres au-deſſous de leurs tableaux : *Le Roi baſtiſſoit Verſailles.* Nous demeurâmes d'accord de ce que diſoit Telamon, & dés que nous fûmes à l'orangerie, la belle Etrangére s'éloigna de nous, & conduite par luy, & ſuivie de deux filles qui eſtoïent à elle. Pour les empécher de s'ennuyer, je leur baillai beaucoup de vers à lire, qu'on a faits à la loüange du Roi, & que j'avois par hazard ſur moi ce jour-là. Aprés quoi nous eſtant aſſiſes vis à vis des plus beaux orangers, Glicere me parla en ces termes.

HISTOIRE DE CELANIRE.

PVISQVE par le secret qui est inséparable de cette aventure, je ne puis vous dire, ni le veritable nom de la belle inconnuë, ni son païs, ni precisément sa naissance, quoiqu'elle consente que vous sachiez toute sa vie, je suis délivrée de la peine qu'ont d'abord presque tous ceux qui racontent des histoires ; car pour l'ordinaire ils font exactement la généalogie de ceux dont ils parlent. Il est vrai que je me prepare à vne autre peine qui n'est pas moins grande ; c'est de m'empefcher de vous découvrir par aucune circonftance, fi cette aventure eft arrivée en Italie, en Efpagne, en Angleterre, ou en quelque autre païs. J'efpere pourtant faire mon recit de façon que vous n'y pourrez rien connoiftre. Les Romans pour l'ordinaire prennent des noms connus & celebres pour servir de fondement à d'agréables menfonges. mais ici les aventures font vraies, & les noms font fuppofez. Sachez donc que Celanire; c'est ainfi que j'appellerai celle que vous nommez la belle Etrangére, est d'vne naissance fort illustre, elle a mesme vn bien proportionné à sa qualité, & l'on ne peut pas avoir esté élevée avec plus de soin. Je ne vous dis rien de sa beauté, vos yeux vous montrent que l'on ne peut estre ni plus belle ni plus charmante: Vous connoissez sans doute aussi depuis trois semaines qu'il y a qu'elle vous voit & qu'elle vous aime, qu'on ne peut pas avoir plus d'esprit, ni l'avoir plus poli ni plus délicat ; c'est-pourquoi je ne m'arresterai pas à vous en parler presentement : & pour son cœur vous le connoistrez par le recit que j'ai à vous faire. Il faut seulement vous dire qu'elle est née avec vne discretion merveilleuse, & que dés sa plus grande jeunesse elle a esté capable de secret, & de savoir discerner ce qu'il estoit à propos de dire & ne dire pas, qu'elle est naturellement genereuse, modeste, & reservée, aimant le choix & fuyant la foule. La Cour où elle a esté élevée a assurément de la politesse : mais Celanire toute seule en inspireroit à ceux qui n'en auroient pas. Le Prince qui regne en ce lieu-là est bien fait & galant, & la conversation y est fort libre, & fort agréable; il s'y trouve beaucoup d'hommes, fort honnestes gens, dont l'esprit & le courage peuvent les distinguer de la multitude. Mais sans m'arrester davantage, Celanire pouvoit avoir seize ans lorsqu'elle perdit son pere, & peu de jours aprés sa mere : elle alla demeurer chez vn oncle qu'elle a, que j'appellerai Euribiade, dont la femme que j'appelle Elisene, a autant d'ambition que d'esprit. Ce fut alors que Celanire ayant tout à la fois vne grande beauté & vne grande richesse, avec mille qualitez éclatantes, devint l'objet de tous ceux qui pouvoient, ou par amour ou par ambition pretendre de l'épouser. Mais comme son inclination ne la portoit pas à s'engager si promptement, & qu'elle vouloit avoir le temps de faire vn choix digne d'elle ; elle éloigna sagement & avec beaucoup d'adresse cette foule de pretendans; & l'année du deuil se passa avec le plus de solitude qu'il luy fut possible. Le Prince n'estant pas marié, il n'y avoit pas vne si grande necessité de paroistre souvent à la Cour ; Celanire voioit pourtant tous les honnestes gens, ou chez Elisene avec qui elle demeuroit, ou chez la Princesse Argelinde, qui est vne parente du Prince, extremément aimable, & l'on voioit clairement qu'vn homme de qualité appellé Alcinor en estoit amoureux, & qu'vn autre appellé Iphicrate l'estoit aussi. Le premier aimoit l'éclat & la vanité ; & l'autre estoit vn homme d'esprit, mais d'vn esprit fin, adroit, interessé, & capable de s'accommoder au temps en toutes sortes de choses ; l'vn & l'autre estoient braves & de haute naissance : mais à vous parler sincerement, le plus honneste homme de cette Cour, estoit le plus consideré du Prince, je l'appellerai Cleandre, sa naissance est tres-noble, il est beau, bien-fait, & de bonne mine, il a de l'esprit, autant qu'on en peut avoir, & de celuy qui fait joindre la solidité à la galanterie, le savoir, & la fermeté à la politesse. Pour du courage, il a assez témoigné, & à la guerre & en des combats singuliers, qu'il en a autant qu'homme du monde ; on l'a vû soûtenir vn siege avec peu de

HISTOIRE

troupes, contre vne puiſſante armée qu'il fit périr devant la place ſans la rendre. En vne guerre impréveuë, ſe ſervant admirablement bien, & comme euſt pû faire le plus grand Capitaine qu'on ait jamais vû, des avantages du temps & du lieu, il défit dix mille hommes qui entroient dans nos terres, avec deux mille ſeulement, qu'il avoit raſſemblez à la haſte, tua de ſa main, dans ce combat, l'vn des deux Chefs ennemis, prit priſonnier l'autre, perſonne d'vn tres-grand mérite, le traitta ſi généreuſement enſuite, qu'il le rendit vn des plus fidéles, & des meilleurs amis

DE CELANIRE.

mis & alliez de son Prince, & affermit pour long-temps par ce moien le repos de l'Etat. Il fit encore mille belles choses, dont je ne vous dis pas le détail, de peur que vous n'en aiez entendu parler, & que vous ne le connoissiez par-là, il a voiagé par toute l'Europe, & a laissé par tout vne grande réputation, jamais homme n'a esté meilleur sujet, & jamais sujet n'a esté plus propre à estre vn excellent Souverain. Il est libéral, jusques à ses propres ennemis. En effet, aiant sû qu'vn homme de grand mérite, qui s'estoit brouillé avec luy pour des intrigues de Cour, estoit dans la derniere misére, en vn païs éloigné où le Prince l'a-

HISTOIRE
voit exilé, il luy fit bailler dequoi subsister avec éclat, sans qu'il seût d'où cela luy venoit, & fit en sorte que le Prince le rappella. Jugez donc ce qu'il est capable de faire pour ceux qu'il aime. Il me souvient d'vn jour, qu'vn de ses amis le pria de demander pour luy au Prince vne confiscation considérable, & ne pouvant s'en excuser, il la demanda & l'obtint; mais sachant que celuy dont le bien avoit esté confisqué, avoit vne fille fort aimable, qui demeuroit sans nul bien, il luy donna plus que ne valoit ce qu'elle avoit perdu, & ne voulut pas mesme la voir, de peur qu'on n'expliquast mal son
bien-

DE CELANIRE.

bien-fait. J'ai fû avec certitude, qu'il a souvent refufé des charges que le Prince luy vouloit donner, luy faifant remarquer le mérite ou les fervices de diverfes perfonnes, à qui il luy confeilloit de les donner, & que ces fortes de graces, répanduës fur ceux qui ne s'y attendoient pas, & qui n'avoient nulle recommandation auprés de luy, que celle d'vn mérite connu, luy feroient vn tres-grand honneur dans le monde. Cleandre gardoit vn grand fecret inviolable en ces fortes de chofes, le Prince feul le favoit, qui quelquefois ne pouvoit s'empécher de les publier luy-mefme, charmé de fa gé-

HISTOIRE

nérosité. Deux de ses amis ayant vne affaire ensemble pour le partage d'vne belle terre, ne pouvant venir à bout de les accommoder, & les voiant prests de se ruiner entiérement, & de se quereller, il achetta la terre dont il s'agissoit, le double de ce qu'elle valoit sous prétexte d'en avoir beaucoup d'envie, & les deux autres partageant l'argent, furent tous deux contents. Je puis dire enfin, que jamais nul intérest, quel qu'il puisse estre, ni de fortune, ni d'amour, ne l'a obligé à faire rien, je ne dis pas contre le moindre de ses amis, mais contre personne, tant il est certain que la vraie générosité peut s'ac-
com-

DE CELANIRE.

commoder à tout, dans vne ame grande & belle. Aussi Cleandre a-t-il toûjours soûtenu que la plus mauvaise excuse du monde, estoit de dire qu'il estoit difficile d'estre vertueux à la Cour. Au reste, Cleandre se connoist à tous les beaux arts, & les aime, & sur toutes choses, il fait vn si grand cas du mérite, qu'il le considére en toutes sortes de conditions, & le sait si bien distinguer, qu'il ne s'est jamais trompé en aucun choix. Mais pour en revenir où j'en estois, Cleandre paroissoit alors n'avoir l'esprit occupé que de la gloire & de l'envie de conserver les bonnes graces de son Maistre, & passoit pour estre fort indifférent à l'amour. Le pere de Celanire, & Euribiade son oncle n'avoient pas esté amis du pere de Cleandre, s'estant trouvez dans des partis différens. Mais Celanire & Cleandre avoient trop de raison pour ne rendre pas justice à leur propre mérite, de sorte que Celanire connoissoit bien que Cleandre estoit le plus honneste homme de la Cour, & Cleandre avoüoit aussi que Celanire estoit la plus charmante personne qu'il eust jamais veuë. Il ne paroissoit pourtant y avoir entre eux qu'vne estime toute simple; Cleandre alloit mesme fort rarement chez Elisene, mais il voioit souvent Celanire chez la Princesse

cesse Argelinde, ou chez moi; car Celanire estant ma parente fort proche, Elisene luy permettoit de venir quelquefois des journées entiéres dans ma chambre. Comme le Prince estoit amoureux, il y eut plusieurs festes galantes, plusieurs chasses, & plusieurs promenades, où Celanire surpassoit toutes les autres belles, quoiqu'elle affectât vne certaine negligence propre, qui faisoit voir qu'elle se confioit à sa beauté. Il me souvient d'vn jour, qu'ayant esté nous promener avec la Princesse Argelinde à vne petite isle presque enchantée qui est au milieu d'vn beau fleuve, nous entrâmes dans vn pavillon fort agréable, bâti au milieu de l'isle, & où la veuë est tres-belle de

tous les costez. Nous y trouvâmes vne magnifique collation & vne musique charmante ; le Prince entra dans l'isle en mesme temps que nous ; & nous crûmes d'abord que cette feste estoit faite par luy : mais nous seumes depuis que c'estoit Cleandre qui la donnoit, & tout le monde dit que c'estoit vne feste d'ambition plûtost que d'amour ; c'est à dire en vn mot, qu'il ne l'avoit faite que pour divertir son Maistre & la personne dont il savoit que son Maistre estoit amoureux. Aprés la collation on passa dans vn cabinet ouvert de trois faces, le haut estoit vn dôme assez élevé, où l'on voioit cent petits amours, & au milieu d'eux le Dieu du silence representé, qui
fem-

sembloit leur défendre de parler: on en voioit quelques-vns, qui en effet paroissoient avoir peur de respirer trop fort ; d'autres qui cachoient leur flambeau, & ployant les aîles se cachoient aussi les vns les autres, & d'autres petits éveillez, qui se moquant du silence sembloient rire & chanter en dépit de luy. Il y avoit de plain pied de ce cabinet plusieurs autres lieux tres-agréables ; de sorte que la compagnie se partageant, il ne demeura dans le cabinet du Silence que Celanire, trois femmes de la Cour, Cleandre, Alcinor, Iphicrate & moi; le Prince suivit la Princesse Argelinde, qui aimant le jeu s'y engagea dans vne autre chambre avec Elisene

H

& d'autres Dames. Comme la conversation se tourne facilement du costé des choses qu'on voit, Alcinor qui estoit plein de vanité se mit à railler du dessein des peintures de ce cabinet, & à trouver que le Dieu du silence estoit bien mal placé parmi tant d'amours. Car enfin, dit-il assez plaisamment, soit que les amans soient heureux ou malheureux, il faut renoncer au silence; s'ils sont malheureux, il faut qu'ils soûpirent & qu'ils se plaignent; & s'ils sont heureux, il faut rire & chanter, & se louër des graces qu'on reçoit. Pour moi, reprit Celanire, avec vn soûris accompagné d'vne modestie charmante, je craindrois fort la reconnoissance d'vn amant qui parle-

DE CELANIRE.

roit beaucoup ; & je suis persuadée qu'il peut y avoir des reconnoissances muettes qui valent beaucoup mieux. Ce n'est pas, ajoûta-t-elle, que de l'humeur dont je suis, je doive jamais craindre la reconnoissance de personne ; mais c'est que naturellement j'aime le secret. Ce sentiment là, répondit Cleandre, est le plus beau du monde, & le plus digne d'vne personne qui a le cœur bien-fait. Pour moi, dit vne amie de Celanire, que j'appelle Philocrite, je trouve aussi bien que vous que le secret est vne belle chose ; mais il est difficile à garder toûjours. Pour huit ou dix jours, ajoûta-t-elle en riant, personne ne garde mieux vn secret que moi : mais aprés cela, de peur d'oublier moi-mefme ce qu'on m'a dit, j'avouë que je le dis quelquefois à quelqu'vn ; mais je choifis bien ce quelqu'vn-là, & je ne vai pas reveler étourdiment ce qu'on m'a confié. Ah ma chere Philocrite, s'écria Celanire ; quand on croit avoir le mieux choifi, c'eft alors affez fouvent qu'on eft le plus trompé ; c'eft pour cela encore qu'il faut eftre capable de fecret, & pour autruy & pour foi. En mon particulier, dit Alcinor, je croi que le fecret dont on parle tant, excepté à la guerre & en affaires d'Etat, n'eft pas auffi néceffaire qu'on fe le figure : mais pour l'amour, comme je l'ai déja dit, je l'y tiens prefque inutile ; quand on aime il le faut dire, quand on est mal traité il se faut plaindre, & quand on est heureux il s'en faut loüer, non pas à tout le monde, mais à quelque personne discrette. Ah Alcinor, s'écria vne fort aimable fille appellée Clarice, quand vn amant n'est pas assez discret luy-mesme pour cacher qu'il est aimé, il merite de trouver beaucoup d'indiscretion en ses confidens. La différence qu'il y a, reprit Alcinor, entre les autres & moi, c'est qu'ils protestent qu'ils ne disent rien, & que j'avoüe qu'il est tres-difficile de cacher toûjours vne grande douleur, ni vne grande joie. Vous demeurez du moins d'accord, dit Cleandre à Alcinor, que dans les grandes affaires le secret est de grande importance. Je l'avouë, dit-il. Je vai plus avant que vous, reprit Cleandre, car je dis que nulle qualité n'est plus nécessaire dans la societé que celle d'estre secret, & quand on ne l'est pas, on n'est bon à rien sans exception, soit qu'on soit de la Cour ou de la ville, qu'on ait vn maistre ou vne maistresse ; & j'ajoûte mesme hardiment, que quelques bonnes qualitez qu'on puisse avoir d'ailleurs, quand on n'a pas celle-là on devient suspect à tout le monde & inutile à autruy & à soi-mesme. Pour moi, dit Celanire, je suis persuadée que quand on est discret naturellement, vn secret est bien plus doux à garder qu'il n'est plaisant à vn indiscret de le publier. Ah belle Celanire, reprit Alcinor, je comprens que je pourrois avoir tel secret, que je prendrois beaucoup de plaisir à dire. Je ne pense pas, répliqua Celanire avec vn soûris malicieux, qu'il y ait presse à vous donner des secrets à garder. Cependant cette qualité-là est si difficile à acquerir, que je croi que quand on n'est pas né secret on ne le devient que tres-rarement par raison. On le sera quelque temps par intérest, mais à la fin on livrera les secrets d'autruy. Les gens qui me font fort suspects de n'estre point secrets, reprit Cleandre, sont ceux qui sont fort empressez à vouloir savoir des choses secrettes; car pour l'ordinaire c'est plus pour l'envie de les dire, que pour celle de les savoir. Je demeure d'accord, dit Iphicrate, qu'il n'est pas honneste de vouloir savoir les secrets d'autruy, si ce n'est du moins avec le dessein de les taire. Ce n'est pas, ajoûta-t-il, que je ne convienne qu'on peut desirer de savoir le secret de quelqu'vn, non pas pour la consideration du secret en luy-mesme; mais parce que c'est vn témoignage de confiance : car par exemple, si je suis auprés d'vn Prince, ce n'est pas vn crime de desirer d'estre assez bien auprés de luy pour avoir sa confidence. Pour moi, interrompit Cleandre, je suis tres-persuadé que c'est manquer de respect, que de vouloir savoir le secret de son

Prince; & j'ai toûjours regardé comme la plus grande marque de l'amitié qu'Alexandre avoit pour Epheſtion, qu'il luy pardonna d'avoir lû pardeſſus ſon épaule vne lettre qu'il liſoit luy-meſme, & ſe contenta de luy mettre ſon cachet ſur la bouche, pour luy faire entendre qu'il ne faloit pas parler de ce qu'il avoit lû. Je trouve que vous avez raiſon, dit Celanire, & en mon particulier, je ne pardonnerois pas aiſément qu'on voulût penetrer dans ma confiance plus avant que je ne voudrois. Si on conſidéroit bien, dit Cleandre, à combien on s'oblige en recevant vn ſecret, on ne s'empreſſeroit pas tant pour en ſavoir. Mais, reprit Philocrite en riant, tous ces secrets, dont vous parlez, font de grans secrets serieux, dont je ne sai pas trop bien les regles. Je conviens qu'il ne faut pas reveler ce qui se passe dans les Conseils des Princes, qu'vne entreprise de guerre doit estre fort secrette : mais aprés tout, si vous y prenez garde, tous ces grans secrets-là se divulguent d'euxmesmes par l'exécution. Le succés heureux ou malheureux, fait qu'on a le plaisir d'en parler aprés. Mais de la maniére dont Celanire & Cleandre veulent le secret, on diroit qu'il y a des secrets eternels ; & c'est de ceuxlà dont je dis qu'il ne se trouve point. Je ne dis pas, reprit Celanire, qu'il y en ait beaucoup; mais je dis que je croi qu'il y en peut avoir. Quand j'y pense bien, dit Philocrite, s'il y avoit tant de secret dans le monde, la conversation languiroit souvent, & pour la galanterie ce ne seroit presque rien ; car ostez en le bruit & l'éclat ce n'est pas grand' chose. La belle Philocrite a raison, reprit Alcinor, & l'amour si mysterieux n'est guere divertissant. Chacun a son goust, dit Cleandre, mais l'amour sans mystere n'est pas amour, c'est badinage & coqueterie. Cela est vrai, dit Clarice, mais si j'ose dire ce que je pense, je croi qu'à parler en general, les belles ne haïssent point trop qu'on dise par le monde qu'elles ont donné de l'amour à plusieurs. Et si les amans n'en avoient jamais parlé on ne le pourroit pas dire. Vous avez bien fait, reprit Celanire, de parler en general, car mon humeur est bien opposée à ce sentiment-là; & si j'avois jamais à souffrir d'estre aimée, je voudrois, s'il se pouvoit, estre la seule à savoir qu'on m'aimât. Et je ferois plus assurée que mon secret ne seroit jamais découvert, puisqu'on ne me soupçonneroit pas d'aimer qui ne m'aimeroit pas. Ce que vous dites Madame, reprit Cleandre, est si delicatement pensé que rien ne le peut estre davantage. Mais c'est vouloir vne chose impossible, dit Alcinor, car quand on aime parfaitement on parle de sa maîtresse à propos & hors de propos, & on ne peut cacher vne grande paſſion. Il eſt certain, dit Iphicrate, que cela n'eſt pas aiſé. Chacun a ſon ſentiment, dit Celanire, mais pour moi il n'y a que le ſecret inviolable qui puſt jamais m'engager : dés que je penſe que le monde croit qu'on m'aime, je penſe qu'il me peut ſoupçonner d'aimer, & je défends mon cœur ſans peine : mais je ne voudrois pas qu'vn fort honneſte homme m'euſt perſuadée qu'il m'aimeroit ſans qu'on le ſeuſt, car je craindrois que cette diſcretion ne me touchât. Mais comment, reprit Iphicrate, vous pourroit-il perſuader qu'il vous aimât, s'il n'avoit pas agi comme agiſſent les autres amans, c'eſt à dire s'il n'avoit pas fait cent choſes qui découvrent qu'on aime.

Je n'entre pas dans ce détail-là, dit Celanire, & j'y paroistrois fort ignorante: mais je dis hardiment que je ne comprens point comment on peut se resoudre à s'engager dans vne affection sans secret, & comment il est possible que rien puisse estre agréable en amour sans cette qualité. Je trouve mesme de la hardiesse à vne femme qui donne lieu d'esperer de laisser toucher son cœur, si elle ne croit que son secret ne sera jamais découvert. Ce n'est qu'en cela seul que la dissimulation & la feinte sont permises; mais pour cacher vne amitié tendre & sincere, il n'y a rien qu'il ne faille faire quand on s'y veut engager. Cependant comme je comprens bien que cela est tres-difficile à trouver, je tiens mon cœur en seureté pour toute ma vie. S'il est vray, reprit Alcinor, que ceux dont l'amour est connuë de tout le monde, seront toûjours maltraitez de vous; je connois bien des malheureux, qui auront du moins la consolation de savoir qu'ils n'auront point de rivaux plus heureux qu'eux. Je vous assure, reprit Philocrite, que tout cela est beau & agréable à dire, mais n'est guere en usage. On a aimé de tout temps comme on aime; on a parlé de secret, mais on n'en a guere gardé; on se flatte, on se trompe, on croit que le monde ne saura rien, & il sait toûjours tout. Mais trouvez-vous

rien de plus insupportable, reprit Celanire, que de voir de ces gens qui ont des amitiez sans secret, qui entrent en quelque part. Car dés qu'on voit paroistre la Dame, on ne doute pas que l'Amant ne paroisse à l'heure mesme, on les regarde, on les observe, on devine s'ils sont bien ou mal ensemble, on les place toûjours l'vn auprés de l'autre, on affecte de ne se mêler pas à ce qu'ils disent, de peur de les empescher de se parler, & on les compte pour rien dans vne compagnie, parce qu'on presuppose qu'on ne fait que les importuner, en les comptant pour quelque chose. Ce que dit Celanire, reprit Philocrite, est fort plaisamment remarqué, & se rencontre tous les
jours

jours dans le monde. Mais aprés tout, ajoûta-t-elle, comment concevez-vous cette amitié secrette, dont vous faites concevoir vne si belle idée. Je comprens, répliqua Celanire, qu'vn fort honneste homme estime assez vne fort honneste personne, pour estre persuadé, non seulement qu'il l'offenseroit s'il alloit faire l'amant aux yeux de tout le monde, mais qu'il luy déplairoit s'il alloit le luy dire trop tost. Je voudrois donc que sa passion fust secrette pour toute la terre, qu'elle le fust mesme long-temps pour sa maistresse, & que lorsqu'il seroit assez heureux pour luy avoir donné lieu de la deviner, & peut-estre mesme pour la luy dire sans l'irriter,

I

je voudrois, dis-je, qu'alors cette affection fuſt conduite avec tant de reſpect, tant de diſcretion, tant d'honneſteté & de prudence, que qui que ce ſoit au monde ne puſt rien connoître de la verité. Croyez-moi, Madame, reprit Alcinor, ces amours qu'on conduit ſi ſecretement, ſont des amours tiedes & languiſſantes qui ne ſont preſque rien. Une amour, répliqua Cleandre, qui eſt retenuë par le reſpect, eſt plus violente que celle qui éclate par temperament, & je comprens facilement que le ſecret augmente toutes les peines & tous les plaiſirs de l'amour. Je croi ce que vous dites, répondit Iphicrate ; mais à vous parler ſincerement, je croi auſſi que les amours secrettes sont tres-rares. J'en suis persuadée, dit Celanire, & c'est ce qui les rend plus nobles. A ce que je voi, dit galamment Cleandre, vn homme qui seroit amoureux de vous, Madame, avant que de vous parler de sa passion, devroit vous faire connoistre qu'il seroit capable d'vn secret inviolable. Il n'en faut pas douter, répondit-elle, & pour me le mieux prouver il faudroit qu'il me cachât à moi-mesme l'amour qu'il auroit dans l'ame, & qu'il se contentât de me la faire deviner sans que les autres la devinassent. Voilà qui est fort bien dit, pour montrer que vous avez bien de l'esprit, dit Alcinor, mais non pas pour me convaincre; car pour moi si je pouvois faire savoir à toute la terre quelle est ma passion, je le ferois avec joie. Quand on ne veut pas estre aimé, dit Celanire, ce chemin-là est le meilleur; mais quand on veut l'estre, il est le plus mauvais, si ce n'est pour certaines femmes qui aiment seulement leur beauté, qui jugent mieux de leurs propres charmes par la foule de leurs amans, que par leur miroir. On m'a envoyé de la Cour de France depuis quelque temps, reprit Cleandre, vn livre de maximes ou de reflexions d'vn homme de grande qualité & de grand merite, qu'on peut dire avoir fait l'anatomie du cœur de tous les hommes, & avoir mesme découvert des taches dans les vertus les plus éclatantes. Parmi toutes ces maximes pleines de delicatesse, j'en trouve vne qui revient assez au sentiment de la belle Celanire. La voicy: *S'il y a vn amour pur & exempt du mélange de nos autres passions, c'est celuy qui est caché au fond de nostre cœur, & que nous ne connoissons pas nous mesmes.* Voilà precisément, dit Celanire en soûriant, vne amour propre au secret; car estant cachée pour celuy mesme qui l'a au fond de son cœur, il n'a garde de la montrer indiscretement aux autres. Comme Celanire parloit ainsi le jeu finit, & l'on fut se promener dans l'Isle, qui d'vn costé a des allées merveilleuses le long du fleuve.

D'abord toute cette grande compagnie se promena en foule; mais insensiblement elle se partagea par petites troupes, & ces petites troupes se diviserent encore; de sorte qu'il n'y eut guere de gens qui n'eussent parlé en particulier à quelqu'vn. Alcinor donna d'abord la main à Celanire, mais elle s'en separa pour me parler, & insensiblement Cleandre s'estant venu mêler à nostre conversation il demeura seul avec Celanire. Car Iphicrate qui ne songeoit qu'à empescher Alcinor de parler à sa maîtresse, l'engagea malicieusement dans vn entretien qu'il ne pouvoit finir. Je me trouve aujourd'huy le plus heureux homme du monde, dit Cleandre à Celanire, d'avoir découvert que j'ai vne bonne qualité que vous approuvez : Car il est vrai que je fais vne profession si particuliere d'estre capable de secret, que je ne pense pas que personne me puisse égaler en cela. Je sai bien Madame, ajoûta-t-il, qu'il n'est pas honneste de se louër soi-mesme : mais cette regle a son exception, car comme on ne doit point se louër des choses que les autres peuvent connoistre sans nous, peut-estre que pour celles qui ne peuvent se connoistre que par vn long-temps, & par des occasions qui ne viennent quelquefois jamais, on est excusable d'en parler, sur tout quand on en parle avec secret à vne personne aussi éclairée que vous.

Cette qualité-là, répondit Celanire, touche sans doute sensiblement mon cœur, quand elle est accompagnée de toutes celles qui la peuvent rendre agréable ; mais, Cleandre, tous ceux qui s'en vantent ne l'ont pas, & je connois vn homme qui croit luy-mesme estre secret qui ne l'est point du tout. Il se tait assez facilement quand on luy a confié vn secret d'affaires, il ne découvriroit pas les secrets de son maistre, ni vne entreprise de guerre ; mais dans les choses ordinaires de la vie dés qu'il hait ou qu'il aime il n'a plus de secret pour personne, ces deux passions le trahissent, & il n'est plus maître de luy-mesme. Mes sentimens sont bien différens, Madame, repliqua-t-il, & il me sera aisé de vous le prouver à l'heure même; N'est-il pas vrai, Madame, que depuis que j'ai l'honneur d'estre connu de vous, il ne vous est point entré dans l'esprit que je fusse capable d'amour, & que vous m'avez regardé & me regardez encore, comme vn ambitieux qui cherche la fortune: vous n'avez mesme peut-estre pas crû que j'ai vne espece de zéle pour le Prince, qui est vne nouvelle sorte de passion que je croi avoir inventée, car je n'en ai point vû d'exemple, & vous pensez seulement que je suis assez bon courtisan. Il est vrai, répondit Celanire, que j'ai crû de vous, & croi encore ce que vous dites, & que je ne pense pas me tromper. Ah, Madame, répondit Cleandre, que les apparences sont trompeuses, & que je sai bien cacher vn secret: car enfin, Madame, cét ambitieux indifférent est vn homme qu'il y a six mois qui est éperdûment amoureux de vous sans l'avoir dit à personne non plus qu'à vous. Si vous me parlez comme vous faites en badinant, répliqua Celanire, je sai assez le monde pour ne me fâcher pas mal à propos: mais si vous prétendez parler serieusement, je vous témoignerai par ma maniére d'agir avec vous, que je sai aussi bien punir l'indiscretion qu'aimer le secret. Non non, Madame, reprit Cleandre sans luy donner loisir de continuer, je ne parle point en badinant, je parle serieusement, & il n'est pas plus vrai que vous estes la plus belle personne du monde, & la plus parfaite, qu'il est vrai que je suis le plus fidéle & le plus secret amant qui sera jamais; traitez moi comme il vous plaira, je ne m'en plaindrai pas; car enfin je ne puis m'empescher d'esperer que vous ne me haïrez pas toûjours. Nul autre que moi, Madame, ne peut estre si propre à avoir vne amitié secrette avec vous, nos maisons sont ennemies, je passe pour ambitieux & pour indifférent, & vous serez seule en toute la terre qui saura que je meurs d'amour pour vous. Afin de vous rendre secret pour secret, répliqua Celanire d'vn ton de voix irrité, je vous declare qu'. encore que je continuë de vivre tres-civilement avec vous devant le monde, je n'oublierai jamais l'injure que vous m'avez faite aujourd'huy. Si c'eſt vne injure, reprit-il, que de vous aimer avec vne ardeur, & vn reſpect extrême, je ſerai ravi que vous vous en ſouveniez toûjours, & plus cette injure vous paroîtra grande, plus je ſerai conſolé de mon malheur, qui finira peut-eſtre par ma perſeverance & par mon ſecret. Car enfin, Madame, heureux ou malheureux, je vous promets ſolemnellement de ne dire jamais qu'à vous que je vous aime. Celanire me voiant avec Clarice, quita Cleandre, feignant d'avoir à nous parler : je remarquai bien quelque legere alteration dans ses yeux, mais elle se remit si promtement, & nous fûmes vn moment aprés environnées de tant de gens que je n'y fis pas de reflexion. En nous en retournant je parlai toûjours par hazard de Cleandre à Celanire, sans estre entenduë de personne, & ce fut toûjours en le loüant; je m'étonnois cependant de voir qu'elle répondoit assez froidement, au bien que je luy en disois: Mais seroit-il possible, luy dis-je, que vous fussiez assez injuste pour ne connoistre pas le merite de Cleandre, parce que vos parens & les siens ont esté dans des intérests différens. Nullement, reprit-elle; mais demeurant d'accord par mon silence de tout ce que vous dites à l'avantage de Cleandre, je ne voi pas que je fois obligée de faire fon eloge aprés que vous l'avez fi bien fait. Je ne m'opiniâtrai pas plus long-temps, & nous parlâmes d'autre chofe. J'ai feû depuis que Celanire eut divers fentimens dans l'efprit ce foir-là. Le premier fut d'eftre irritée de ce que Cleandre avoit eu la hardieffe de luy dire; & le fecond fut d'examiner en elle mefme s'il y avoit de la verité à ce qu'il luy avoit dit, ou fi ç'avoit efté vn effet de la converfation qui s'eftoit faite dans le cabinet des Amours & du Silence. Elle fouhaitta d'abord que Cleandre n'euft parlé qu'en raillant; vn moment aprés elle crut que fi c'eftoit ainfi elle auroit

DE CELANIRE. 143

fait vne faute de répondre si serieusement, & par cette raison elle eust mieux aimé que Cleandre eust dit vrai, afin qu'il eust senti la rigueur avec laquelle elle luy avoit parlé. Mais parmi tout cela, elle estimoit assez Cleandre, pour n'estre pas fâchée d'en estre aimée, quoiqu'elle ne voulût pas qu'il l'aimât, ou du moins qu'il le luy dît. Pour Cleandre, il estoit certain qu'il y avoit six mois qu'il estoit amoureux d'elle, sans en avoir parlé à qui que ce soit; Premierement, parce qu'il estoit naturellement secret; & en second lieu, parce qu'il avoit espéré de vaincre vne passion à laquelle il vouloit s'opposer, non seulement à cause de la haine qui avoit esté

entre leurs Maisons, mais encore parce qu'il vouloit que l'ambition fust la plus forte dans son cœur. Il estoit persuadé qu'on pouvoit estre amoureux par ambition ; mais il croioit pourtant, que quand vn ambitieux venoit à avoir de l'amour, sans que ce fust par rapport à ses interests, il donnoit luy-mesme des bornes à sa fortune ; de sorte qu'il s'estoit opposé autant qu'il avoit pû à l'amour qu'il avoit pour Celanire, & l'avoit cachée tres-soigneusement au Prince. Il n'avoit pas mesme encore absolument resolu de la découvrir à Celanire ; quoiqu'il eust fait la petite feste de l'Isle, plus pour la divertir, que pour nulle autre raison. Beaucoup de gens avoient
pour-

pourtant pensé que c'estoit pour le Prince ; car il ne faut pas s'imaginer que Cleandre fist sa cour, comme presque tous les autres gens la font, c'est-à-dire, qui se montrent, qui s'empressent, qui font la foule par tout où le Prince se trouve, qui veulent voir & estre veus, qui donnent tous leurs soins à la seule dignité du Prince pour en obtenir des graces, & qui bien souvent murmurent en secret, & mesme en public, sans aimer veritablement sa personne. Au contraire, Cleandre avoit vne tendresse infinie pour son Maître, vn attachement inconcevable à tous ses intérests, sensible à sa gloire jusques aux moindres choses, scrupuleusement fidéle jusqu'aux plus petites bagatelles, ne trouvant rien de difficile pour son service, desintéressé au dernier point, ne se réjouïssant principalement des bienfaits qu'il en recevoit, que parce qu'ils faisoient honneur au Prince, conservant vn respect tres-profond au milieu de la plus grande familiarité qu'vn Prince puisse permettre : mais ce qui est le plus rare, ayant vne sincérité extrême, ne luy cachant jamais rien de ce qui luy pouvoit donner des lumiéres pour agir glorieusement, & cherchant moins à plaire qu'à servir. Il disoit souvent qu'il aimeroit mieux avoir perdu toute sa fortune, que d'avoir dissimulé vne chose qui auroit pû estre avantageuse à son Maistre. Il vous est aisé de juger par ce que je dis, qu'vne affection de cette sorte occupoit presque autant le cœur de Cleandre, qu'eust pû faire l'amour, & qu'ainsi il faloit que les charmes de Celanire fussent bien puissans pour vaincre vn cœur qui estoit rempli de tant de choses importantes & agreables. Cependant, comme les parfums renfermez semblent redoubler leur odeur, lorsqu'on ouvre le lieu qui les renferme. Cleandre sentit incomparablement plus la passion qu'il avoit dans l'ame, depuis qu'il l'eût déclarée à celle qui l'avoit fait naistre. Celanire ne l'augmenta pourtant pas par vn traitement favorable ; au contraire, sans faire d'incivilité à Cleandre, elle fut adroitement,

K ij

par cent maniéres différentes, luy témoigner qu'il luy avoit mortellement déplu, tantoſt en évitant, non ſeulement de luy parler, mais en fuiant ſes regards, & tantoſt par vn air indifférent qui le mettoit au deſeſpoir. Cependant, Cleandre dans les momens les plus fâcheux de la ſevérité de Celanire, y trouvoit quelque choſe de ſi charmant, qu'il n'auroit pas voulu ne l'avoir pas irritée ; du moins, diſoit-il en luy-meſme, elle ſe ſouvient que je luy ai dit que je l'aime, & il n'eſt pas poſſible qu'elle puiſſe ſe connoiſtre, ſans connoiſtre auſſi que je luy ai parlé ſincérement. Il ſe trouva pourtant dans vn embarras extrême; car ſachant combien elle eſtoit touchée du secret, & combien elle haïssoit l'éclat, il n'osoit rien entreprendre qui pût faire paroistre sa passion au dehors, & il fut plus de deux mois sans pouvoir trouver lieu de luy parler en particulier, tant elle en évitoit soigneusement toutes les occasions. Il ne laissoit pas de faire & de dire cent choses qui pouvoient faire connoistre à Celanire toute seule, qu'il l'aimoit éperdûment: Mais enfin vn jour que Celanire arriva chez la Princesse Argelinde, que Cleandre y estoit déja, cette Princesse luy dit, qu'elle avoit vn office à luy demander, & qu'elle la prioit de souffrir que Cleandre luy dît en particulier, ce qu'elle desiroit d'elle, ne pouvant le luy dire elle-mesme, parce qu'elle estoit pressée d'écrire pour quelque affaire importante. Celanire se trouva surprise, car elle n'osa pas témoigner qu'elle craignist de parler bas à Cleandre, de sorte qu'il falut qu'elle endurât qu'il luy parlât vers des fenestres qui donnoient sur les jardins du palais. La Princesse l'avoit chargé de luy dire, qu'elle la prioit instamment de ne prester point de pierreries à vne fille de la Cour qu'elle n'aimoit pas, & qui en cherchoit pour vne feste, aimant extraordinairement à estre parée, & que pour l'empécher d'en avoir, elle la conjuroit d'emprunter toutes celles de ses amies, quoiqu'elle n'en eust que faire, afin que cette fille n'en euſt pas. Mais Cleandre ſe garda bien de dire cela d'abord à Celanire, jugeant aſſez qu'elle n'auroit pas ſouffert qu'il luy euſt parlé davantage. Au contraire, prenant la parole avec vn air reſpectueux & paſſionné : Souffrez, Madame, luy dit-il, qu'avant que de vous dire ce que la Princeſſe m'a ordonné, je vous demande pardon de l'offenſe que je vous ai faite, & que je ne m'en repente jamais. Voilà vne maniére de demander pardon, répliqua Celanire, qui eſt la plus nouvelle du monde, & la moins propre à l'obtenir. Quoi, Madame, reprit-il, vous voudriez que je me repentiſſe de vous avoir aimée. Repentez-vous du moins de me l'avoir dit, reprit-elle. Je ne le puis, répliqua-t-il, car toutes mes actions vous le diront toute ma vie, & je suis resolu de mourir en vous aimant. Mais enfin, luy dit Celanire, hastez-vous de me dire ce que la Princesse desire de moi, car si vous ne le faites à l'heure-mesme, sans continuer de m'offenser, je passerai de l'indifférence à la haine, & quoique je haïsse fort l'éclat, je vous quiterai, & dirai à la Princesse, que vous ne m'avez dit que des bagatelles. Cleandre voiant bien que Celanire feroit ce qu'elle luy disoit, luy dit en deux mots la malice que la Princesse vouloit faire, & finit par vne protestation la plus passionnée du monde, de l'aimer eternellement, avec autant de secret que de fidélité. En suite dequoi Celanire se rapprocha de la compagnie, & quoiqu'elle fust ennemie de toutes les petites fourbes que fait faire la jalousie de la beauté, elle promit à la Princesse Argelinde de faire ce qu'elle desiroit; mais elle eut le reste du jour vn certain air fier dans les yeux, dont tout le monde luy fit la guerre ; & comme le soir fut venu, la Princesse suivie de toute la Cour fut dans les jardins, où le Prince vint vn moment aprés. Cleandre fut extremément importuné d'Alcinor & d'Iphicrate ; car le voiant fort bien auprés du Prince, ils le regardoient comme vn homme dont ils vouloient faire leur ami, le premier autant par vanité que par aucune autre raiſon, & Iphicrate pretendant en faire ſon protecteur, dans le deſſein qu'il avoit pour Celanire, de ſorte que les deux plus aſſidus courtiſans que la faveur du Prince luy attiroit étoient ſes deux rivaux, & comme ils eſtoient d'humeur différente, leurs importunitez l'eſtoient auſſi. En effet, ce jour-là Iphicrate importuna fort Cleandre, par divers avis qu'il luy donna pour ſe rendre néceſſaire, luy laiſſant entendre qu'il luy importoit fort d'avoir des amis intelligens & habiles, qui en euſſent d'autres qui allaſſent par le monde, & qui rapportaſſent fidélement les choſes, qui penetraſſent le fond des intrigues & des cabales, qui fuſſent

DE CELANIRE. 155
enfin de ces nouvelliftes de Cour qui cherchent à tout favoir, & à tout dire, l'affurant qu'il en avoit deux tres-fidéles. Pour Alcinor il l'importuna d'vne autre maniére ; car ce fut en luy faifant entendre qu'il avoit beaucoup d'amis puiffans, & en toute forte de conditions, qu'il eftoit avantageux de l'avoir dans fes intérefts, & qu'vn homme de fon courage rendroit vn parti tres-confidérable. Cleandre fe défit d'eux le mieux qu'il put, & fa paffion l'occupant entiérement, il ne fongea qu'à s'approcher de Celanire, qui parloit avec vn homme de la Cour appellé Alcé, & avec Clarice. Celanire eftoit alors auprés d'vn grand rondeau, où huit allées aboutiffoient, & où

toute la Cour se rendit insensiblement: & comme il y a vn écho admirable en cét endroit, on entendit vne tres-belle voix qui chanta, & qui imposa silence à la compagnie; mais on fut surpris d'entendre chanter vn air qu'on ne connoissoit pas non plus que les paroles. D'abord cette voix chanta des vers d'écho fort ingenieux, qui faisoient entendre qu'en amour il se faloit taire ; mais aprés cela elle chanta deux couplets François sur le plus beau chant du monde ; les voici:

Que les oiseaux de ce bocage
 M'importunent de leur ramage.
Taisez-vous rossignols, vous estes trop
  heureux,
Vostre chant est trop gai pour vn
  cœur amoureux,

Et dans mon humeur triste & sombre,
Je ne veux pour rêver, que le silence & l'ombre.

Que l'aimable objet de ma flâme
Occupe tendrement mon ame.
Helas! depuis qu'Amour me rend infortuné,
De mes propres soûpirs je suis importuné,
Et dans mon humeur triste & sombre,
Je ne veux pour rêver, que le silence & l'ombre.

Tout le monde loüa ces deux couplets; mais comme on vouloit faire venir celuy qui avoit chanté, & que le Prince envoia dans vn petit bois de cyprés, où l'on croioit qu'il devoit estre, on ne l'y trouva plus, & l'on ne sceut point qui avoit fait cette galanterie, dont on fut d'autant plus surpris, que cette voix estoit excellente, & qu'on ne la connoissoit point à la Cour. Pour moi, dit la Princesse Argelinde, je croi que l'amant qui a fait la chanson, & la belle pour qui elle est faite sont dans la compagnie; mais comme le jour n'est pas assez grand pour discerner le changement du visage, on ne sauroit qui en accuser. Tous les gens de la Cour parlerent de cette chanson en suite, excepté Celanire, de sorte que le Prince luy en fit la guerre, & luy dit que son silence vouloit dire qu'elle croioit y avoir quelque part. Elle s'en défendit avec autant de modeſtie que d'eſprit, & dit qu'il luy ſembloit qu'il euſt mieux valu chercher à deviner qui avoit fait les vers, que de vouloir découvrir pour qui ils eſtoient faits. Alcinor qui faiſoit vanité de tout, parla comme vn homme qui n'euſt pas eſté marri qu'on l'en euſt ſoupçonné: & Iphicrate au contraire ſouſtint que cette chanſon eſtoit faite pour l'air, & l'air pour les paroles ſans autre deſſein, & que celuy qui avoit chanté eſtoit quelqu'vn qui prétendoit eſtre de la muſique du Prince, & qui ſe montreroit au premier jour. Pour Cleandre, quoiqu'il euſt fait la chanſon, & que ce fûſt luy qui l'eût fait chanter par vn muſicien François qui estoit arrivé depuis peu, & qu'il avoit connu en France, il en parla peu, & se contenta de s'approcher de Celanire, pendant qu'on s'en retournoit le long d'vne allée, & alors abaissant la voix, comme s'il eust retenu vne partie de la chanson, il luy repeta ces quatre vers en soûpirant :

Helas ! depuis qu'Amour me rend infortuné,
De mes propres soûpirs je suis importuné,
Et dans mon humeur triste & sombre,
Je ne veux pour rêver que le silence & l'ombre.

Il paroist bien, dit Celanire, que la chanson vous a plû, puisque

que vous l'avez retenuë si promtement. Il faut bien, répliqua Cleandre, en parlant fort bas, chercher des vöies de vous dire en public sans manquer au secret, ce que mon cœur sent pour vous, puisqu'on ne vous le peut dire en particulier. Celanire en abaissant la voix aussi, répondit avec assez de severité, & s'éloigna de Cleandre. Cependant on passa le reste du soir chez la Princesse Argelinde dont le Prince estoit amoureux ; mais par des raisons de Politique, ce n'estoit pas encore vne amour déclarée, & cette passion n'empéchoit pas le Prince d'être civil & galant pour toutes les belles, & de l'estre mesme plus pour Celanire que pour toutes

L

les autres ; de-sorte que Cleandre apprehendoit quelquefois étrangement que son maistre ne devînt son rival : il estoit neantmoins si persuadé de la bonté du Prince pour luy, qu'il eust cru n'avoir plus rien à craindre, s'il eust pû luy déclarer la passion qu'il avoit dans l'ame ; mais ayant promis vn secret inviolable à Celanire, il ne s'y pouvoit resoudre, joint que cette crainte estoit passagere. C'estoit pourtant vne chose assez nouvelle de voir que Cleandre fust en quelque sorte jaloux d'vn Prince qui n'aimoit point Celanire, & qu'il ne le fust pas de ses veritables rivaux qui avoient pourtant du merite, chacun selon son caractere. Ce qui redoubloit quelquefois la crainte

DE CELANIRE. 163
de Cleandre, c'est qu'il ne luy sembloit pas que le Prince aimât bien fortement la Princesse Argelinde; de-sorte que pour son propre repos, & pour ne s'exposer pas à estre rival de son maistre, il fit tout ce qu'il put afin de n'aimer pas Celanire: mais il luy fut impossible, & passant d'vne extremité à l'autre il fit ensuite toutes choses pour flatter sa passion, & pour se faire vne esperance que Celanire ne luy donnoit pas. Il chercha donc à luy plaire en toutes choses, & sans faire éclat en aucune sorte, il luy donna mille marques de sa passion. Et parce qu'il luy estoit plus facile de voir Celanire dans ma chambre que par tout ailleurs, il gagna mon
L ij

amitié à tel point que je l'aimois, & l'aime encore comme vn frere. Mais ce qui servit le plus à luy acquerir vne assez grande familiarité, & avec Celanire, & avec moi; c'est qu'aiant esté assez long-temps en France dans sa premiere jeunesse, il savoit le François comme s'il fust né à Paris, & qu'il eust passé toute sa vie au Louvre. Feu ma mere estant Françoise je le savois & le sai encore, comme vous voiez, assez passablement, & Celanire l'aiant aussi appris dés l'enfance aimoit sans comparaison mieux lire en François qu'en nulle autre langue; car elle en sait plusieurs. Si bien que Cleandre estoit celuy qui nous faisoit venir tous les livres curieux, & je pense pouvoir dire qu'il ne s'est rien fait de galant & d'agréable, soit en vers, soit en prose, qu'il ne nous ait donné. S'il n'eust pas passé pour ambitieux, je me serois sans doute apperçûë plûtost de sa passion pour Celanire ; mais j'estois persuadée qu'il ne songeoit qu'à sa fortune, & je ne croiois pas qu'il aimât Celanire plus que moi. En ces temps-là Cleandre nous apporta vn jour plusieurs ouvrages de galanterie qui ne vous sont pas inconnus. Entre autres le Poëme de la Fauvette, le Caprice contre l'estime, l'Amour de la poire & de l'abricot, le Dialogue des pommes d'api, l'Oranger, le Temple de la Paresse, l'Edit d'Amour, les Fables d'Esope en vers,

L iij

de belles Elegies d'vne femme de qualité, & plusieurs autres choses fort ingenieuses sous le nom d'Acante, qui nous divertirent extremément. Nous avions ce jour-là plus qu'vn autre, la fantaisie de bel esprit, & nous parlâmes fort de Voiture & de Sarrasin. Je soûtenois la Taupe du premier, Cleandre la Souris du second. Celanire ne pouvoit assez admirer les petits Goujons de Voiture, & je loüois fort la Pompe funebre que Sarrasin luy a faite. Nous disions hardiment nostre avis des plus fameux ouvrages; & nous parlions enfin de tout ce qui nous revenoit dans la memoire. Mais comme les derniers vers qu'on voit, sont ceux qui occupent le plus, chacun de nous choisissoit quelque endroit qui luy plaisoit plus qu'vn autre; pour moi je retins d'abord vn endroit de l'Oranger, qu'on m'a dit ici que tout le monde a sceu; c'est celuy où Acante irrité contre son Iris, ayant pris la resolution de n'aimer qu'vn oranger, à l'exemple de ce Prince qu'on dit qui fut amoureux d'vn arbre, changea pourtant d'avis en revoiant sa maistresse, & dit aprés l'avoir veuë,

Qu'vne flâme mal éteinte
Est facile à ralumer,
Et qu'avec peu de contrainte
On recommence d'aimer!

Iris me mit tout en flâme,
Iris me fit inconstant,

HISTOIRE

Iris m'arracha de l'ame
L'Oranger que j'aimois tant.

Quel moien d'estre rebelle,
Il falut s'humilier ;
L'Amour estoit avec elle
Qui me fit tout oublier.

Connois-tu bien qui nous sommes?
Dit l'Enfant imperieux ?
Volage, appren que les hommes
Aiment comme il plaist aux Dieux.

Mais pour Celanire, elle trouva vn endroit de la Fauvette fort ingenieux ; car en peu de paroles tout le caractére d'vne Coquette y est representé, en parlant d'vne Heure que l'Amour aime ; & si je m'en souviens bien, les voici.

Une de ces aimables sœurs
Fit vn grand amas de douceurs,

DE CELANIRE. 169
De mots obligeans, de caresses,
De soins, d'amitiez, de tendresses,
De ces regards faux & charmans,
Qui pour les crédules amans,
Disent tout ce qu'vn cœur desire,
Et pourtant ne veulent rien dire.

Celanire ajoûta encore vn autre endroit du mesme ouvrage, où le procédé d'vne Coquette, aprés vne déclaration d'amour est fort naturellement dépeint. Le voici, si je ne me trompe: C'est aprés que l'Amour a parlé de sa passion à l'Heure qu'il aime.

L'heure feint de s'en irriter,
Un moment aprés d'en douter,
Puis de le croire, & de se rendre;
Enfin d'vne voix douce & tendre,
Soiez, dit-elle en le quittant,
Soiez amoureux & constant,

HISTOIRE

Et sachez qu'vne amour fidéle
Ne trouva jamais de cruelle.

Il est vrai, dit Cleandre, que les endroits que vous remarquez, sont fort jolis; mais j'ai vû quelque part, que je ne puis dire presentement, quatre autres vers qui n'ont presque point d'esprit, & qui ont vn caractére assez tendre, ils sont précédez par d'autres, dont je ne me souviens pas. Mais je ferai bien aise de savoir si vous les trouverez tels que je les trouve. Donnez-vous donc la peine de les dire, reprit Celanire avec vn petit air chagrin, comme si elle y eust entendu quelque finesse, quoiqu'elle n'y en entendist pas, & Cleandre regardant alors Celanire avec beaucoup d'amour, recita ces quatre vers.

Oüi, trop aimable Iris, vos rigueurs finiront,
Vos beaux yeux irritez, un jour s'adouciront,
Vous cederez enfin à ma perseverance,
Vous récompenserez mon amoureux silence.

Pour moi, dit Celanire en rougissant, j'aime mieux les autres vers dont nous venons de parler, que ceux-là ; car il me semble qu'vn amant qui a tant d'esperance, n'a guere d'amour, & n'oblige pas trop sa maistresse. Quoi, luy dis-je, sans entendre nul sens caché à ce que disoit Celanire, vous croiez qu'il y a de l'amour sans espoir. Je croi du moins, répliqua Celanire, qu'vn amant qui a de l'espérance la doit cacher à sa maistresse, & aux autres gens, & comme les amans ne font d'ordinaire des vers que pour estre veus, je blâme fort ceux que Cleandre vient de reciter. Je suis pourtant persuadé, reprit-il, qu'ils peuvent avoir vn sens fort tendre, & fort amoureux ; car presupposé qu'ils fussent faits par vn homme que sa maistresse auroit fort mal traité, qui n'osast ni parler, ni se plaindre, ni soûpirer; n'est-il pas vrai, Madame, que cét amant infortuné ne pourroit fonder son espérance que sur la grandeur & la constance de sa passion. Vous avez tant d'esprit, répliqua Celanire, que vous trouvez facilement des raisons à soûtenir vostre sentiment. Mais j'aurois quelque envie de répondre à ces vers qui vous plaisent tant, par ceux-ci qui viennent de ma mémoire ou de mon esprit, je ne sai lequel.

Si je connoissois qu'vn amant
Pust tout espérer sans rien craindre,
Je redoublerois son tourment,
Afin qu'il apprist à se plaindre.

Cleandre connut bien que Celanire avoit fait ces vers là sur le champ, & que c'estoit vne ingenieuse satire contre les siens; mais au-lieu de se repentir de sa premiére pensée, il s'écria avec cette facilité qu'on dit qu'avoit Sarrasin:

Quoi ! malgré voſtre indifférence,
J'apprens, charmante Iris, que vous
  ſavez rimer :
Ah je ne perds pas l'eſpérance
D'apprendre quelque jour que vous
  ſaurez aimer.

C'eſt eſtre bien opiniâtre, dit Celanire en ſoûriant, & en rougiſſant : car nous n'avons, ni vous ni moi nulle part au ſujet de nôtre-diſpute, & cependant vous ne vous rendez pas. Comme nous en eſtions là, vn homme avec qui j'avois vne affaire aſſez importante arriva : je laiſſai donc Celanire & Cleandre, & fus vers les feneſtres entretenir celuy qui me vouloit parler : je ne fus pas plûtoſt éloignée, que Cleandre abaiſſant la voix, parla en ces termes à Celanire. Je ſai bien,

Madame, que je vais m'expoſer à vous déplaire, en vous diſant que je ſuis cét amant audacieux, qui oſe eſperer de vous adoucir vn jour par ſon amour, & par ſa perſeverance : mais, helas ! Madame, ce n'eſt qu'en vers que j'eſpere, car dés que je fais reflexion ſur voſtre maniére d'agir à mon égard, je ſuis vn malheureux qui n'eſpere rien. J'avois crû autrefois que les heureux ſuccés de l'ambition pouvoient adoucir les diſgraces de l'amour : Mais j'ai bien changé de ſentimens, & je ſuis vn ingrat que toutes les faveurs de mon maiſtre ne peuvent conſoler des rigueurs de ma maiſtreſſe. Oüy, Madame, pourſuivit-il, ſans luy donner le temps de l'interrompre, je ne sens presque plus les grandes graces du Prince, & je sens plus que je ne puis l'exprimer, jusques aux moindres choses que vous faites; quand vous évitez mes regards, quand vous me fuiez, quand vous ne voulez pas donner à mes paroles le veritable sens qu'elles doivent avoir, je voudrois mourir à l'heure mesme. Si vous vous souveniez de mon humeur, interrompit Celanire, vous me feriez vn grand secret de tout ce que vous me dites, quand mesme il seroit vrai. Ah, Madame, répliqua Cleandre, le secret n'est pas ce que vous pensez: car on n'appelle point vn secret, vne chose qui ne peut jamais estre sceuë, & vn secret est assurément

je

je ne sai quoi qui peut & doit estre dit à quelqu'vn. Je croi mesme, s'il est permis de parler ainsi, qu'il est autant de l'essence du secret, d'estre dit à quelqu'vn, que d'estre ignoré de tout le reste du monde. Enfin, Madame, ce qui se passe dans mon cœur, est si dur à supporter, qu'encore que je sois le plus secret de tous les hommes, si vous ne me permettez de vous dire quelquefois l'état de mon ame & de ma passion, il sera difficile qu'elle n'éclatte. Je ne la découvrirai jamais à personne, ni par mes actions, ni par mes paroles, ni mesme par mes regards ; mais si vous me défendez toûjours de vous en parler, je ne réponds pas qu'en mourant de douleur & d'amour, je ne découvre malgré moi, que vous en ferez la cause. Que vous serviroit, reprit Celanire, de me parler d'vne passion que je combatrois toûjours, & qui me déplairoit. Ah! Madame, répliqua-t-il, si vous saviez quelle douceur il y a à dire ce qu'on souffre, vous verriez que mesme sans vous faire pitié, je ne laisserois pas de trouver quelque consolation à me plaindre. Afin de vous témoigner, reprit Celanire, que j'ai de l'estime pour vous, je veux vous parler sincérement. Sachez donc premierement, que je suis resoluë de faire tout ce que je pourrai, pour n'aimer jamais rien, & que quand je pourrois me resoudre de souffrir d'estre aimée, je ne devrois pas vous choisir. Nos Maisons sont ennemies, Euribiade n'approuveroit jamais mon choix, & pardessus tout cela, si je l'ose dire, vous estes trop de la Cour pour estre capable d'vne amour constante, & les amours passageres sont indignes de moi. Je voudrois de la fidelité, du secret, de la soûmission & de la patience ; car selon mon sentiment, il n'y a que le temps qui puisse faire connoistre si les amours sont grandes ou petites, frivoles ou constantes. Tous les commencemens d'amour sont presque semblables, & il n'appartient qu'au temps d'en décider. Ne voiez-vous pas, ajoûta-t-elle, que vous vous lassez déja d'estre secret. Ah Madame, reprit Cleandre, est-ce manquer au secret, que de vous découvrir à vous-mesme ce que vous faites dans mon cœur, & ne pouvez-vous pas au contraire, en me permettant de vous en parler, me donner lieu d'avoir vn secret impenetrable pour tout le reste de la terre ? Je consens, ajoûta-t-il, que vous combatiez ma passion, si elle vous déplaît, quand vous la connoistrez. Mais helas, poursuivit-il, pourroit-elle vous déplaire ? Je ne veux qu'aimer, & qu'obeïr. Obeïssez donc, répliqua-t-elle en rougissant : Parlons du Caprice contre l'estime, & ne parlons plus ni de vous, ni de moi. Celanire dit cela d'vn certain air, qui bien que ſerieux, n'avoit rien de mépriſant, de-ſorte que Cleandre ſe tint preſque le plus heureux de tous les hommes. Ce qui acheva de toucher le cœur de Celanire, fut vne choſe que fit Cleandre. Mais pour l'entendre, il faut ſavoir que Celanire avoit vne amie qui luy eſtoit fort chere, qui eſtoit la premiere des Vierges voilées d'vn petit temple aſſez prés de la ville où la Cour faiſoit ſon ſejour ordinaire. Cette perſonne avoit élevé Celanire, & avoit vn merite extraordinaire. Il arriva que le tonnerre tomba ſur cette maiſon, & la détruiſit entierement, ſans tuer celles qui l'habitoient, parce qu'elles eſtoient au temple, lorſque cét accident leur cauſa vne si grande perte. Ces Vierges voilées n'estoient pas assez riches pour refaire leur bâtiment, & Celanire se préparoit à prier la Princesse Argelinde de faire vne queste dans toute la Cour pour rebâtir cette maison, lorsque son amie luy manda qu'il estoit allé vn architecte la trouver pour luy montrer vn dessein tres-agréable d'vne nouvelle maison, l'assurant qu'elle n'avoit autre chose à faire qu'à en dire son avis, parce qu'il y avoit des personnes qui ne vouloient pas estre connuës, qui en feroient la dépense. Celanire qui connoissoit le grand cœur de Cleandre, & sa magnificence, ne douta pas que ce ne fust vn effet de sa passion: elle eut vne reconnoissance extrême de cette action magnifique, & se mit dans la fantaisie de la luy faire avouër. Elle fut pourtant assez combatuë, & se repentit plus d'vne fois de ce dessein-là. Que veux-je savoir, disoit-elle, & quel objet peut avoir ma curiosité. Je ne suis que trop persuadée que Cleandre m'aime, faut-il encore chercher moi-mesme à me charger d'vne grande obligation, & à attendrir mon cœur, puisque je le veux défendre ? Mais d'ailleurs est-il juste qu'vne action aussi genereuse, qu'est celle-là, demeure sans estre loüée, puisqu'elle ne doit pas estre reconnuë, & encore loüée par moi toute seule ? Non non, dit-elle alors, cela n'est pas juste, défendons noftre cœur; mais rendons juftice à la vertu, & faifons avouër à Cleandre la belle action qu'il a faite. En effet, la premiere fois qu'elle put parler à luy fans eftre entenduë, elle luy adreffa la parole. Vous allez eftre bien aife, luy dit-elle en foûriant, de voir que je vous prie de me dire précifément qui eft la perfonne qui a fait vne fi grande liberalité à mon amie, en voulant rebâtir fa maifon ; car vous me reprocherez que je n'aime plus le fecret, puifque j'ai de la curiofité. Tant que vous ne ferez que me prier, reprit Cleandre en riant, vous n'obtiendrez rien, Madame; mais dés que vous me commanderez je vous obeïrai. Ah, Cleandre, répliqua-t-elle, ne vous amusez point aux paroles, vous voiez bien ce que je veux savoir, dites-le-moi donc promtement. Cleandre fut longtemps sans vouloir dire la verité : mais voiant que Celanire se faschoit : Puisque vous me le commandez, Madame, répliqua-t-il, c'est vous seule qui faites agir l'architecte, & l'honneur qu'a vostre amie de vous avoir euë sous sa conduite pendant vostre enfance, & d'avoir encore place en vostre amitié, meriteroit qu'on luy bâtît vn palais au lieu d'vne maison assez modeste que le Ciel luy rend, par vn homme qui mettroit toutes les couronnes du monde à vos pieds, s'il les avoit en sa disposition, pour vous témoigner son amour. Je merite afsurément, Cleandre, répliqua Celanire en rougifsant, que je m'ofte mon eftime à moi-mefme, par la curiofité que j'ai euë, car elle ne peut avoir d'excufe raifonnable. Je devois vous eftimer de ce que vous avez fait, mais ne vous en parler jamais, afin de ne me trouver pas obligée de vous pardonner la hardiefse que vous avez de me parler toûjours d'vne pafsion que je ne veux jamais reconnoiftre. Je vous pardonne donc tout le pafsé, mais n'y retournez plus, je vous en conjure. Cleandre ne put répondre que trois mots à Celanire : car le Prince l'envoia querir pour vne affaire de confequence, & Celanire s'éloigna de luy, mais il eut le cœur senfiblement touché, de voir que Celanire luy avoit encore défendu de luy parler de fa paffion. Et comme le Prince fut alors cinq ou fix jours à vne de fes maifons de plaifir, l'air de la campagne infpira à Cleandre le deffein de faire vne Eglogue. Il voulut la faire en François, afin qu'elle fuft plus fecrette: mais la difficulté eftoit de la faire voir à Celanire. Il en imagina pourtant vne voie qui luy réüffit, il la fit imprimer fecrettement en mefme caractére que les poëfies de Voiture, & prenant effectivement vn livre de cét excellent Auteur, il fit relier fon Eglogue enfuite des Elegies qui font au commencement. Quand cela fut ainſi il vint me voir vn jour que Celanire eſtoit avec moi. Philocrite y eſtoit auſſi, Alcinor & Iphicrate s'y trouverent : & comme il eſt aiſé de tourner la converſation du coſté qu'on veut, Cleandre fit venir à propos de me dire qu'il avoit reçû vn Voiture d'vne nouvelle impreſſion, où il y avoit beaucoup de choſes qui n'eſtoient pas dans les premieres. Celanire plus impatiente que moi, le pria de le luy faire voir : de-ſorte qu'à l'heure meſme il envoia querir le livre où il avoit fait mettre l'Eglogue, & il eſtoit vrai auſſi que cét exemplaire eſtoit d'vne impreſſion plus nouvelle, que celle qu'avoit Celanire, & qu'il y avoit meſme des lettres ajoûtées.

Quand le livre fut venu, Celanire demanda à Cleandre, qu'il luy montrast quelque chose qu'elle n'eust pas vû : de-sorte que Cleandre qui estoit alors au milieu de ses deux Rivaux, luy montra quelqu'vne des lettres ajoûtées, & aussi-tost aprés son Eglogue, que je m'en vai vous reciter; car elle m'a toûjours semblé si tendre & si naturelle, que l'aiant apprise par cœur quelques jours aprés, je ne l'ai jamais oubliée depuis.

EGLOGUE.

Deux aimables Bergers, pendant un grand orage,
Chercherent pour asyle, une grotte sauvage,
D'où voiant leurs troupeaux confusement épars,

Ils les gardoient encor du geste & des regards.

Et les hardis beliers, hauſſant leurs fronts ſuperbes

Bondiſſoient de plaiſir ſur la pointe des herbes :

Là ſur vn lit de mouſſe, à la fraîcheur aſſis,

Alcidon en ces mots parle à ſon cher Tircis.

ALCIDON.

Je ſai que mal inſtruit des amoureu-ſes peines

Voſtre amitié Tircis, voudroit rompre mes chaînes,

Et que blâmant l'Amour, aimant la liberté,

Vous me croyez aveugle en ma ca-ptivité.

TIRCIS.

Je l'avouë, Alcidon, & je vous trouve à plaindre,

DE CELANIRE.

D'avoir vn mal si grand, sans le voir, sans le craindre,
Ecoutez mes conseils, écoutez la raison,
Et sortez pour jamais d'vne injuste prison.
On quitte quand on veut vne ingrate maistresse,
Et l'aimer constamment seroit vne foiblesse.

ALCIDON.

J'aime, & je veux aimer, jusqu'au dernier moment,
Il faut mourir, Tircis, dés qu'on n'est plus amant.
Vivre sans passion est vne triste vie,
Et j'aime cent fois mieux les rigueurs de Silvie.
Ce Dieu que vous fuïez, en m'accablant d'ennui,
Me comble de douceurs qu'on ne sent point sans luy.

Se plaigne qui voudra du pouvoir de
 ses armes,
J'aimerai mes tourmens, mes soûpirs
 & mes larmes.
Tous les autres plaisirs se changent
 en douleurs,
Mais ici les plaisirs naissent parmi
 les pleurs,
Et malgré les rigueurs, les fers &
 les supplices,
Jusqu'au bord du tombeau l'Amour a
 ses délices.

TIRCIS.

Dites, dites aussi qu'aux plaisirs les
 plus grans,
L'Amour mêle souvent les plus cruels
 tourmens :
Ne connoissez-vous point la fiere jalousie,
Qui seduit la raison, trouble la fantaisie,

Empoi-

Empoisonne l'Amour, détruit tous
 ses plaisirs,
Change en noires fureurs ses plus
 tendres desirs,
Fait haïr ce qu'on aime ; & se haïr
 soi-même,
Et passer du bonheur, dans un malheur extrême.

ALCIDON.

Je la connois, Tircis, & tout cœur
 amoureux
Eprouve assez souvent un sort si rigoureux ;
Quand on aime ardament, une jalouse crainte
Prend la plus tendre amour pour une
 amitié feinte.
On ne sait ce qu'on sent, on ne sait ce
 qu'on voit,
Plus on veut s'éclaircir, & plus on
 se deçoit,

On croit tout ce qu'on craint, on veut rompre sa chaîne,
Renoncer pour jamais à l'amoureuse peine.
Mais en pensant haïr un injuste vainqueur,
On l'adore en secret, dans le fond de son cœur.
Et l'Amour qui triomphe, en rentrant dans une ame,
Porte autant de plaisirs que d'ardeur & de flâme.
Enfin nul autre état ne peut estre si doux,
Que d'avoir surmonté des sentimens jaloux :
C'est plus que d'échaper d'un funeste naufrage,
Et d'arriver au port aprés un grand orage.

TIRCIS.

Que vous connoissez peu les plaisirs
   amoureux,
De mettre entre ses biens un mal
   si rigoureux.
J'appellerois bonheur un excés de
   tendresse,
Et d'estre toûjours bien avecque sa
   maistresse.

ALCIDON.

Ah, Tircis, ces amants qui sont toûjours en paix,
Qui satisfaits de tout, ne se pleignent
   jamais,
Ne sont assurément que des amans
   vulgaires,
Qui pensent bien aimer, & pourtant
   n'aiment guéres.
La tendresse du cœur fait naître les
   douleurs,
Les craintes, les soupçons, les soûpirs

& les pleurs.

Qui ne fait en amour, ni soûpirer,
 ni plaindre,
Ni cesser d'esperer, ni commencer de
 craindre :
N'est pas digne d'aimer, ni de se voir
 aimé,
Et n'eut jamais, Tircis., le cœur bien
 enflâmé.
Depuis que je connois l'admirable Silvie,
Par mille ennuis secrets, elle attente
 à ma vie :
Quand je vois ses beaux yeux, je
 suis prest d'expirer,
Et n'ai pas seulement le plaisir d'e-
 sperer.
Je languis nuit & jour, & soûpire
 sans cesse,
Quelquefois de douleur, quelquefois
 de tendresse ;

*Mais quand par ses regards, si doux
   & si puissans,*
*Je connois qu'elle voit les douleurs que
   je sens,*
*Et qu'un noble chagrin, mêlé de mo-
   destie,*
*M'apprend qu'elle en connoist du
   moins vne partie :*
*Je rends grace à l'Amour, & je me
   tiens heureux,*
*Qu'elle ait pû croire enfin que je suis
   amoureux :*
*L'esperance renaist au milieu de mon
   ame,*
*C'est assez, dis-je alors, puisqu'elle
   voit ma flâme :*
*Rien ne peut s'opposer à ma feli-
   cité,*
*Et tout cede à la fin, à la fidé-
   lité.*

HISTOIRE

TIRCIS.

*Helas! en quelle erreur vous jette
  l'esperance,
En mille & mille cœurs la froide indifférence
Fait méprifer les vœux des fidéles
  amans,
Oublier leurs foûpirs, leurs chagrins,
  leurs tourmens,
L'infenfibilité fouvent plus que la
  gloire,
Empefche que l'amour n'emporte la
  victoire;
Un cœur indifférent ne fe foûmet
  jamais,
Et n'aime que les jeux, les plaifirs
  & la paix.*

ALCIDON.

*Mais aprés tout, Tircis, quand
  cette indifférence,
Cede, quoi-qu'à regret, à la per-
  feverance,*

DE CELANIRE.

*Qu'il est doux de savoir qu'on asser-
vit un cœur,
Dont on peut se vanter d'estre vnique vainqueur,
A qui jamais l'amour ne fit porter
ses chaînes,
Qui n'apprend que par nous ses plaisirs & ses peines.
Silvie a des appas qu'on ne peut é-
viter,
En vain à ses beaux yeux on voudroit resister;
Elle n'a pas un cœur à ceder par
foiblesse,
Et s'il se rend jamais ce sera par
tendresse,
Il ne cedera pas sans avoir combatu,
Appellé pour secours la gloire & la
vertu,
Dissimulé long-temps cette première
estime,*

HISTOIRE

Qui pour se mieux cacher nomme l'a-
  mour un crime.
Et si par mes soûpirs je pouvois l'en-
  flâmer,
Elle se haïroit avant que de m'aimer,
Elle s'accuseroit de ma longue con-
  stance,
Et se repentiroit de sa reconnoissance.
Amour seul peut savoir quand mes
  maux finiront ;
Mais s'ils ont à finir, ses yeux seuls
  le diront,
Et je n'espere point d'apprendre de sa
  bouche,
Que mon Amour luy plaît, que mon
  tourment la touche ;
C'est bien assez pour moi, si je puis
  deviner,
Qu'elle voit mon audace, & la veut
  pardonner.

TIRCIS.

Quel bisarre bonheur, quelles chimeres vaines,
Quoi pour tant de soûpirs, tant de soins, tant de peines;
C'est estre assez heureux, c'est estre assez aimé,
Quand on vous permettra de mourir enflâmé?

ALCIDON.

Cessez, mon cher Tircis, de condamner ma flâme,
Elle est absolument maistresse de mon ame,
Et si par vos raisons vous pouviez me guerir,
J'aimerois cent fois mieux me resoudre à mourir.
J'aime ma passion beaucoup plus que ma vie,
Et ne puis rien aimer à l'égal de Silvie,

Jouïssez en repos de vostre liberté,
Et laissez-moi languir dans ma captivité.
Triste sombre rêveur dans ma mélancolie,
Que vostre indifférence appellera folie;
J'ai de plus doux momens, & je suis plus heureux
Que le plus grand des Rois, s'il n'est point amoureux.
Vous faites vanité de vivre sans tendresse,
Laissez-moi mon amour, gardez vostre sagesse.
A ces mots, le Soleil sur un nuage épais,
Fit éclater cét arc qui presage la paix,
Et dorant le sommet des plus hautes montagnes,
Rappella les zephirs dans les vertes campagnes,

Eclaira de nouveau les prez & les vergers,
Et finit l'entretien de ces heureux Bergers.

Il faut avouër, m'écriai-je, quand Celanire eust cessé de lire, que cette Eglogue a vn caractere fort touchant ; il me semble mesme que l'amour qui y paroist est plus sincere que celle qui paroist dans tous les autres ouvrages de Voiture, où la galanterie a plus de part que la tendresse. C'est assurément, ajoûtai-je, que parmi beaucoup d'amours galantes, dont on l'a accusé, il en a eu quelques-vnes qui touchoient davantage son cœur. Celanire d'abord ne soupçonna point Cleandre d'avoir fait cette Eglogue, & la loüa de bonne foi, exagerant vn certain respect qui paroist d'vn bout à l'autre, & voulant faire vn reproche secret à Cleandre des quatre vers qu'il luy avoit dits vn jour, Vous voiez bien luy dit-elle, que l'amant de l'Eglogue fait penser plus délicatement les choses que celuy des quatre vers que vous nous recitiez il y a quelque temps à Glicere & à moi. Alcinor & Iphicrate demandérent à juger des quatre vers, & Cleandre les recita hardiment, & dit d'vn air passionné,

Ouy trop aimable Iris, vos rigueurs
 finiront,
Vos beaux yeux irritez vn jour s'a-
 douciront,

*Vous cederez enfin à ma perseve-
rance,*
*Vous recompenserez mon amoureux
silence.*

De grace, dit alors Celanire, qui pensoit faire la guerre à Cleandre, & luy preferer Voiture: Comparez les quatre vers de cét Amant, tout rempli d'espérance, à cét endroit de l'Eglogue si plein d'amour & de respect, que je vai vous lire.

*Elle n'a pas un cœur à ceder par
foiblesse,*
*Et s'il se rend jamais ce sera par ten-
dresse.*
Il ne cedera pas sans avoir combatu,
*Appellé pour secours la gloire & la
vertu,*

Dissimulé long-temps cette premiere estime,
Qui pour se mieux cacher, nomme l'amour un crime :
Et si par mes soûpirs je pouvois l'enflâmer,
Elle se haïroit avant que de m'aimer;
Elle s'accuseroit de ma longue constance,
Et se repentiroit de sa reconnoissance.
Amour seul peut savoir quand mes maux finiront;
Mais s'ils ont à finir, ses yeux seuls le diront;
Et je n'espere point d'apprendre de sa bouche,
Que mon amour luy plaist, que mon tourment la touche;

C'est bien assez pour moi, si je puis deviner,
Qu'elle voit mon audace & la veut pardonner.

N'est-il pas vrai, ajoûta Celanire, que cét Amant, presque sans espérance, merite beaucoup mieux d'estre écouté favorablement, que celuy qui trouve dans son propre cœur vn si grand fonds d'espérance, qu'on peut presque dire qu'il joüit déja de tous les plaisirs qu'il attend. Il est certain, dit Iphicrate, que cette Eglogue a vn caractere fort délicat & fort tendre, & je suis pour elle contre les quatre vers ; Philocrite fut du mesme sentiment : mais pour Alcinor, il soûtint que les quatre vers eſtoient plus naturels, & plus ſelon la verité, & que tous ces Amans qui diſoient n'eſpérer rien eſtoient des impoſteurs. Cleandre pendant cela avoit vn plaiſir extrême, de voir que Celanire eſtoit fort ſatisfaite de ſon Eglogue, ſans ſavoir qu'il l'eût faite, & que ſes rivaux la loüoient auſſi ſans ſe douter de la verité. Mais, Madame, dit-il alors à Celanire en riant, contentez-vous de blâmer les quatre vers ſans blâmer l'Amant qui les a faits : car enfin on apprend à aimer en aimant, & il n'eſt pas impoſſible qu'il ait perdu l'eſpérance que vous blâmez en luy : en effet, je vous montrerai dans Voiture des vers bien éloignez du caractere de l'El'Eglogue; comme par exemple, ceux-ci montrent assez qu'il ne pouvoit souffrir vne amour sans espérance. C'est dans la premiere de ses Elegies où il parle à sa maistresse en ces termes:

Cette vnique beauté dont vous estes ornée,
N'aura jamais pouvoir sur vne ame bien née;
Vostre empire est trop rude & ne sauroit durer,
Ou s'il s'en trouve encor qui puissent l'endurer
Avec tant de mépris & tant d'ingratitude;
Ce sont des cœurs mal faits, nez à la servitude,
Ou de mauvais esprits, qui du Ciel en courroux;

HISTOIRE
Ont eu pour châtiment d'eſtre amoureux de vous.

Vous voiez bien, Madame, dit Cleandre, aprés avoir recité ces vers, que cét Amant ne vouloit pas alors aimer ſans eſpérance. J'en demeure d'accord, dit Celanire; & c'eſt ce qui m'a fait dire ſouvent que Voiture ne connoiſſoit que la galanterie, & point du tout la grande paſſion, qu'il ſavoit plûtoſt louër ſes maîtreſſes que toucher leur cœur, & qu'il ne les perſuadoit qu'en les divertiſſant. Ce chemin-là n'eſt pas trop mauvais, reprit Alcinor: Il eſt vrai, répliquai-je; mais le ſecret eſt de ſavoir ce qui divertit la perſonne qu'on aime; car toutes les belles ne ſe divertiſsent pas de la mesme chose. Le sentiment que je défends, ajoûta Cleandre, se trouve dans les écrits de tous ceux qui sçavent écrire. Voici quatre vers d'vn homme de grand sçavoir, & de grand merite, qui dans ses belles Eglogues prend le nom de Menalque ; ils montrent bien qu'il compte l'espérance pour beaucoup ; c'est dans des Stances qui ont vn caractere fort galant & fort agréable.

Je ne suis point de ceux dont l'extrême souffrance
  Fait l'extrême plaisir,
Et jamais en Amour je ne perds l'espérance,
  Sans perdre le desir.

Ces quatre vers sont fort bien

tournez, & fort galans, reprit Celanire; mais comme ils sont dans vn ouvrage qui a pour titre *Indifférence*, vous ne trouverez pas mauvais que je les louë sans croire que celuy qui les a faits ait prétendu en faire vne regle générale: & pour vous le montrer, en voici d'autres de la mesme personne: en disant cela, elle prit les poësies du fameux Menalque, & lût les vers suivans.

Je ne demande point, adorable inhumaine,
Qu'aujourd'huy vos beaux yeux mettent fin à ma peine.
Helas! je sai trop bien qu'Amour ne peut toucher
Cette ame impitoiable, & ce cœur de rocher.

Non non, n'aimez jamais, mais souf-
frez qu'on vous aime ;
Souffrez ma passion, & mon ardeur
extrême,
Ne me soulagez point, mais approu-
vez mes feux ;
Ne m'exaucez jamais, mais écoutez
mes vœux ;
Ajoûtez à mes maux la peine du
martyre ;
Mais ne me chassez pas de vostre
heureux empire.

Vous avez trop d'esprit, Madame, dit Cleandre, & je voi bien qu'il faut abandonner l'espérance. Je pourrois mesme, ajoûta-t-il en soûriant, Madame, vous dire vn Madrigal, qui seroit fort à vostre vsage : il est fait par vn homme de qualité de la Cour de

France, digne de mille loüanges par d'autres choses plus considérables, & qui n'a pas l'esprit moins propre à la galanterie qu'à la Cour. Voici le Madrigal dont je parle.

Vos rigueurs, vostre indifférence,
Ne m'ont jamais tant fait souffrir
   Que vostre absence.
Combien de fois pour finir ma souf-
   france
   Ai-je souhaité de mourir ?
Mais parmi tous les maux que l'ab-
   sence me cause,
L'espoir d'un prompt retour que mon
   cœur se propose,
De mon malheur me fait un bien:
Absent de vous, Iris, j'espere quel-
   que chose,
Prés de vous je n'espere rien.

Je demeure d'accord, dit Celanire, que ce Madrigal-là est fort tendre, & qu'il fait honneur à l'amant & à la maistresse. Car enfin ce n'est pas savoir vivre que d'aller hardiment dire qu'on espere, quand mesme on auroit sujet d'esperer. Ce qu'il y eut de rare, fut qu'Iphicrate pour montrer combien il approuvoit ce que Celanire loüoit, demanda la permission de faire faire vne copie de l'Eglogue, & Alcinor en fit autant; mais ce fut avec vn dessein qu'il executa, qui fut de faire traduire en nostre langue cette pretenduë Eglogue de Voiture; car Alcinor estoit vn de ces gens de qualité qui ont toûjours quelque bel esprit entre les autres attaché à eux, & sur la foi de qui bien souvent ils jugent de ce qu'ils n'entendent pas. Ce n'eſt pas que ces gens-là n'aient de l'eſprit ; mais c'eſt que quelques-vns n'en ont pas pour ces ſortes de choſes-là, autant qu'ils en ont pour l'intrigue du monde. Cependant comme Cleandre ne vouloit pas que Celanire crût toûjours que Voiture avoit fait l'Eglogue, il reprit le livre & ſe mit à la lire d'vn air ſi paſſionné, que tout d'vn coup l'eſprit de Celanire s'ouvrit, & elle ne douta point que Cleandre ne l'euſt faite ; elle rougit & détourna la teſte pour cacher ſa rougeur ; de ſorte que Cleandre eut le plaiſir de voir ſur ſon viſage que ce petit endroit de l'Eglogue ſe trouvoit véritable.

Mais quand par ses regards si doux
& si puissans,
Je connois qu'elle voit les douleurs
que je sens,
Et qu'un noble chagrin mêlé de mo-
destie,
M'apprend qu'elle en connoist du
moins vne partie ;
Je rends grace à l'amour, & je suis
trop heureux,
Qu'elle ait pû croire enfin, que je suis
amoureux.

Pour Celanire elle avoit vn vrai chagrin d'avoir esté trompée ; elle estoit pourtant assez équitable pour l'avoir plus contre elle-mesme que contre Cleandre ; mais ne voulant pas découvrir ses sentimens, elle s'en alla, & la compagnie se sepára. Iphicrate songea à retenir les endroits de l'Eglogue, qui avoient le plus touché Celanire: & Alcinor à la faire traduire par son bel esprit, qui ne reüssit pas trop bien à sa traduction ; desorte que lorsqu'il la porta à Celanire pensant fort luy plaire ; elle blâma son traducteur, & luy dit qu'il avoit gâté le sens par ses paroles, & qu'il n'entendoit pas bien le François. Cependant j'oubliois de vous dire que Celanire aiant laissé le livre dans ma chambre, Cleandre me pria de l'envoier chez elle : Celanire fit ce qu'elle put pour ne recevoir pas ce livre ; mais soit qu'elle craignît que la trop grande difficulté qu'elle en feroit ne me fist soupçonner quelque chose; ou qu'en effet elle voulût avoir l'Eglogue, elle se laissa persuader. Ce qu'il y eut d'admirable est, que depuis le jour de l'Eglogue, Celanire se défia de tout, & Cleandre ne pouvoit plus parler de vers d'amour, qu'elle ne s'imaginât qu'il les avoit faits pour elle, & qu'il la vouloit encore tromper; de-sorte que quelque beaux qu'ils fussent, elle ne les loüoit plus ; & quoiqu'elle ait toûjours fort aimé les beaux vers, elle ne demandoit plus à les voir lorsque Cleandre les recitoit. En effet, vn jour qu'on parloit de la différence qu'il y a entre certains vers qui ne sentent que l'auteur & les livres, & ceux qui ont tout à la fois vn certain caractere noble, naturel, paſſionné, & juſte tout enſemble : Cleandre dit qu'il connoiſſoit en France vn homme de grande qualité, de grand merite, qui eſtoit dans les grans emplois, & qui en eſtoit digne, dont il ſavoit des vers extrémement touchans. Celanire qui crut qu'il vouloit encore la tromper, ne le pria point de les dire; mais pour moi qui n'y entendois nulle fineſſe je l'en preſſai fort : de-ſorte que Cleandre cherchant dans ſa memoire retrouva deux Stances d'vne Ode admirablement belle, ſur ce qu'on ne peut cacher vne grande amour; mais il ne put ſe ſouvenir du commencement. Voici ce qu'il nous en

DE CELANIRE.

récita d'vn air le plus tendre du monde.

Je ne sai quels tristes soûpirs,
Au milieu mesme des plaisirs,
Découvrent malgré moi le secret de
   mon ame,
Mon teint, mes actions, ma voix
   & mes regards,
Sont les indices d'vne flâme,
Qui veut sortir de toutes parts.

Je ne voi que des curieux,
Ils m'importunent en tous lieux :
Que le monde est fâcheux, que ma
   peine est extrême !
Et bien avoüons tout, ouy je suis
   enflâmé,
J'aime, je le confesse, j'aime,
Plus que l'on n'a jamais aimé.

HISTOIRE

Ah! m'écriai-je, voilà des vers qui ont vn grand charme pour moi: mais pourquoi, luy dis-je, ne savez-vous point cette Ode là tout entiere? C'est, répliqua Cleandre, que celuy qui l'a faite n'a jamais rien donné de ce qu'il a fait; & vne de ses amies à qui il a adressé ce bel ouvrage, ne l'a qu'à condition de ne le donner pas, de sorte que cette personne me l'aiant montrée, j'en ai retenu les deux Stances que je viens de vous dire ; car pour celuy qui a fait cette Ode, il ne se pare pas de savoir faire des vers, il est propre à de plus grandes choses, soit pendant la paix, soit pendant la guerre où il s'est signalé ; & je suis le plus trompé du monde, si le Roi qui a vn discernement admirable ne luy donne bien-tost vn emploi, pour lequel il faut avoir les vertus de tous les âges, & vne capacité vniverselle. Cleandre disoit tout cela exprés, afin que Celanire ne crût pas qu'il avoit fait ces vers-là, qui en effet sont de celuy dont il parloit ; mais tout cela ne servoit de rien, car Celanire crut long-temps qu'il les avoit faits. Mais, luy disois-je, voiant qu'elle ne parloit point; d'où vient que vous ne dites rien de ces deux admirables Stances, qui ont vn caractere si passionné, & dont les expressions sont si nobles & si naturelles. Mes loüanges, reprit Celanire assez embarassée, sont si peu considérables en comparaison des vô-

tres, que je ne voi pas qu'il soit nécessaire que je me mêle de loüer ce que vous avez si bien loüé. Cleandre soûrit voiant l'embarras de Celanire, car il connut bien sa pensée ; mais pour elle, quoiqu'il pût dire, elle ne se détrompa que long-temps aprés. Elle m'a avoüé depuis qu'elle fit tout ce qu'elle put pour empescher son cœur de se laisser toucher à la passion, & au merite de Cleandre ; & elle s'imagine qu'elle en fust venuë à bout, si Euribiade son oncle ne se fust pas avisé d'avoir vne prévoiance qui l'irrita. Il s'avisa donc vn matin d'aller dans sa chambre, de faire sortir toutes ses femmes, & de luy parler en ces termes. Il y a déja assez long-
temps

temps que j'avois exhorté Elisene de vous parler selon mes sentimens; mais comme son ambition l'empêche de prévoir les choses qui me pourroient déplaire, elle n'a pas voulu vous dire ce que je souhaitois, quoiqu'il y eust plus de bienseance, qu'elle vous parlât que moi. Mais enfin, Celanire, j'ai à vous dire que vous n'avez pas seulement vn grand nom à soûtenir, mais beaucoup de gloire à acquerir; vous estes jeune, vous estes belle, vous estes riche, & par-dessus cela, vous estes d'vne naissance illustre; mais pour vous rendre digne du sang dont vous sortez, il faut demeurer ferme dans les sentimens de vos peres, il faut aimer ce qu'ils aimoient, & haïr

P

ce qu'ils haïssoient ; en vn mot, Celanire, de tous les hommes de la Cour, que la bienseance veut que vous voyiez indifféramment, il n'y en a qu'vn seul vers qui vous ne devez jamais tourner les yeux, avec intention de le souffrir. Il y a deux cens ans que ses peres & les vostres se sont haïs. Ce n'est pas à vous à changer de sentimens, je croi qu'il ne pense pas à vous, & que vous ne pensez pas à luy; mais j'ai esté fort aise de vous dire, qu'avec tout le merite, & toute la faveur de Cleandre, je ne consentirois jamais qu'il vous épousât. Comme je le croi fort bien auprés du Prince, le respect que j'ai pour luy, fait que je ne vous défends pas de voir &

de parler à Cleandre, & je me contente de vous avertir de prendre garde à voſtre conduite. Mais, Seigneur, reprit Celanire, toute irritée dans le fond de ſon ame, quelqu'vn vous a-t-il dit, que Cleandre penſât à moi. Nullement, répliqua Euribiade, & Cleandre paſſe dans le monde pour vn ambitieux, fort indifférent à toute choſe, excepté à ſa fortune. Mais, Celanire, apprenez qu'en cas d'amour, ce qui n'eſt pas aujourd'huy peut eſtre demain, & j'ai cru enfin, que je devois prévoir & empécher la ſeule choſe par où vous me pourriez déplaire. Ce n'eſt pas que je ne ſache bien que je vous empécherois facilement par mon autorité, qui eſt plus grande que vous ne croiez, de faire vne faute ; mais c'est que j'aime mieux que vous agissiez de vous-même, plûtost par raison, que par obeïssance. L'obeïssance & la raison, reprit Celanire avec vn air vn peu contraint, ne doivent pas estre incompatibles, & je saurai toûjours fort bien suivre l'vne, & me soûmettre à l'autre, quand il le faudra. Euribiade ne doutant pas que les paroles de Celanire n'eussent vn sens fort respectueux, la quita, & la laissa dans la liberté de s'entretenir elle mesme. Elle entra alors dans son cabinet pour réver avec plus de liberté, & trouvant sur sa table le livre de Voiture ouvert à l'endroit où estoit l'Eglogue, elle le ferma brusquement, & éloigna ce livre du lieu où elle estoit, comme si elle eust apprehendé que la tendresse de ces vers eust seduit sa raison. Qui vit jamais, disoit-elle en elle-mesme, vne aventure pareille à la mienne, je resiste au merite & à l'amour de Cleandre, & à tous les témoignages qu'il m'en a donnez, & si je l'ose dire, à ma propre inclination, & lorsque je suis preste de remporter la victoire, la cruelle prévoyance d'Euribiade excite vn trouble dans mon cœur, qui me rend plus foible, & l'envie de resister à Euribiade, me fera peut-estre ceder malgré moi à l'innocente affection de Cleandre. Mais que dis-je, ajoûta-t-elle en se reprenant, pourquoi voudrois-je troubler le repos de toute ma vie, pour vne chose comme celle-là. Cleandre ne sait encore rien de ce qui se passe à son avantage dans mon cœur ; étouffons ces sentimens-là, n'aimons rien en toute nostre vie, & vivons, & sans plaisir, & sans peine. Mais comme Celanire croyoit estre résoluë à cela, son cœur n'y pouvant consentir, elle changeoit de pensée ; Quoi, disoit-elle encore, il faut que parce que je suis jeune, que je suis d'vne naissance considérable, que je suis riche, que j'ai quelque sorte de beauté ; il faut, dis-je, que je sois la victime d'vne haine de deux cens ans, qu'on me défende de regarder le plus honnefte homme de toute la Cour, & qu'on me permette d'épouser, si je veux, tous ceux qui oseront y penser. Ah! non, non, cela est trop injuste pour obeïr aveuglément à Euribiade, à qui je ne dois qu'vne obeïssance raisonnable, & non pas vne obeïssance aveugle. Laissons aller les choses comme il plaira au Ciel, je vis dans vn siécle où la haine eternelle ne peut estre innocente : ne faisons rien contre nostre devoir ; mais ne nous laissons point entraîner à la passion d'autruy. Celanire demeura dans ces derniers sentimens : mais comme elle pensoit sortir de sa chambre, Elisene y entra, qui la trouvant vn peu melancolique, luy demanda ce qu'elle avoit. Celanire voulut détourner la conversation ; mais comme Elisene avoit seu qu'Euribiade avoit esté l'entretenir en particulier, elle la conjura de luy parler ingenuëment. Car enfin, luy dit-elle, je crains qu'Euribiade ne vous ait dit luy-mesme, ce qu'il a voulu plusieurs fois que je vous disse. Celanire voyant du rapport entre ce que luy avoit dit Euribiade, & ce qu'Elisene luy disoit, luy avoüa en general, qu'il luy avoit parlé d'vne maniére qui luy avoit donné quelque chagrin. Elisene l'embrassa alors, & la conjura de ne vivre pas avec Cleandre moins civilement, ajoûtant, qu'estant aussi bien auprés du Prince, qu'il estoit, il seroit tres-avantageux de l'avoir pour ami, que la faveur devoit toûjours étouffer la haine, & que la seule chose qui la fâchoit, c'est que Cleandre estoit vn indifférent, qui ne s'attacheroit jamais qu'à la fortune. Celanire qui connoissoit bien qu'Elisene n'agissoit que par des motifs d'ambition, ne luy ouvrit pas son cœur, & luy dit seulement, qu'elle estoit bien aise de la trouver moins préoccupée qu'Euribiade. Dans ce moment-là on vint prier Elisene & Celanire, de se trouver à vne feste que la Princesse Argelinde faisoit le lendemain, où toute la Cour se trouva. Il y eut comédie, colation, & bal, & comme Cleandre se trouva derriere Celanire à la comédie, il luy parla entre les actes; mais ce fut d'vne maniére adroite & délicate, de-sorte qu'encore que Philocrite & moi fussions de cette conversation, il disoit cent choses où nous trouvions vn fort bon sens, & où Celanire en pouvoit pourtant trouver vn autre. Ainsi sans se rendre suspect, il luy disoit presque tout ce qu'il eust pû luy dire, s'il luy eust parlé seul. Le Prince eut ce soir-là beaucoup de civilité pour Celanire, & la mena beaucoup plus danser au bal, qu'aucune autre. La Princesse Argelinde en eut quelque dépit, & fut vn peu plus froide pour Celanire. Alcinor remarqua cela avec douleur, &

crut qu'Argelinde savoit quelque chose qui luy donnoit lieu de penser que le Prince aimoit Celanire; & vers la fin du bal, on se disoit à l'oreille, qu'Argelinde pourroit bien n'estre plus la premiere dans le cœur du Prince, & qu'apparamment Cleandre estoit celuy qui auroit le secret de cette affection. Et comme ces sortes de nouvelles-là qui se disent tout bas, vont encore plus viste que celles qui se disent tout haut, le lendemain le Prince seut qu'on disoit qu'il aimoit Celanire, & que Cleandre estoit le confident de cette amour; & Cleandre seut aussi, que sans le soupçonner d'estre amant, on le soupçonnoit seulement d'avoir la confidence de l'affection du Prince. Ce bruit-là ne luy donna pas alors vn fort grand chagrin, car le Prince luy en parla le premier, & quoiqu'il luy témoignât avoir vne grande estime pour Celanire, il luy parla pourtant, comme aimant toûjours la Princesse Argelinde. Iphicrate plus habile qu'Alcinor, ne crut pas ce qu'on disoit ; mais pour Alcinor, il n'en douta pas, & en fut extremément affligé. Cleandre eut alors le déplaisir de n'oser presque plus parler à Celanire, de peur de déplaire au Prince. Cependant se trouvant par bonheur auprés de Celanire à la promenade, il luy parla fort adroitement de ce bruit-là. N'admirez-vous pas,

Madame, luy dit-il, la folie du monde, de vouloir croire que je vous parle pour le Prince, lorsque je n'ose vous parler pour moi-même, & que je suis contraint de vous tromper, pour vous obliger à lire des vers, que l'excés de ma passion m'a fait faire. Je vous confesse, répliqua Celanire, que ce bruit-là me déplaist: toutefois comme il n'a nul fondement raisonnable, je m'en console aisément; mais je serois bien faschée qu'on dît que vous m'aimassiez. Ah Madame, reprit-il, ne craignez pas qu'on le die. Ne voiez-vous pas que mes Rivaux ne s'en doutent point, & que, puisqu'ils sont trompez, tous les autres le peuvent bien estre; principalement,

Madame, si vous m'aidez à cacher mon secret, en y prenant quelque part : Et pour vous montrer, Madame, ajoûta-t-il, que je ne suis pas indigne de partager vn secret avec vous, sachez que sans moi, le fier Euribiade, que je sai bien qui me hait, seroit exilé. Mais pour vôtre considération toute seule, je cacherai au Prince, que c'est luy qui a voulu inspirer de la jalousie à Argelinde, quoique son dessein ne fust pas de se servir de vostre beauté ; & qui par vn double artifice a voulu persuader au Prince, que je ne haïssois pas cette Princesse. Cependant, j'ai eu tant de respect pour vous, Madame, que je n'ai pas voulu que cét intrigue éclatât. Mais aprés cela, Madame, ayez pitié de ma foiblesse, je ne puis plus vivre, si vous ne me permettez de vous aimer, & vous me verrez mourir desesperé, si vous me refusez cette consolation. Mais, Cleandre, reprit Celanire, si je vous permets de m'aimer, ce sera à condition que vous ne direz jamais que je vous l'ai permis, & que vous n'avouërez même pas, que vous m'aimez, que vous ne me demanderez jamais d'autre grace, que celle de souffrir d'estre aimée, que le silence & le secret seront les seuls confidens de nostre innocente amitié, que vous vivrez comme il me plaira, & que vous m'estimerez encore plus que vous ne m'aimerez ; car je ne pourrois souffrir vn cœur où il y auroit plus d'amour que d'estime. Voilà vn sentiment où il y a plus de gloire que de tendresse, répliqua Cleandre ; mais, Madame, quand on sait aimer parfaitement, l'estime & l'amitié sont tellement confonduës, qu'on ne les peut plus discerner, & de tout cela ensemble, il se forme dans vn cœur bienfait, vne passion ardente & solide, s'il est permis de parler ainsi, dont la tendresse & le respect sont inséparables, & qui peut resister au temps, à la fortune, à l'absence, & à la mort même. Une affection telle que vous la dépeignez, reprit Celanire, seroit plûtost vne vertu, qu'vne foiblesse ; mais, Cleandre, il faut l'avoir

DE CELANIRE.

voir dans le cœur, telle que vous la representez, & il faut que le temps la fasse connoistre. Mais, Madame, répliqua-t-il, on diroit à vous entendre parler, qu'il faut des siécles d'amour, pour avoir vn moment heureux. Quoi, s'écria Celanire, à peine vous ai-je permis de m'aimer, que l'impatience vous prend déja, & que vous avez presque envie, au-lieu de me témoigner de la reconnoissance, de m'appeller ingrate. Non non, Madame, répliqua Cleandre, mon cœur, tout amoureux qu'il est, saura toûjours se soûmettre à vostre volonté; elle en sera toûjours la maistresse, je serai misérable aussi long-temps qu'il luy plaira, & pourveu que vos belles mains me faſſent l'honneur de ſerrer mes chaînes, je ne me plaindrai plus, ſi ce n'eſt d'vne certaine maniére, qui n'offenſe ni l'amour, ni la vertu. Car enfin, Madame, ſi vous ſaviez bien ce que c'eſt que l'amour, vous ſauriez qu'elle ne peut jamais eſtre grande, ſans porter du moins avec elle, je ne ſai quelle douce inquiétude, qui ne peut ſe paſſer de plaintes & de ſoûpirs ; mais ces ſoûpirs & ces plaintes ont leurs charmes & leurs plaiſirs. Helas ! dit Celanire en rougiſſant, je crains bien qu'en vous écoutant ſeulement, je n'apprenne à eſtre inquiéte, moi qui ne le ſuis jamais ; car de l'heure que je parle, je meurs de peur que le Prince que vous aimez avec tant de tendresse, s'avisant de vous demander quelque jour si vous aimez quelque chose ; je crains, dis-je, que vous n'aiez pas la force de luy nier que vous avez de l'affection pour moi. Le Prince a vn tres-grand fonds d'équité, répliqua Cleandre, il est naturellement tres-discret, & s'il vient jamais à me faire cette demande, je suis certain qu'il accordera à mes supplications treshumbles, la permission de ne luy répondre pas sur cela. Ainsi, Madame, sans que je sois obligé de luy mentir, ce que je n'ai jamais fait, vous serez en seureté. Mais enfin, sans m'arrêter davantage, cette conversation finit par des protestations sincéres d'vne tendresse eternelle, & depuis ce jour-là Cleandre fut tres-heureux, trouvant moien d'écrire plusieurs fois à Celanire, sans que personne le seût. Et comme il se plaignoit vn jour, qu'elle ne luy répondoit pas, elle luy écrivit quatre vers, luy semblant qu'il y avoit moins de danger à écrire en vers qu'en prose, parce que l'on pouvoit dire les avoir copiez en quelque part ; elle luy ordonna mesme de les brûler. Et comme il ne put luy obeïr, & qu'il eut la sincérité de luy avouër qu'il n'avoit pû se priver d'vn si cher témoignage de sa confiance, elle luy en fit vne vraie querelle durant quelque temps, soûtenant que c'estoit manquer d'obeïssance, & mesme de probité, que d'en vser ainsi. Cleandre soûtenant de son costé, que c'eust esté manquer d'amour, il ne laissa pourtant pas de demander pardon d'vne faute qu'il avoit resolu de commettre toûjours, & ce petit démêlé eut quelque chose de fort galant & de fort tendre. J'oubliois de vous dire, que pour garder plus de secret, Cleandre, soit dans ses vers, soit dans ses lettres, emploia divers noms, tantost Silvie, tantost Iris, tantost Climene, selon qu'ils luy venoient en la fantaisie. Cependant, comme le Prince vit que le bruit continuoit que Cleandre parloit pour luy, à Celanire, & que la Princeffe Argelinde en avoit de l'inquiétude, il dit à Cleandre, qu'il luy feroit plaifir de parler moins à Celanire, afin qu'Argelinde fuft en repos. Mais cela affligea fenfiblement Cleandre; car il n'ofa refifter ouvertement au Prince, il luy dit feulement que s'il ceffoit tout d'vn coup de parler à Celanire, Argelinde y croiroit du myftére, & qu'il fuffiroit, peut-eftre, qu'il évitât autant qu'il pourroit de luy parler quand elle feroit feule, ce qui luy feroit aifé, ajoûtant qu'elle le fuioit affez d'elle mefme. Cleandre fit pourtant fi bien, qu'il parla le lendemain à Celanire dans ma chambre, afin de l'avertir de ce que le Prince luy avoit dit, & qu'elle ne trouvât pas étrange s'il évitoit durant quelque temps, ce qu'il avoit accoûtumé de chercher. Il faut avouër, dit Cleandre à Celanire, aprés luy avoir dit ce qui estoit arrivé, que cette aventure est bisarre, qui fait que le Prince qui m'aime tendrement, me cause le plus grand mal du monde, en m'empêchant de vous parler souvent ; cette conduite va même rapprocher mes rivaux de vous, & dés qu'Alcinor ne croira plus que le Prince vous aime, il sera plus empressé que jamais. Mais, Madame, ajoûta-t-il, si vous me pouviez permettre de dire au Prince que je suis éperdûment amoureux de vous, il auroit pitié de moi, & je vous promettrois de ne luy dire pas que vous avez eu la bonté de me permettre de vous aimer. Ah! Cleandre, interrompit Celanire, vous fortez de nos conditions, & j'ai l'esprit si délicat, sur ces choses-là, que quand même Euribiade voudroit que nous puíſions être inséparables, je vous demanderois en grace, de ne dire jamais, à qui que ce soit, que j'aie eu la foibleſſe de vous permettre de m'aimer. Eſtes-vous déja las, ajoûta-t-elle, de garder l'vnique secret de toute ma vie? Non, Madame, reprit Cleandre, ſenſiblement touché de ce que luy diſoit Celanire, ne craignez pas que je manque jamais à ce que je vous ai promis, & pardonnez-moi, si sans y penser je vous ai déplu ; mais encore voudrois-je bien savoir si vous prévoiez par quelle voie il me sera permis d'estre heureux. Euribiade me hait, & me haïra toûjours : Elisene ne me hait pas, parce que je suis bien auprés du Prince ; mais si ma faveur cessoit, elle me haïroit, & par-dessus cela, elle n'a point de credit auprés d'Euribiade, & je ne voi rien à espérer pour moi, si ce n'est qu'à force de vous aimer, j'engage enfin vôtre cœur à s'affranchir assez pour connoistre qu'Euribiade n'est pas vostre pere, & que quand vous aurez resolu de disposer de vous, il vous doit eftre permis de choisir qui vous voudrez rendre heureux, fans vous affujettir à fon caprice. De grace, Cleandre, interrompit Celanire, n'allons pas fi vifte; la premiere chofe que j'ai à vous dire, eft que puifque je me fuis refoluë à fouffrir que vous m'aimiez, je ne ferai jamais à perfonne, fi je ne puis eftre à vous; mais aprés cette affurance que je vous donne, accommodez-vous à mon humeur, & fouffrez que le temps m'affure de voftre affection : car de la maniére dont j'ai le cœur fait, je mourrois fi aprés vous avoir époufé, vous veniez à ne m'aimer plus. Si vous changez auparavant, les vierges voilées font vn afyle afsuré contre de pareils desespoirs; mais si vous changiez aprés, il n'y auroit que la mort pour moi. C'est pourquoi laissez-moi éprouver la constance de vostre amitié, & pendant cela, Euribiade changera peut-estre d'humeur, & la Fortune fera quelque chose pour nous, à quoy nous ne nous attendons pas. Mais, Madame, reprit Cleandre, que faut-il faire pour vous bien persuader que je vous aimerai toute ma vie. Il faut, répliqua-t-elle, m'aimer long-temps avec vne égale tendresse. Il y a des fois, ajoûta-t-elle, où par vn caprice d'amitié, je voudrois avoir perdu pour quelque temps, ce que vous appellez beauté en moi, pour voir si vous m'aimeriez encore ; je voudrois que vous eussiez esté absent, car je n'ai peut-estre pas la force de desirer que vous le soiez ; & je voudrois enfin, que l'ambition fust soûmise à vostre amour, que vous pussiez tout quitter pour moi, & méprifer mesme la Princesse Argelinde si elle vous aimoit. Tout ce que vous me proposez, Madame, répliqua Cleandre, me seroit le plus aisé du monde à faire, si l'occasion s'en presentoit. Mais pour vous, Madame, si je vous demandois seulement de desobeïr à Euribiade quand il vous défendroit de me rendre heureux, vous n'en feriez peut-estre rien. Hé! de grace, dit Celanire, considerez que la bienseance prescrit

DE CELANIRE.
des regles aux Femmes, bien différentes de celles des Hommes. En effet, ajoûta-t-elle, y a-t-il rien de plus innocent que noſtre amitié? cependant par raiſon, il la faut cacher comme vn crime. Ne murmurez pas contre moi, je vous en conjure, ajoûta-t-elle, vous n'en avez nul ſujet, conſervons noſtre ſecret avec ſoin, & attendons du temps, ce qui peut rendre nôtre fortune inſéparable. Quoique Cleandre & Celanire parlaſſent fort bas, pendant que je joüois aux Eſchets avec vne de mes amies, je ne laiſſai pas d'entendre à demi quelques paroles, qui me firent ſoupçonner quelque choſe de leur entretien. Cleandre s'en alla vn

moment aprés, & Celanire s'étant rapprochée, & l'aiant obligée à jouër, je la gagnai facilement, quoique d'ordinaire elle joüât beaucoup mieux que moi. Comme celle contre qui j'avois joüé pendant que Cleandre luy parloit, s'en fut allée, je la regardai attentivement, & la conjurai de ne me traitter pas en amie ordinaire, avec qui on ne parle que de choses indifférentes, & de bagatelles, & de m'avouër que Cleandre luy avoit parlé de quelque chose qui luy tenoit fort au cœur : Enfin, luy dis-je, ou il vous aime, ou ce qu'on dit du Prince est vrai. Ne pensez pas, ajoûtai-je, que je vous demande cela par vne simple curiosité ; C'est afin de savoir ce qu'il faut dire dans le monde, pour parler selon vôtre intention ; car comme je vous aime tendrement, je serois bien faschée de perdre vne occasion de vous rendre quelque petit service. Celanire me répondit avec beaucoup de civilité, & mesme d'amitié; mais elle ne s'ouvrit de rien avec moi, & me dit seulement que le silence estoit la seule chose qu'on pouvoit opposer aux bruits du monde, que c'estoit l'ordinaire dans toutes les Cours, de croire que les jeunes personnes estoient aimées; mais qu'en general elle estoit persuadée qu'il y avoit fort peu d'amour au monde, & qu'ainsi il faloit se mettre l'esprit en repos, & se conten-

ter d'avoir vne conduite fort reglée, & de ne rien faire qui puſt tant ſoit peu bleſſer la bienſeance. Cependant, depuis cela Cleandre parlant moins à Celanire, il falut qu'elle ſe reſolût à recevoir plus ſouvent des lettres de luy, & à luy donner auſſi plus ſouvent de ſes nouvelles. Je ne croi pas que depuis que l'Amour a fait trouver des inventions pour s'écrire ſecretement, il y en ait jamais eu de pareilles, ni de ſi ſecretes: ceux meſme qui ſervoient à leur donner des nouvelles l'vn de de l'autre ne ſavoient point ce qu'ils portoient. Cleandre n'employoit, ni ſes gens, ni ceux de Celanire pour cela, ni meſme ſes amis, & ſi je n'avois promis de
ne

ne découvrir pas ces inventions-là, qui peuvent servir à des occasions importantes; je vous ferois avouër que rien n'a jamais esté plus ingenieux. La moins rare estoit celle de se prester des livres l'vn à l'autre; où ils marquoient non pas les mots dont ils vouloient se servir; mais ceux qui les précédoient, ou qui les suivoient, afin que si on prenoit garde à ces mots marquez on n'y trouvât point de sens, & qu'on ne découvrist point leur secret. Cleandre envoioit publiquement les livres à Celanire qui les luy rendoit avec sa réponse. Alcinor & Iphicrate lisoient quelquefois ces livres-là sans y entendre de mystere, & l'on peut dire que jamais le secret n'a esté plus

R

finement caché. Comme cette grande contrainte se rencontra d'abord estre au printemps, ils convinrent d'vne espéce de chiffre avec des fleurs, pour faire seulement entendre à Celanire, si Cleandre pouvoit me venir voir ou non. Les anemones signifioient que Cleandre y viendroit & les jonquilles, qu'il suivroit le Prince. Si Celanire ne pouvoit me venir voir, elle ne prenoit point de bouquet ce jour-là, & si elle y pouvoit venir elle le prenoit & le portoit. La bouquetiére qui vendoit ces bouquets estoit fille d'vn jardinier qui avoit esté à Cleandre, & qui ne comprit jamais que Celanire entendît nulle finesse à cela, sinon qu'il y avoit des jours

DE CELANIRE. 259

où elle vouloit porter des bouquets, & d'autres où elle n'en vouloit pas: & pour Cleandre, afin d'avoir vn prétexte de faire faire les bouquets comme il luy plaisoit, il en prenoit tous les jours, comme s'il en eust donné à plusieurs Dames, & en donnoit en effet assez souvent : & quand les fleurs qui servoient de signal estoient passées ils convenoient d'autres, dont ils se servoient ensuite. Cleandre trouva mesme l'invention d'écrire quelquefois d'vne maniére fort cachée par vn petit secret qui estoit dans la corbeille, dans laquelle la bouquetiere laissoit les bouquets à Celanire : & voici vn Madrigal qu'elle receut de cette sorte.

Puisqu'un eternel silence
Doit accompagner mes feux,
Ecoutez, en mon absence,
Ce qui parlera pour eux.
Belle Iris, ces fleurs nouvelles
Aux yeux de tous les jaloux,
Vous diront qu'aussi bien qu'elles
Je vis & je meurs pour vous.

Mais malgré toute leur prudence & leurs inventions leur secret pensa vingt fois estre découvert, & cela fut cause que Celanire pensa aussi mille fois se repentir d'en avoir eu : Je dis pensa ; car je ne puis croire qu'elle s'en soit jamais repentie effectivement. Une fois entre les autres il arriva vne chose qui donna bien de la peine à Celanire; mais afin de l'entendre il faut sa-

DE CELANIRE. 261
voir que Cleandre n'osant se confier à personne pour luy écrire, inventa vne espéce d'écrans, dont le manche qui estoit creux se separoit facilement par vn secret qu'il y avoit, & pouvoit contenir vn petit billet roulé; mais pour ceux qui ne savoient point le secret, il ne pouvoit s'ouvrir. Cleandre avoit obligé le marchand par vne liberalité tres-considérable à ne dire point cela, & à faire vn grand nombre de ces écrans-là fort jolis, & à bon marché, afin que tout le monde en achetât. En effet, il y en eut en moins de rien par toute la Cour, car c'étoit au commencement de l'hyver, si bien qu'en quelque lieu que Cleandre trouvât Celanire

il trouvoit dequoi luy donner vn billet sans qu'on s'en apperçût; car il songeoit à estre le premier au lieu où elle devoit aller, & en badinant avec vn écran, il y mettoit le billet, & dés qu'elle entroit il faisoit si bien qu'avant qu'on pust luy en donner vn, il luy offroit celuy qu'il tenoit, & sans qu'on y prît garde, elle en tiroit le billet ; mais pour Celanire elle ne put jamais se resoudre de luy répondre par cette voie. Cependant Celanire arrivant vn jour dans ma chambre où il y avoit plusieurs de ces écrans-là, sans que j'en seusse le mystere, Cleandre au milieu d'Alcinor, d'Iphicrate, & de plusieurs autres, luy offrit l'écran qu'il tenoit, qu'elle reçut d'vn air vn peu contraint en rougissant mesme par modestie. Alcinor qui remarqua cela en fut ravi, pensant qu'elle estoit irritée contre Cleandre, & qu'elle ne songeoit point au Prince, dont il l'avoit crû confident. Dans ce moment-là, des Dames entrerent malheureusement, & Celanire qui n'avoit pas encore pris le billet de Cleandre laissa tomber l'écran qu'Iphicrate releva, & comme il en tenoit vn tout pareil, pour luy faire vne galanterie à sa mode, il luy bailla celuy qu'il tenoit, & garda celuy qu'elle avoit tenu le baisant respectueusement, parce qu'il avoit esté entre ses mains. Celanire se trouva alors dans vn embarras extrême ; car encore que ces sortes d'écrans ne se puſſent ouvrir sans en savoir le secret, ils se pouvoient sans doute rompre. Elle prit donc la resolution de demander en riant son écran à Iphicrate. Mais, Madame, luy dit-il, celuy que je vous ai donné est tout pareil, si ce n'est qu'il vous a esté presenté par Cleandre, dont le merite seul peut y avoir mis de la différence. Si je pensois, dit Cleandre assez embarassé, qu'vne raison qui me seroit si avantageuse, pust faire desirer cét écran à la belle Celanire, je me joindrois à elle pour vous le redemander. Comme ils en estoient-là le Prince arriva, & vn moment aprés la Princesse Argelinde; & comme mes gens ne trouverent pas à point nommé vn écran pour donner à la Princesse Argelinde, je pris celuy que tenoit Iphicrate, & luy dis que Celanire voudroit bien sans doute que je le luy donnasse en l'ostant à Iphicrate. Le Prince entendant cela demanda pourquoi cét écran que tenoit Iphicrate estoit plus à Celanire qu'vn autre : C'est Seigneur, luy dit cette belle personne, que c'est le premier qu'on m'a donné en entrant, qu'Iphicrate a changé avec vn autre, & que je suis constante jusqu'aux écrans. C'est porter la constance bien loin, dit la Princesse Argelinde, en regardant cét écran, pour voir ce qui pouvoit meriter que Celanire s'y fust affectionnée, mais aprés l'avoir regardé assez long-temps elle dit qu'il eſtoit comme tous les écrans de cette année-là. Vous pouvez penſer en quel embarras eſtoient Celanire & Cleandre ; car par malheur c'étoit vn billet de conſequence, où la Princeſſe Argelinde avoit quelque part. Ils ne purent pourtant faire autre choſe que diſſimuler leur inquiétude. Ce qui l'augmentoit encore, c'eſt que la Princeſſe Argelinde eſt vne de ces perſonnes qui rompent tous les écrans dont elles ſe ſervent, ainſi Celanire ſe voioit à tous les momens dans la crainte de voir l'écran rompu, & le billet de Cleandre apperçu, & lû par les perſonnes du monde qu'elle apprehendoit le plus qui le viſſent. Celanire ne ſachant donc que faire pour reprendre cét écran qui luy donnoit tant d'inquiétude, me pria adroitement en secret, fans m'en dire la raifon, d'engager la Princeffe à jouër: je le fis facilement, car elle aime fort le jeu. Celanire crût alors qu'il luy feroit aifé de reprendre l'écran que la Princeffe quiteroit, mais il n'y eut pas moien : le Prince qui ne vouloit pas jouër le prit des mains de la Princeffe, & en badina tout le foir, tantoft en s'approchant du feu, & tantoft en regardant jouër, pendant quoi Celanire fouffroit des peines incroiables, & Cleandre encore davantage, eftant au defefpoir de voir l'inquiétude de Celanire qui ne finit pas encore ; car lorfque le Prince s'en alla il jetta l'écran parmi plusieurs autres semblables sur des siéges ; de-sorte que Celanire ne pouvoit plus le discerner. Mais enfin, toute cette grande compagnie s'en alla, & Cleandre estant contraint de suivre le Prince, laissa Celanire bien embarassée. Mais pendant que je fus conduire la Princesse, elle fut assez heureuse pour retrouver son écran, & pour prendre le billet de Cleandre, qui fut le dernier qu'elle voulut recevoir par cette voie. Cependant Alcinor pensant que Cleandre ne parloit plus en particulier à Celanire, crut qu'en effet le Prince n'y pensoit plus, & y pensa luy-mesme plus que jamais. Il fit sa cour à Cleandre comme auparavant, & Iphicrate à Euribiade; mais comme Euribiade vouloit choisir à Celanire vn mari, dont il fust le maître absolu, il jetta les yeux sur le plus mal honneste homme de toute la Cour, qui estoit de grande qualité, mais tres-mal fait de corps & d'esprit. La Princesse Argelinde cessa en ce temps-là d'estre jalouse; les plaisirs revinrent dans la Cour, & on fit vne petite feste champestre, qui fut extremément agréable. La Princesse Argelinde aiant prié qu'on luy donnât vn sujet pour faire seulement quatre ou cinq entrées de balet, & sur tout vne où il pust y avoir beaucoup de Dames, je m'avisai de dire que la petite fable des Heures, & de l'Amour, qui est si ingenieusement traitée dans le poëme de la Fauvette, seroit bien propre à faire vne belle entrée de Dames, & que ce seroit vne chose fort jolie de voir cét Amour amoureux d'vne Heure qu'il ne pourroit connoistre, quoi qu'il la cherchât parmi toutes ses compagnes, où il croiroit mesme souvent l'avoir trouvée. Mais on me répondit qu'il s'étoit fait vn balet en France, où les Heures avoient esté emploiées, quoique ce fust d'vne autre maniére, & que Benserade par l'abondance de son imagination, & le tour galant de son esprit, n'avoit rien laissé à dire des Heures. On proposa encore beaucoup d'autres sujets qui ne plurent pas entierement au Prince;

de-sorte que Cleandre qui sçavoit que Celanire aimoit la danse, & dansoit admirablement bien, prit la parole, & l'adressant au Prince : Mais Seigneur, luy dit-il, pourquoi aller chercher vn sujet si loin? ne vaudroit-il pas mieux le prendre de la danse mesme, & faire vn balet, qui se nommât le balet de la danse, ou le balet des balets. Le Prince trouvant de la nouveauté à ce dessein l'approuva, & l'on ne chercha plus rien qu'à le bien exécuter. Le lieu de la feste estoit admirablement beau; car c'estoit dans vne superbe sale bastie exprés pour les spectacles. La Joie suivie des Plaisirs chassant les Ennuis & les Chagrins faisoit l'ouverture de la scene, & la Jeuneſſe environnée des Jeux & des Ris, fit le recit à la loüange du Prince. Le commencement du balet ſembloit avoir pour but de montrer les diverſes opinions des Grecs ſur l'origine de la danſe : on voioit d'abord vne nuit belle & claire, pour marquer que l'ordre admirable, & le mouvement des étoiles avoit donné la premiere idée des figures de la danſe. Dans le meſme temps, la ſcene eſtoit occupée de Bergers de Bergeres, portans chacun vne couronne en forme d'étoile ſur la teſte, & pour faire voir qu'ils imitoient leur ordre, & leur mouvement, ils faiſoient effectivement quelques-vnes des figures les mieux marquées qui

pa-

paroissent dans le ciel, representant tantost les Pleiades, vne autrefois la lyre d'Orphée, & ainsi du reste ; ensuite on representoit en dansant cette fable connuë, où Rhée qu'on disoit autrefois avoir esté la premiere qui avoit inventé la danse, l'enseigna en Crete, & sauva la vie à Jupiter, que son pere alloit devorer. Cette entrée estoit tres-divertissante à voir ; car elle se faisoit avec des épées & des boucliers qu'on frapoit en cadence, en faisant diverses figures comme à la danse Pirhique. On vit paroistre aprés le Dieu Comus avec son flambeau & son chapeau de roses, que la fable feint qui preside à la danse, & qui permet aux hommes de s'habiller en femmes, & aux femmes de s'habiller en hommes. Aprés cela, selon vne autre opinion, paroissoit vne troupe de satyres, que quelques-vns ont dit estre inventeurs de la danse : Cette entrée estoit dansée par d'excellens baladins. Aprés quoi suivant vn autre sentiment paroissoit Bachus suivi des Indiens & des Lidiens, peuples tres-belliqueux, qu'on dit qu'il avoit vaincus par cét art. Ensuite pour montrer combien la danse avoit esté en considération, on voioit paroistre le fameux temple de Delos, où l'on n'offroit jamais nuls sacrifices qui ne fussent accompagnez de danses, & ces danses de diverses sortes occupoient le theatre. On voioit encore Orphée & Musée son disciple, suivis d'Egyptiens & d'Ethiopiens, comme leur aiant recommandé la danse. Homere & Hesiode y paroissoient aussi comme aiant approuvé & recommandé la danse dans leurs écrits, dont l'autorité estoit tres-grande parmi les anciens. Ensuite paroissoient Castor & Pollux, comme aiant appris la danse aux Lacedemoniens, dont ils se servoient, mesme quand ils alloient au combat; ils representoient par la danse des hommes, la force & le courage, & par celle des femmes, la douceur & la modestie. Il y avoit aussi vne entrée d'Indiens, qui adoroient le Soleil, en dansant, qui estoit fort agréable. Achille avec son fameux bouclier, où tant de danses fameuses estoient representées, faisoit vne entrée admirable, que Cleandre dansa tres-bien; & pour faire vne entrée singuliere, on voioit paroistre Socrate, qui aprés avoir esté declaré le plus sage de tous les hommes par l'oracle d'Apollon, apprenoit à danser dans vn âge assez avancé. Aprés quoi on voioit des entrées de Driades, & d'Amadriades. Et pour la derniere entrée de la premiere partie du Balet paroissoient les Muses qui dansoient à l'entour d'vne fontaine, telles qu'on dit qu'Hesiode les vit, ou telles que Malherbe les represente, lorsqu'il les appelle à son secours en ces termes:

Venez donc, non pas habillées,
Comme on vous trouve quelquefois,
En juppes dessous les feuillées,
Dansant au silence des bois.

Venez en robes où l'on voie
Dessus des ouvrages de soie,
Les raions d'or étinceler ;
Et chargez de perles vos testes,
Comme quand vous allez aux festes,
Où les Dieux vous font appeller.

Pour la seconde partie l'Amour, suivi de plusieurs Amours leurs arcs à la main, descendoit du Ciel, & faisoit le recit, & trouvant vn grand nombre de Bergers & de Bergeres, occupez à offrir vn sacrifice, tous ces Amours tiroient vn si grand nombre de fléches, que nul ne manquoit d'en estre blessé: aprés quoi ils commençoient tous à danser, pour montrer que l'Amour seul a inspiré la joie & la danse à tous les hommes. Ensuite on vit paroistre tour à tour en diverses entrées des gens de toutes les nations du monde, habillez à l'vsage de leurs païs, & dansant des danses à leur mode. De-sorte que les François, les Espagnols, les Italiens, les Allemans, les Anglois, ceux de Maroc, les Persans, les Turcs, les Canadiens mesme, tout rustiques qu'ils sont, y trouvoient leur place, & faisoient vne varieté d'entrées admirable. La derniere entrée fut vne danse de Bohemiennes, qui danserent la Sarabande tour à tour, & puis toutes ensemble. Et enfin se mélerent à toutes ces nations qui estoient demeurées sur le theatre, chacune retenant dans cette grande danse sa maniére particuliére, qu'on luy avoit veuë auparavant, quoique tout cela fût sur vn mesme air, & s'accordât admirablement bien. Cette entrée fut la plus belle qu'on eut jamais veuë. Celanire emporta le prix de la beauté & de la danse. Aussi l'Amour qui étoit le pere & le juge de la danse, luy mit vne couronne de myrthe sur la teste à la fin du Balet, aprés en avoir jetté plusieurs aux pieds d'Argelinde, & s'en retourna dans le Ciel, suivi de tous les autres Amours, par vn vol le plus surprenant du monde. Un moment aprés, la scene changea, & le theatre parut vn jardin tres-agréable avec des fontaines, où l'on voioit cent petits jets de fleurs d'orange qui retomboient dans des coquilles, & au milieu de ce jardin artificiel, vne colation magnifique. Et dés qu'elle fut faite, on paſſa dans vne ſale tres-bien éclairée, où l'on danſa encore deux heures. Le Prince & Cleandre emportérent tout l'honneur de la feſte parmi les hommes, & Celanire eut la plus grande gloire parmi les femmes. Elle donna ce ſoir-là tant d'amour, & fit naiſtre tant d'envie, que je croi que ſi elle euſt pû prévoir ce qui luy en devoit arriver, elle euſt renoncé à la gloire qu'elle y acquit, & auroit feint d'eſtre malade, pour ne ſe trouver pas à cette feſte. En effet, la paſſion d'Alcinor & d'Iphicrate en devint plus violente, & pour le malheur de Celanire, le plus riche homme de toute la Cour, le plus malfait de corps & d'eſprit, devint fort amoureux d'elle. Il s'appelloit Cleonte, & eſtoit parent de la Princeſſe Argelinde, dont la jalouſie reprit de nouvelles forces le ſoir du Balet ; de-ſorte que dés qu'elle ſeut que Cleonte aimoit Celanire, elle reſolut par vengeance, de faire tout ce qu'elle pourroit pour faire qu'il l'épouſât. Elle communiqua pourtant ſon deſſein auparavant à deux amies qu'elle avoit; mais comme il y en avoit vne qui estoit encore plus à moi qu'à elle, je feus la converfation qu'elle avoit euë, qui avoit commencé par vn aveu fincére, d'avoir de la jaloufie, fans croire pourtant en avoir vn véritable fujet. Car enfin, difoit la Princeffe Argelinde à mon amie, que j'appellerai Belife, & à vne autre que je nommerai Califte, je fuis perfuadée que le Prince m'aime toûjours fort tendrement; mais non pas affez pour ne connoître pas que Celanire eft la plus belle perfonne de la Cour, & la plus accomplie ; Ainfi je prévoi que la premiere fois que nous aurons quelque petit démêlé enfemble, il cherchera à fe guérir; & je connois clairement qu'il n'y a que Celanire qui puifse m'empécher d'estre toûjours aimée du Prince: je vous confesse même ingenûment que la peur que j'en ai, fait que j'agis tout autrement que je ne ferois avec le Prince, car je crains si fort de luy donner vn prétexte de changer, que j'endure patiamment cent petites negligences, dont je luy ferois des querelles, qui redoubleroient sa passion, si je ne craignois pas que Celanire par sa beauté, luy fist oublier le chagrin que je luy donnerois. Je ne cherche donc qu'à luy oster toute sorte de pretexte & d'occasion d'estre infidéle, & je comprens assez qu'vne affection aussi égale & aussi tranquille, s'vsera plûtost qu'vne autre, & deviendra si tiéde, que ce que je fais pour la conserver la pourra détruire. Mais quel remede, dit Belise, imaginez-vous pour vous mettre l'esprit en repos de cette jalousie, qu'on pourroit appeller de prévoiance, qui vous tourmente sans en avoir vn veritable sujet: car Celanire est si jeune, qu'on peut dire qu'elle voit vn siécle de beauté dans l'avenir. Je veux, dit la Princesse Argelinde, faire tout ce que je pourrai, afin qu'Euribiade la force d'épouser Cleonte, & je pretends que si cela arrive, Cleonte en sera si jaloux, qu'il l'éloignera de la Cour, & qu'elle en sera si chagrine, que sa beauté en diminuëra. Ah! Madame, interrompit Belise, vous choisissez vn mauvais moien pour vous mettre l'esprit en repos. Au contraire, je voudrois pour m'en assurer, si j'estois en vostre place, tascher à luy faire aimer, & épouser Cleandre, qui est le plus honneste homme de la Cour; car si son cœur estoit engagé, elle ne songeroit pas à engager celuy du Prince, & le Prince luy-mesme, aimant autant Cleandre qu'il fait, ne penseroit jamais à Celanire, si elle estoit sa femme. Ah! reprit Caliste en s'opposant à Belise, vostre conseil est bien dangereux ; car en faisant épouser Celanire à Cleandre, vous l'approchez du Prince, elle ne sortira jamais de la Cour; & pour ce que vous dites que le Prince ne pensera pas à

Celanire, si elle est femme de Cleandre, c'est la plus belle raison du monde, mais la moins solide. On commence d'ordinaire d'aimer sans s'en appercevoir, & quand on s'en apperçoit on cherche plûtost des raisons pour executer sa passion que pour la combattre, & la generosité en ces rencontres est facilement vaincuë dés que la raison a cedé à l'amour. Mais répliqua Belise, ne voiez-vous pas que si Cleonte épouse Celanire, elle le haïra, & cherchera à se faire vne puissante protection, qui puisse l'empécher de s'éloigner de la Cour, & qu'ainsi, c'est luy donner l'envie de plaire au Prince. Ce que vous dites a quelque raison, reprit Caliste; mais je ne puis concevoir rien de plus dangereux, que d'approcher les vns des autres, des gens aimables, qu'on veut qui ne s'aiment pas. La Princesse Argelinde, pendant cette conversation, examina ces divers sentimens, & se détermina à faire épouser Celanire à Cleonte, si elle le pouvoit. Ce n'est pas que cette Princesse ne soit naturellement assez bonne ; mais la passion qu'elle avoit dans l'ame, la faisoit souvent agir contre sa propre raison ; elle croioit mesme que Cleandre estoit si peu capable d'amour, & estoit si occupé d'vne grande ambition, que peut-estre il seroit consolé, que son maistre eust esté amoureux d'vne personne qu'il auroit épousée : de-

sorte qu'elle s'affermit dans le dessein de travailler à marier Celanire à Cleonte, & cette jalousie de nouvelle invention luy donna vne peine extrême. Cependant, comme il est assez naturel de n'aimer pas à n'estre point cru, quand on donne vn conseil, Belise qui croioit le sien meilleur, que celuy de Caliste, se mit dans l'esprit, tant pour servir la Princesse, que pour s'opposer à Caliste, de faire en-sorte que leur dessein ne réüssist pas ; si bien que sachant que j'estois parente de Celanire, & fort son amie, elle me vint trouver, & aprés m'avoir engagée à luy estre fidéle, elle me dit ce que je viens de vous dire, & m'apprit ce qu'elle
avoit

avoit voulu faire à l'avantage de Celanire & de Cleandre, sans savoir qu'ils s'aimaissent. Je la loüai, & la remerciai du conseil qu'elle avoit donné, & la priai de m'avertir de tout ce qu'elle découvriroit, aprés quoi je fus trouver Celanire dans sa chambre, ne sachant pas alors moi-mesme, qu'il y eust aucune intelligence entre elle & Cleandre. Je luy dis, la voyant seule, qu'avant que luy donner vn avis qui pouvoit luy estre d'importance, je la priois de me dire si vne extréme richesse pouvoit la consoler d'avoir épousé vn mal honneste homme. Ah! ma chere Glicere, s'écria-t-elle, la richesse toute seule ne m'est rien du tout, & je la regarde seule-

T

ment comme vne chofe fort commode, quand on eft heureux d'ailleurs. Vous ne voudriez donc pas, ajoûtai-je, eftre femme de Cleonte, qui eft le plus riche homme de la Cour. Je le voudrois fi peu, reprit-elle brufquement, que je ne hefiterois pas vn inftant entre la mort & luy. Vous époufcriez donc plus volontiers Cleandre, repris-je en riant, tout ambitieux qu'il eft. Celanire rougit à ce nom-là, & me demanda avec chagrin, pourquoi je luy faifois de fi bizarres queftions : de-forte que luy parlant plus ferieufement, je luy dis tout ce que Belife m'avoit appris, dont elle me parut fort affligée, & ce fut la premiere fois qu'il me vint quelque foupçon de l'amour de Cleandre pour elle; car n'eftant pas maiftreffe de fon premier mouvement : Il paroift bien, me dit-elle, que la Princeffe Argelinde ne me connoît pas, puifqu'elle croit que je ferois capable de vouloir donner de l'amour au Prince : Je n'en veux donner à perfonne, ajoûta-t-elle; mais quand je voudrois eftre aimée, ce ne feroit pas de luy. Il n'y a pourtant perfonne dans la Cour qui foit digne de vous, que le Prince, ou Cleandre, repris-je. Quoi-qu'il en foit, dit-elle, je vous engage ma parole que je n'épouferai pas Cleonte : c'eft-pourquoi vous m'obligerez fenfiblement, fi voftre amie peut diffuader la Princeffe de me faire vne persecution si inutile. Mais consentez-vous, repris-je malicieusement, pour voir si mon soupçon estoit bien fondé, que Belise essaie de persuader Argelinde de vous faire épouser Cleandre? Je ne veux point, reprit Celanire en rougissant encore, qu'on se mêle de me faire épouser personne, il suffit qu'on me laisse en repos & en liberté, de faire tel choix qu'il me plaira, si je veux quelque jour faire vn choix. Je ne voulus pas alors presser Celanire de m'expliquer ses sentimens que je crus connoistre. Cependant, elle fut extremément affligée de prévoir l'embarras où elle s'alloit trouver ; elle crut qu'il estoit à propos que Cleandre feut l'état des choses : Toutefois ne voulant pas renoncer au secret de leur amitié, elle fut quelques jours sans pouvoir luy parler en liberté. Mais, enfin, à la promenade des jardins du Palais, il luy aida à marcher, & elle put luy dire l'avis que je luy avois donné, dont il fut fort surpris. Mais, Madame, luy dit-il, j'ai aussi à vous donner des avis à mon tour ; car Alcinor m'est venu prier de le servir auprés du Prince, dans le dessein qu'il a de faire éclatter sa passion, & de vous demander à Euribiade ; & j'ai seu d'ailleurs, qu'Iphicrate a prié le Prince de ne servir pas Alcinor à son préjudice. Aprés quoi il m'est venu faire la mesme priere, & je leur ai répondu à tous deux, que je leur promettois de ne fervir pas vn de tous ceux qui pourroient fonger à vous épouſer, les priant de fe contenter de cela, parce que j'avois pluſieurs raiſons de ne contribuer rien à voſtre mariage, avec qui que ce fuſt. Ils m'ont remercié de la promeſſe que je leur ai faite de ne fervir perſonne auprés de vous, & ont cru que la raiſon qui m'obligeoit à ne me mêler pas de vos intéreſts, eſtoit que je ne voulois pas qu'on puſt penſer que je fongeaſſe à faire finir la haine de nos Maiſons, en me mêlant de vous marier ; enfin ils font contents de moi. Mais ſi j'oſe vous le dire, Madame, ſans perdre le respect, je ne le suis, ni de ma fortune, ni de vous. Ah! Cleandre, reprit Celanire, plaignez-vous de la fortune tant qu'il vous plaira; mais ne vous plaignez pas de moi, car je ne vous en donne nul sujet. Je demeure d'accord, Madame, reprit-il, que je suis trop heureux d'avoir vn secret avec vous, tout innocent qu'il est; mais s'il doit durer eternellement, il ne servira qu'à me rendre plus misérable. En effet, Madame, ajoûta Cleandre, voyez quel est l'embarras où je me trouve, le Prince qui ne sait pas que je vous aime, me défendra bientost vne seconde fois, selon les apparences, de vous parler souvent, puisque la jalousie d'Argelinde recommence, & je n'ai à cét égard nulle bonne raison à luy dire. Argelinde, si je ne me trompe, persistera à vouloir que vous épousiez Cleonte, & aura Euribiade de son costé. Alcinor & Iphicrate, feront des efforts inutiles pour l'empécher. Argelinde aura de la jalousie sans sujet, & moi j'aurai vne amour ardente, sincére & fidelle, sans récompense, & tout cela, Madame, parce que vous n'avez pas la force de vous opposer à Euribiade, & de souffrir que je dise au Prince que je vous aime, & que je ne suis pas haï. Ah! Cleandre, reprit Celanire, vostre passion vous flatte, & vous fait voir les choses autrement qu'elles ne sont, du moins fai-je bien que je les voi d'vne autre forte. Je ne vous dis rien de mille fentimens délicats qui font dans mon cœur, & qu'il feroit extremément bleffé qu'on allaft publier brufquement dans le monde noftre innocente affection ; mais je vous prie de confiderer qu'en l'état où font les chofes, rien ne feroit plus fâcheux que de divulguer noftre secret. La Princeffe Argelinde dans fa jaloufie entreprendroit de vous brouïller avec le Prince, & en viendroit peut-eftre à bout : Euribiade m'enfermeroit dans vn château d'où je ne fortirois pas ; car le Prince quand vous l'en prieriez n'oferoit m'en tirer de peur d'irriter Argelinde. Alcinor entreprendroit de vous perdre.

Cleonte songeroit peut-estre à vous empoisonner ; car il est aussi méchant que riche. Iphicrate par ses intrigues nous nuiroit de cent maniéres, & rien enfin ne seroit pour nous ; mais au contraire, en se donnant patience rien ne nous pourra nuire, & j'espere que nous nous verrons en repos. L'amour du Prince, ou la jalousie d'Argelinde finiront, & lequel qui puisse arriver, nous n'aurons plus rien à craindre de ce costé-là. Je traiterai Cleonte si cruellement qu'il se rebutera : Alcinor & Iphicrate ne seront pas plus heureux : & Euribiade me trouvera si ferme à refuser tous ceux dont il me parlera, qu'il sera contraint de ne me proposer plus rien ; car enfin tant que je ne ferai que rejetter les propofitions qu'il me fera, il ne peut pas dire que je manque au refpect que je luy dois. Il y a de l'efprit, Madame, à tout ce que vous dites, répliqua Cleandre, mais il n'y a ni folide raifon, ni tendreffe. Car pour Cleonte, Alcinor, & Iphicrate, je ne crains d'eux ni le fer ni le poifon, & plût au Ciel que je ne craigniffe pas davantage la tiedeur de voftre affection. Quand le temps, repliqua-t-elle, m'aura bien affurée de la conftance de la voftre: vous demeurerez d'accord que vous devez eftre content de moi ; mais Cleandre laiffez-vous conduire à ma fantaifie, ne précipitons rien, foyez affuré de mon cœur,

& ne vous laſſez pas d'eſtre ſecret & fidéle. Comme Cleandre alloit répondre, Euribiade parut au bout d'vne longue allée avec Cleonte, & dans cét embarras Celanire me voiant auprés d'vne palliſſade avec vne de mes amies, fut bien aiſe de me trouver & de ſe joindre à moi, afin que quand Euribiade approcheroit il vît qu'elle n'eſtoit pas ſeule en converſation avec Cleandre. Mais Cleonte aiant la veuë fort bonne, il avoit bien remarqué ce que Celanire avoit fait en les appercevant, & en avoit averti Euribiade qui en avoit eu l'eſprit irrité. Il n'en témoigna rien pourtant alors, & ſe ſepara de Cleonte, aprés luy avoir dit qu'il le protegeroit hautement, dans le dessein qu'il avoit pour Celanire. Cependant la Princesse Argelinde estant descenduë dans les jardins du Palais; le Prince y vint ensuite, qui fit aussi-tost appeller Cleandre, & luy dit, qu'il vouloit savoir son avis sur vne chose qu'il luy proposeroit sans vouloir s'expliquer de quel sentiment il estoit; afin de voir, s'il seroit de l'opinion d'Argelinde ou de la sienne. C'est me mettre dans vn grand embarras, Seigneur, reprit Cleandre, que de m'exposer à estre infailliblement d'vn avis contraire au vostre, ou à celuy de la Princesse; & j'ose vous supplier que je ne sois pas seul à éprouver vne si fâcheuse aventure. Je consens, dit la Princesse que les Dames qui sont ici en disent ce qu'elles en penseront, & que leur sentiment & le vostre décident la chose. Celanire voulut s'excuser de parler. Elisene, Philocrite, Belise & Clarice en firent autant ; mais pour moi prenant hardi-ment la parole : Comme je suis naturellement curieuse, re-pris-je, j'ai tant d'envie de sa-voir dequoi il s'agit, que j'aime mieux m'engager à en dire mon avis, que d'empescher plus long-temps le Prince de dire dequoi il s'agit. Ce que je veux, reprit-il, est que la compagnie examine lequel vaut le mieux d'estre ver-tueux par temperament ou par raison ; car la Princesse & moi avons vn grand démêlé sur cela.

Pour moi, dit Philocrite, je croi que c'eſt vn fort grand avantage d'eſtre porté au bien ſans nulle peine; & il me ſemble que c'eſt vn fleuve tranquile, qui ſuivant ſa pente naturelle coule agréablement ſans obſtacle entre des rives fleuries. Il me ſemble au contraire, que ces gens vertueux par raiſon, qui font quelquefois de plus belles choſes que les autres, ſont de ces jets d'eau, où l'art fait violence à la nature, & qui aprés avoir jali juſques au ciel s'arrétent bien ſouvent par le moindre petit obſtacle. Ce que la belle Philocrite dit, reprit Celanire, eſt fort ingenieuſement penſé; mais ſelon mon ſentiment le temperament, quelque bon qu'il soit, ne peut faire que l'ébauche des vertus, & il n'appartient qu'à la raison de les achever. Mais la raison, reprit Elisene, est vne chose si aisée à seduire, que je pense que les bonnes inclinations vont toûjours plus droit qu'elle. J'ajoûterois à cela, dit Belise, que la raison est tantost plus forte & tantost plus foible, & que par consequent il est plus seur d'avoir les inclinations bonnes, que de faire le bien par raison seulement. En effet, poursuivit Clarice, quand on est bien né, il n'est nullement besoin d'avoir appris la Morale ; les ignorans peuvent avoir de la vertu aussi bien que les savans : ceux qui sont tres-braves le sont

na-

naturellement, sans que la gloire ni l'ambition excitent leur valeur, & sans songer ni à la peine ni à la recompense, ils vont où leur temperament les porte. Pour moi, ajoûtai-je, qui suis vn peu paresseuse, je croi que c'est vne grande commodité que d'avoir de tres-bonnes inclinations; mais avant que de me déterminer, je serois bien-aise de savoir les sentimens de Cleandre. Il n'y a assurément personne, reprit-il, qui louë plus volontiers que moi, ceux dont toutes les inclinations sont fort nobles; mais je ne laisse pas d'avancer hardiment que les bonnes inclinations toutes seules ne font jamais les Héros. J'ai connu cent personnes ordinaires,

V

dont toutes les inclinations étoient bonnes ; mais qui faute d'avoir vn certain esprit superieur, qui fait chercher la gloire par les sentiers les plus difficiles, sont dans vne certaine mediocrité de vertu, qui fait qu'elles s'endorment, pour ainsi dire, sur leurs bonnes inclinations, sans chercher à s'élever au dessus des autres. Et puis, à proprement parler, ce n'est pas meriter vne grande loüange, que d'estre entraîné par son temperament à faire quelque chose de bon ; nous naissons avec des inclinations telles qu'il plaist au Ciel de nous les donner, & nous n'entrons en part de la gloire ou du blâme, que du jour que nous commençons d'agir par raison, jusques-là rien n'est à nous; mais depuis cela nous sommes responsables de tout ce que nous faisons de bien ou de mal. C'est à nous alors à voir quelles sont les inclinations que nous devons suivre, celles que nous devons forcer; & aprés avoir connu le véritable chemin de la gloire, d'y marcher malgré toute la repugnance que nous y pouvons trouver en nous-mesmes. Presque tous les hommes en général aiment le plaisir, & ne haïssent pas le repos; mais cependant la raison fait aux personnes Heroïques, que lorsque la gloire le veut, elles renoncent à tous les plaisirs; elles cherchent la peine & la fatigue; elles affrontent les plus grans perils, & elles hazardent leur vie en cent maniéres différentes. Au reste puisque le mépris de la mort est le chef-d'œuvre de la vertu heroïque, s'il est permis de parler ainsi, il faut bien demeurer d'accord que c'est vn pur effet de la raison, & que les inclinations naturelles ne peuvent jamais porter à la chercher ni à la méprifer, &, comme la belle Celanire l'a tantost fort judicieusement dit, les inclinations naturelles ne font que le commencement des vertus. En effet, vn homme qui est brave par temperament ne fera pour l'ordinaire autre chose que de n'estre pas poltron, il s'opposera avec courage à ceux qui l'attaqueront; mais ce ne fera que fa raison qui luy persuadera de quitter la douceur du repos, pour aller chercher la guerre, pour se signaler aux yeux de son Prince, & pour y perir avec joie. Un grand Roi jeune, bien fait, aimable & aimé, redoutable à toute la terre, à qui tous les plaisirs courent en foule, ne peut jamais par la seule force de ses inclinations naturelles, renoncer à tout cela pour courir aprés les travaux & les dangers : il faut donc que ce soit sa raison, qui estant maistresse absoluë de son cœur, le porte à entreprendre quelque chose d'extraordinaire pour acquerir de la reputation. Les inclinations, si j'ose parler ainsi, sont de belles aveugles qui ne choisissent rien, & qui se laissent conduire facilement au bien; & cependant c'est le choix qui fait la distinction des actions indifférentes & des vertueuses; la valeur naturelle est brutale, l'amour de temperament est grossiére, la bonté mesme de cette espéce est trop simple; enfin il faut que la raison donne la perfection aux inclinations, qu'elle les redresse & les corrige, & leur inspire vne nouvelle force, qui seule nous rend dignes de loüange. Que si on vouloit des exemples de ce que je dis, on trouveroit que presque tous les grans hommes qui sont marquez dans l'Histoire, ou parmi les Philosophes, ou parmi les Héros, ont eu quelques mauvaises inclinations qu'ils ont surmontées par vertu,

& qu'ils ont joint à la gloire de vaincre les autres, celle de se vaincre eux-mesmes. Je demeure d'accord que quand vn grand esprit se rencontre avec de belles inclinations, il est plus facile de faire les grandes actions ; mais comme en voiant vn beau tableau, on ne s'informe pas de la peine que le Peintre a euë en le faisant, & on regarde seulement la perfection de l'ouvrage; de mesme sans s'informer si toutes les inclinations sont bonnes, il faut voir si toutes les actions sont vertueuses, grandes & nobles; & quand cela est, je soûtiens que si celuy qui agit de cette sorte a quelque chose dans son temperament qui resiste aux grandes actions qu'il fait, cela mesme augmente sa gloire; & qu'vn Prince qui connoist tous les charmes des plaisirs & du repos, merite cent fois plus lorsqu'il les sait quiter, que ceux qui par vn temperament serieux, & actif tout ensemble, renoncent sans peine à toute la douceur de la vie. En vn mot pour conclusion je ne loüe les actions vertueuses que lorsque la raison les conduit; & je regarde les bonnes inclinations toutes seules, comme vn instinct aveugle qui ne merite pas grande loüange, quoique ce soit vn bonheur pour ceux qui les ont; car je demeure d'accord que lorsqu'on n'a qu'vn mediocre discernement, c'est vn avantage extrême d'estre naturellement porté au bien. Il faut avoüer, interrompit la Princeſſe Argelinde en rougiſſant, ſans s'en pouvoir empeſcher, que Cleandre eſt bien-heureux de ſe trouver à point nommé du ſentiment du Prince, & de celuy de Celanire. Pour moi, Madame, reprit cette belle perſonne avec beaucoup de modération, j'ai ſi peu parlé que je ne penſois pas qu'on y euſt pris garde. Comme vous ſavez auſſi bien l'art de dire beaucoup en peu de paroles, répliqua Argelinde, que de conquerir les cœurs en peu de temps; on peut aſſurer que vous avez dit en ſix mots ce que Cleandre a dit en vn quart d'heure. Quoiqu'il en ſoit, Madame, interrompit le Prince, vous voiez que mon ſentiment n'eſt pas auſſi déraiſonnable que vous les croyiez. Ce n'eſt pas toûjours dans la multitude, reprit-elle, qu'il faut chercher la droite raiſon. Mais, Madame, reprit Celanire avec vn air doux & délicat, cette maxime feroit contre vous ; car le grand nombre eſt de voſtre ſentiment ; Philocrite, Beliſe, Clarice, & Glicere font de voſtre avis. Ah ! pour moi interrompis-je, j'ai dit d'abord que je ne voulois pas me déclarer que je n'euſſe entendu les ſentimens de Cleandre. Déclarez-vous donc, dit Argelinde, & voiez de quel coſté vous pancherez. Je vous aſſure, Madame, repris-je, qu'aprés y avoir bien penſé, je ne puis dire autre choſe, ſinon qu'il eſt plus commode de faire le bien par sa propre inclination, & plus glorieux de la surmonter: & j'avouë enfin ingenûment, que la raison est necessaire à tout, & que sans elle, il n'y a pas de véritable gloire à acquerir. Cette conversation eust duré plus long-temps; mais elle fut interrompuë par vn concert de haut-bois, que le Prince avoit fait venir pour divertir la Princesse. Il s'approcha d'elle, & luy parlant bas, il y eut entre eux vne petite conversation tumultueuse, qui ne leur permit pas de goûter le plaisir de la Musique, aussi ne fut-elle pas longue: & la Princesse s'estant retirée assez chagrine le soir, le Prince entretint Cleandre en particulier, & se plaignit de l'humeur d'Argelinde. Je ne pense pas, luy dit-il, qu'il y ait jamais rien eu de pareil. La Princesse est persuadée que je l'aime, & je connois bien qu'elle ne me hait pas; mais elle a vne bizarre jalousie de prévoiance, qui fait qu'elle ne se donne nul repos, & qu'elle ne m'en laisse point : Elle avouë que je l'aime ; mais elle croit que je ne l'aimerai plus guére, & cherche dans toute la Cour, cette prétenduë beauté, qui luy doit dérober mon cœur, & tout ce que la plus forte jalousie qui a vn objet, peut causer de plus fâcheux, n'approche point de ce que cause celle-ci qui n'a nul objet. Mais ce qui m'étonne le plus, c'est qu'entre toutes les belles de la Cour, nulle ne luy donne plus de peine que Celanire, quoique j'affecte autant que je puis de ne luy parler pas souvent. C'est sans doute, reprit Cleandre assez embarrassé, que la Princesse trouve Celanire plus belle que les autres. Cela est vrai, dit le Prince, & elle n'est pas seule de son sentiment, car je suis en effet persuadé, que si je guérissois de la passion que j'ai pour Argelinde, je pourrois bien aimer Celanire, & ce qui me le persuade, c'est que malgré mon amour, je connois bien qu'Argelinde a moins de beauté, & moins d'esprit qu'elle. Je ne sai, Seigneur, reprit adroitement Cleandre, s'il faut cette fois-là estre de l'avis de voſtre inclination, ou de celuy de voſtre raiſon; mais je ſai bien que ſi j'avois vne maiſtreſſe, rien ne me ſembleroit ſi aimable qu'elle. Je ne ſai comment cela ſe fait, reprit le Prince; mais quoique j'aye vne paſſion bien forte, elle ne m'aveugle pas, & ne m'empéche point de rendre juſtice au merite & à la beauté. J'aime Argelinde autant que je puis aimer, & je la trouve infiniment aimable; mais mon cœur, tout captif qu'il eſt, laiſſe la liberté à mes yeux de juger de la beauté, de connoître clairement que rien n'eſt ſi beau que Celanire, & d'eſtre meſme perſuadé qu'vn homme qui l'aimeroit, & qui en ſeroit aimé, ſeroit fort heureux. Ce que j'admire le plus, ajoûta le Prince, c'est que c'est la seule personne de la Cour, qui passe pour n'avoir fait aucun choix : & dans le chagrin que la bizarre jalousie d'Argelinde, m'a causé aujourd'huy, ajoûta-t-il en riant, je ne suis pas marri que cela soit ainsi, afin que si la Princesse me persecutoit tant que je voulusse m'en venger, je pusse trouver ce cœur-là sans préoccupation. Mais, Seigneur, reprit Cleandre, voilà vne amour de prévoiance, qui seroit vne vraie cause de jalousie, si la Princesse le savoit. Nullement, répliqua le Prince, & pour parler sincérement, je veux luy estre fidéle, & si elle ne rompt elle-mesme mes chaînes, je les porterai toute ma vie. Cette conversation donna vn vrai chagrin à Cleandre : car comme l'amour agrandit toutes les choses fâcheuses, il crut voir dans le cœur du Prince, vne grande disposition à aimer Celanire, & vne amour assez chancelante pour Argelinde; il crut mesme dans sa douleur, qu'il ne devoit pas dire à Celanire, ce que le Prince luy avoit dit d'elle. Ce n'est pas qu'il ne la crust constante & genereuse ; mais le Prince estoit fort aimable, & il estoit Souverain : de-sorte que renfermant ce déplaisir-là dans son cœur, il souffroit plus qu'il n'avoit jamais souffert. Il fut tenté cent fois de renoncer au secret, que Celanire vouloit qu'il qu'il gardaſt inviolablement, & de dire au Prince qu'il l'aimoit. Mais le reſpect qu'il avoit pour Celanire, la crainte, ſi elle le ſavoit, qu'elle ne le haïſt, le retenoit, & puis il s'imagina même, que s'il diſoit au Prince qu'il eſtoit amoureux de Celanire, cela luy perſuaderoit encore plus fortement, que cette perſonne avoit des charmes inévitables, puiſqu'elle l'avoit forcé à aimer, joint qu'il crut encore que cela diminuëroit quelque choſe de la confiance que le Prince avoit pour luy, parce qu'il luy avoit entendu dire pluſieurs fois qu'il eſtoit dangereux de confier ſes affaires à vn homme amoureux. Enfin, aprés avoir bien diſputé en luy-meſme il se détermina à ne rien dire à son maistre, ni à sa maistresse, & à souffrir son déplaisir sans en faire part à personne ; & ayant à écrire à Celanire, ce jour-là, il ne put s'empécher de mettre quelque petite ambiguité dans son billet, que Celanire n'entendit pas parfaitement. Voici à peu prés ce qu'il luy écrivit.

Quoique j'aie accoûtumé, Madame, de vous rendre compte de toutes mes pensées, je ne le ferai pas fort exactement aujourd'huy ; c'est assez que je vous assure que je ne vous ai jamais tant aimée, que je vous aimai hier ; je voudrois bien savoir precisément, à quoi vous pensiez, dans le mesme temps que je pen-

fois à vous si tendrement. Ne vous imaginez pas, Madame, par ce que je dis, que je vous aime moins aujourd'huy, ce n'est pas mon sentiment, mon cœur est toûjours également à vous ; mais il y a sans doute des heures où la tendresse est plus sensible, sans qu'on en puisse dire la cause.

Le jour mesme que Cleandre écrivit ce billet à Celanire, il la vit dans ma chambre, & fut mesme quelque temps à luy parler seul, parce que j'écrivois vne lettre pour vne affaire pressée ; mais il nous parut rêveur & chagrin au commencement de la visite & à la fin ; de-sorte que Celanire répondant le lendemain à la lettre que je viens de vous dire, & qu'elle avoit receuë le matin, elle le fit en ces termes:

Je ne sai si vous m'aimiez beaucoup à l'heure que vous me marquez par vostre dernier billet ; mais je sai bien que vous ne m'aimâtes guere hier depuis le premier moment que vous fustes auprés de moi jusques au dernier ; car vous vous ennuiâtes étrangement : véritablement si vous eussiez attendu à vous ennuier que la compagnie eust esté fort grande & fort belle; cela eust pû estre fort obligeant, & rien ne peut estre quelquefois plus touchant, que de s'ennuier dans vne societé agréable; mais le chagrin vous prit dés que vous entrâtes, il continua lorsque vous fustes seul auprés de moi, pendant que Gli-

cere écrivoit, & je veux croire qu'il vous quita en vous feparant de moi. Il me refte aprés cela à contenter la curiofité que vous avez de favoir à quoi je penfois, pendant ce prétendu redoublement d'amitié, dont je puis douter fi je veux. Sachez donc que je doutois de la fidélité de tous les hommes en général, & qu'aprés avoir bien examiné toutes chofes, je trouvois que j'avois eu tort de vous avoir confié le fecret de la tendreffe que j'ai pour vous ; peut-eftre fe paffa-t-il dans mon cœur quelque fentiment affez doux ; mais quoique les faveurs d'amitié, s'il eft permis de parler ainfi, foient tout-à-fait innocentes, je ne laiffe pas d'eftre perfuadée qu'il n'eft pas toûjours bon d'en eftre prodigue, & qu'il eft au contraire tres-à propos, d'en eftre un peu avare ; c'est-pourquoi je n'ai plus rien à vous dire, & je vous abandonne à vos propres pensées.

Quelques jours aprés, Celanire voulant encore faire vne petite querelle d'amitié tendre à Cleandre, s'avisa de luy demander, s'il estoit bien vrai qu'il l'aimât autant qu'il le luy disoit. Il luy répondit par vn Madrigal que je vous vai dire :

Iris pour me persecuter,
Vous demandez si je vous aime;
Helas! en pouvez-vous douter,
Je connois mieux que vous vostre
 merite extrême :
Belle Iris connoissez de méme,
 Un cœur que vos yeux ont charmé,
Je ne douterai pas que je ne sois
 aimé.

Le lendemain, vne Dame de mes amies, appellée Philocrite, dont je vous ai déja parlé, s'étant trouvée vn peu mal, & gardant la chambre, Celanire & moi luy fîmes vne visite. Comme elle a infiniment de l'esprit, & assez de beauté, elle est extremément visitée; Cleandre y vint; Alcinor, Iphicrate & Alcé y étoient déja. La Princesse Argelinde, suivie de Belise & de Clarice, y fit vne visite assez courte, & dit qu'elle ne la faisoit pas plus longue, parce qu'elle avoit fait vne partie de joüer tout le jour : ajoûtant que le jeu estoit sa passion favorite. Je pourrois aisément ne m'arréter pas à vous dire vne conversation, que cette expression fit naistre ; mais comme elle servi-

* X

HISTOIRE

ra à vous faire mieux connoiſtre Cleandre, & mieux juger de tout ce qui doit ſuivre dans ſon hiſtoire, je ne le tiens pas inutile. Aprés que la Princeſſe Argelinde fut donc partie, on parla de la multitude des paſſions que les hommes avoient inventées. En effet, dit Celanire, le jeu, à proprement parler, n'eſt pas vne paſſion naturelle, mais inventée & produite par l'eſprit & par l'induſtrie des hommes. Cette paſſion-là, reprit Alcé, a pourtant ſa ſource, comme toutes les autres, dans le cœur humain, & ce qui fait la paſſion du jeu en particulier, eſt la paſſion du plaiſir en général, qui ſe varie ſelon les divers genies & les divers tempéramens. Tous les hommes ont vne ſecrette paſsion de se divertir, qui les entraîne vers ce qui s'accommode à leur humeur. Ainsi les vns aiment le jeu, les autres la chasse, les vns les sciences, les autres les arts, & quelques-vns toutes ces choses-là ensemble : & cette secrette passion qui porte au plaisir, sert autant à faire qu'vn savant aime l'estude, qu'à faire qu'vne belle personne aime à danser. Ainsi je conclus que toutes les passions que les hommes semblent avoir inventées, ont leur origine dans le cœur des hommes mesmes, qui a naturellement vn penchant au plaisir. La gloire, toute éclatante qu'elle est, en est accompagnée, & les vertus les plus difficiles en sont suivies. Alcé a raison, dit Philo-

HISTOIRE

crite, & beaucoup de gens se dispenseroient peut-estre de leur devoir, s'ils ne trouvoient nul plaisir à le faire. Mais ne voit-on pas des gens, repris-je, qui fuient le plaisir, & qui se font, pour ainsi dire, vne espece de passion, du chagrin qui les occupe toute leur vie. Ils condamnent les plaisirs d'autrui, ils ne peuvent convenir eux-mesmes de ceux qu'ils voudroient, ils murmurent contre l'vsage de leur païs & de leur siecle, ils se plaignent du Prince, du gouvernement, ils blâment également l'avarice & la liberalité, & ne trouvent rien qu'ils ne jugent digne de leur censure. Ces gens-là, dit Celanire, n'ont assûrément point de passion, ils

DE CELANIRE.

n'ont que du chagrin, qui les fait juger de travers, de toutes les choses du monde. J'aurois assez de curiosité, dit Philocrite, de savoir de tous ceux qui sont ici, quelle est leur passion la plus forte. J'en excepte l'amour, ajoûta-t-elle: car les hommes qui sont ici, sont assez galans pour choisir celle-là, en parlant devant des Dames. Ainsi j'entends que chacun dise, quelle est la passion dominante de son cœur. Pour la mienne, dit Celanire, c'est l'amitié & la sincérité jointes ensemble. En mon particulier, dit Philocrite, c'est la joie sans crime, par tout où je la trouve. Pour moi, dit Alcinor, c'est je ne sai quoi d'éclatant en toutes choses, qui fait qu'on est

HISTOIRE

distingué par tout, & tout ce qui porte à cela, touche sensiblement mon cœur. Cette passion-là, dit Iphicrate, est difficile à contenter, la mienne n'est pas d'vn si grand éclat : car elle consiste à s'accommoder aux temps, aux choses, aux personnes. Mais ce que vous dites, repris-je, est prudence, & non pas vne passion. J'appelle passion, reprit Iphicrate, ce qu'on aime le mieux à faire, & ce qui regle presque toutes nos actions. Pour moi, dis-je alors, ma plus sensible passion, c'est l'amour de la vérité. Mais pour Cleandre, ajoûtai-je, il ne faut pas luy demander quelle est sa plus grande passion, tout le monde la connoist. Ce que je dis l'embarrassa, & Celanire aus-

DE CELANIRE.

si, pour vn instant. Mais Cleandre m'aiant fait expliquer, je luy dis, que sa passion dominante estoit l'amour qu'il avoit pour le Prince. En effet, luy dis-je, je n'ai pû encore démêler si vous avez de l'ambition, parce que vous aimez le Prince, ou si vous aimez le Prince par ambition, & aprés vous avoir observé soigneusement, j'ai conclu que vous avez vne espece de passion sans nom, qui vous occupe, & vous attache plus que toutes celles qui en ont vn ne le pourroient faire. Mais cette passion, reprit Cleandre, est ou doit estre dans tous les esprits raisonnables; quoique plus forte aux vns qu'aux autres, par les diverses circonstances de leur

* X iiij

HISTOIRE

condition & de leur vie : & j'ajoûte à cela, que quand elle est aussi forte qu'elle doit estre dans vn cœur bien-fait, & pour vn Prince accompli, elle tient je ne sai quoi de toutes les plus fortes passions qui nous peuvent faire aimer. C'est porter la chose bien loin, dit Alcinor. Je le trouve comme vous, dit Philocrite, & je donne sans peine aux Princes, le respect, l'obéïssance, & si vous voulez l'admiration, quand ils sont dignes de leur rang. Mais quant à la tendresse du cœur, je la garde pour mes amis. Bien loin de me dédire de ce que j'ai avancé, répliqua Cleandre, je soûtiens que cette souveraine passion, s'il est permis de parler ainsi, a quelque chose des mou-

DE CELANIRE.

vemens les plus ardens, que le ciel puisse inspirer pour luy-mesme; du respect & de la reconnoissance, que les enfans bien nez ont pour leur pere, & les personnes généreuses pour leurs bienfaiteurs; de l'vnion d'intérets, & de cœurs qui se trouve dans vn mariage heureux; de l'amitié la plus grande & la plus solide, & de la plus parfaite amour. Voilà qui est avancé bien hardiment, repris-je. Il est vrai, dit Celanire, qu'on ne comprend pas d'abord que cela puisse estre ainsi. Pour la premiere chose que Cleandre a avancée, interrompit Alcé, je la comprens aisément. En effet, ajoûta-t-il, comme il faut estre tout-à-fait stupide & brutal pour

HISTOIRE

ne pas connoiſtre par ce grand & beau ſpectacle de la nature, qu'elle eſt l'ouvrage d'vne grande & ſouveraine puiſſance, il faut auſſi eſtre peu ſenſible aux mouvemens naturels, pour voir tant de milliers d'hommes obeïr volontairement à vn ſeul, & qui quelquefois n'aura rien d'excellent que ſon caractére, & ne pas connoiſtre qu'il y doit avoir en cela, je ne ſai quoi de divin, qui fait le premier fondement de noſtre affection pour nos Princes. Alcé a preciſément dit, répliqua Cleandre, ce que je penſois. Mais j'ajoûterai ce que j'ai conſideré cent fois avec étonnement, c'eſt que les hommes qui ont établi tant de diverſes ſortes de gouvernement, n'ont

DE CELANIRE.

jamais si bien réussi, que quand ils ont semblé renoncer à leur propre sagesse, pour s'abandonner à celle du ciel. Tantost ils ont voulu que chacun conservast sa voix, son suffrage, vn pouvoir égal dans la République, comme il semble que la nature le vouloit aussi : tantost ils ont cru que c'estoit seulement aux plus sages à gouverner, & par conséquent aux plus vieux : quelquefois ils les ont pris seulement des familles les plus illustres : quelquefois ils ont voulu que le seul mérite pust parvenir à ce rang : quelquefois ils les ont choisis en vn nombre fort grand : quelquefois en vn moindre : quelquefois en vn trespetit : ils se sont quelquefois

HISTOIRE

aussi réduits à vn seul Prince, mais électif : quelquefois à des maniéres de gouvernement mêlées, comme on dit, de toutes celles-là ensemble. Mais jamais ils n'ont si bien rencontré pour la grandeur, pour la tranquilité, & pour la durée des Etats, que quand ils se sont resolus à prendre leurs Rois d'vne seule race de pere en fils, tels qu'il plairoit au ciel de les leur envoier, tantost belliqueux, tantost pacifiques, tantost excellens, tantost mediocres en connoissance, avec des vertus & des vices, que toute la sagesse humaine ne pouvoit prévoir de si loin. Il ne faut pas s'imaginer qu'vne chose comme celle-là puisse s'estre faite par hazard. Il est arrivé vne

DE CELANIRE.

fois par vn cas fortuit, dont tous les siécles parleront, qu'vn Peintre en jettant son éponge, finit incomparablement mieux vn tableau, que tout son art ne l'auroit pu faire : mais en la plus importante des choses humaines il y auroit de la folie, à dire que le hazard seul donnast vn meilleur succés aux Principautez herédiaires, qu'aux autres ; que par hazard il y en ait eu depuis le commencement du monde, non seulement plus que d'aucune autre sorte d'Etats, mais plus que de tous les autres ensemble ; que par hazard en tous les temps & en tous les climats, tant de nations différentes en tempérament, en genie, en inclination, en mœurs, en langage, aient

HISTOIRE

choifi le plus fouvent, vne forme de gouvernement, qui fembloit d'abord la plus éloignée du gouft, & de l'intéreft de chaque particulier, & c'eft fans doute ce qu'on ne peut imaginer. J'en conviens, dit Alcé, & il faut néceffairement, ou que le monde fe foit rendu à vne expérience certaine, qui faifoit voir le bon fuccés de cette forte de gouvernement, ou qu'il ait fuivi je ne fai quel inftinct aveugle, qui l'y portoit; & il femble que c'eft plûtoft le dernier, parce qu'autant que nous le pouvons voir par les hiftoires, les premiers fiecles n'ont pas eu moins d'inclination que les derniers, pour cette forte de gouvernement. En effet, ajoûta Cleandre,

DE CELANIRE.
il y a eu vers le milieu des fiecles, pour ainfi dire, plufieurs Républiques; mais toutes foibles, languiffantes, agitées de divifions domeftiques, & enfin de tres-peu de durée, hors la Romaine, qui a commencé par la Monarchie, & fini par la Monarchie auffi; mais en général, nulle Republique n'a autant duré, à beaucoup prés, que plufieurs Monarchies, & fur tout, la Monarchie Françoife, par exemple, qui ne fut jamais fi redoutable à tous fes voifins, qu'elle l'eft aujourd'hui aprés tant de fiecles, & qui eft enfin fi floriffante, qu'il y a lieu de la croire eternelle, n'eftant pas poffible de comprendre par où elle pourroit manquer. De cét

HISTOIRE

instinct donc des peuples pour le gouvernement d'vn seul successif & heréditaire, je croi qu'on peut justement recueillir je ne sai quoi de divin, qui passe dans le cœur des hommes, & qui leur inspire vne amour de respect, mêlé pour ainsi dire de religion. Je vous assûre, dit Philocrite en riant, que je serai meilleure sujette, que je n'estois; car encore que le Prince, sous la domination duquel je suis née, soit tel qu'on le peut souhaiter, il m'a toûjours semblé que si j'avois esté des premiers siecles, & que j'eusse eu voix pour déliberer de pareilles choses, je ne me serois point avisée de faire des Rois, ni de vouloir estre Reine. Mais aprés tout,
dit

DE CELANIRE.

dit Celanire, Cleandre a raison de dire qu'il y a quelque chose de divin, qui attache le cœur des sujets aux Princes. Pour ce que Cleandre a avancé, dit Alcinor, que la passion qu'on a pour son Prince, tient quelque chose du respect & de la reconnoissance qu'on a pour vn pere & pour vn bienfaiteur ; cela est aisé à comprendre en ceux qui doivent toute leur fortune au Prince ; mais beaucoup moins en ceux à qui il n'a peut-estre jamais pensé. Je conviens, répliqua Cleandre, que cela est plus fort aux premiers ; mais je prétends qu'il ne laisse pas d'estre aussi en tous les autres, s'ils ont de la raison & de la vertu. En premier lieu, poursuivit-il, le

HISTOIRE

Prince n'a point de sujet en qui il ne pense quelquefois, quelque inconnu qu'il luy soit, en pensant à tous ses sujets, & à leur bien général; il n'y en a point qui ne doive à vn bon Prince, son repos, sa tranquilité, toute la douceur de sa vie. La véritable marque d'vn cœur ingrat, c'est de distinguer bien subtilement sur les obligations & sur leurs causes, on oste par-là du monde l'obligation & la reconnoissance. Je comprens aisément, dit Alcé, qu'il y a des occasions où nous sommes tenus d'avoir de la reconnoissance, quoiqu'on n'ait pas eu vn dessein précis de nous servir; nos peres n'ont point songé à nous obliger en nous donnant la vie,

DE CELANIRE.

quelquefois mefme ils nous ont tres-mal élevez, fommes-nous pour cela difpenfez de la reconnoiffance envers eux ? Point du tout. Mais ceux qui raifonnent fi brutalement, comme on en trouve affez fouvent dans le monde, n'ont jamais bien confideré la véritable caufe de la reconnoiffance, qu'il eft difficile d'expliquer par-là mefme qu'elle eft trop claire & trop connuë, & qu'elle fe trouve plûtoft dans le cœur que dans la raifon. C'eft en vn mot, interrompit Cleandre, que tous ceux qui fervent de voie & de moien au ciel pour nous envoier ou nous faire quelque grand bien, quand ils n'en fauroient rien eux-mefmes, nous deviennent comme facrez;

HISTOIRE

& que d'ailleurs il n'est pas plus naturel aux fleuves de retourner à la mer d'où ils sont venus, & à la terre de pousser de nouvelles herbes & de nouvelles fleurs vers le ciel, aprés en avoir reçû la rosée, qu'à vn bienfait reçû, de pousser vn autre bienfait vers le lieu d'où il est venu. Aussi la reconnoissance se trouve-t-elle établie dans tous les siecles, par toute la terre, parmi les peuples sauvages qui semblent ne point raisonner, parmi les bestes mesmes, qu'on veut qui ne raisonnent point. Voilà qui est fort bien établi, dit Iphicrate ; mais je ne comprens pas quel rapport il y peut avoir entre vn heureux mariage, & cette passion qui vnit les sujets au Prince. Il n'y a

DE CELANIRE.

qu'à confidérer, répondit Cleandre, que les amitiez les plus folides, mefme entre des efprits raifonnables, fe rompent quelquefois par les divers intérefts qui furviennent ; il en arrive fouvent de mefme à l'amour. En tout cas, l'ami & l'amant peuvent devenir pour le moins fufpects d'vn autre intéreft. Ce qui fait la grande vnion dans le mariage, c'eft qu'on fait que jamais on ne peut avoir deux intérefts oppofez, & cela fait qu'entre des efprits raifonnables & fages, on revient prefque toûjours des dégouts que la foibleffe humaine femble porter avec elle. La mefme vnion d'intérefts, & le mefme lien indiffoluble fe trouve du bon fujet au

HISTOIRE

bon Prince, sur tout s'il est plus particuliérement attaché à sa personne. La gloire de l'vn est celle de l'autre, & pour connoistre cela, il ne faut que voir la joie des Courtisans, quand le Prince vient de faire quelque chose de grand & de beau. Il faut porter la chose plus loin, dit Celanire, & j'ai vû cent fois des personnes de mon sexe s'intéresser si fort aux bons ou aux mauvais succez, qu'oubliant qu'elles n'avoient nulle part à l'Etat, elles disoient en racontant quelque action éclatante, Nous avons battu les ennemis, pris leur canon & leur bagage. Cela arrive souvent, dit Philocrite; mais je ne parle jamais ainsi. Pour moi, dis-je alors, je me

DE CELANIRE.

suis étonnée cent fois de voir les transports des peuples, lorsqu'on les oblige de faire des feux de joie pour quelque victoire: car il y a des millions d'hommes qui se réjouissent en ces occasions tumultueuses, & qui n'ont pas de quoi vivre le lendemain. Ce que vous dites est fort bien remarqué, dit Alcinor. Mais enfin, repris-je, reste l'amitié & l'amour, & j'avouë que j'ai peine à comprendre comment le premier peut convenir au sujet dont il s'agit: car enfin l'amitié, à parler véritablement, ne peut estre bien forte qu'entre personnes égales, & semble n'estre point faite pour les Rois. Et pour cette fois je me fonde en autorité: car ne vous souvient-il pas, ajoûtai-je

HISTOIRE

en parlant à Cleandre, de ces quatrains de Morale, pour l'inſtruction d'vn jeune Prince, qui ne ſont encore ni publiez, ni achevez, qui vous ont eſté envoiez de la Cour de France, par celuy-là meſme qui les a faits, & dont toute ignorante que je ſuis, j'ai appris la plus grande partie par cœur, tant je les ai trouvez jolis & galans, quoique les perſonnes les plus ſavantes n'y trouvent pas moins leur compte que moi. Je m'en ſouviens, dit Cleandre, mais je ne ſai pas ce que vous en pouvez tirer pour vous. Vous verrez, luy dis-je, que vous ne vous en ſouvenez pas : car aprés avoir parlé, mais d'vne maniére qui ne dégoûte point, de toutes les vertus, &

DE CELANIRE.

de toutes les passions, & particuliérement de l'Amour, dont il remarque en peu de paroles le bien & le mal, il s'écrie en parlant à cette passion:

Eh pourquoi t'égares-tu?
L'amitié qui te ressemble,
Joint les beaux noms de vertu,
Et de passion ensemble.

Amitié, tout est charmant
Sous ton équitable empire;
On te trouve rarement,
C'est ce que j'y trouve à dire.

Puis il emploie quelques quatrains à faire voir le bien & le mal de l'amitié, & à en donner les preceptes; mais il les conclud par là:

HISTOIRE.

Grands Rois, le destin a mis
Cent biens en vostre partage:
Mais nous donnant les amis,
Il vous en osta l'usage.

Que c'est un bien précieux!
Quand je pese l'un & l'autre,
Je doute quel vaut le mieux
Vostre partage ou le nostre.

Cela est bien appliqué, dit Cleandre; mais vous verrez, Madame, que vostre memoire, toute heureuse qu'elle est, vous trompe pour cette fois, plus que la mienne qui l'est beaucoup moins. Car les deux autres quatrains qui suivent, mais que je n'ai pas retenus, & qui commencent

Je me trompe toutefois;

DE CELANIRE.

détruisent ces deux premiers, & font voir qu'vn Roi qui sait l'art des Rois, pour estre redoutable, ne laisse pas d'estre aimable, & que s'il mêle dans toutes ses actions la justice, la sagesse, & la bonté, il trouve dans tous les cœurs du respect & de la tendresse tout ensemble, & se peut vanter d'avoir autant d'amis que de sujets. Voilà ce que c'est, repris-je en riant, de vouloir faire l'habile mal-à-propos, je renonce à citer rien de ma vie. Quoiqu'il en soit, reprit Cleandre, je conviens que l'amitié a besoin de quelque égalité, mais c'est plûtost d'vne égalité qu'elle fait que d'vne égalité qu'elle trouve. Qu'on examine les amitiez les plus fameuses, on

HISTOIRE

verra presque par tout deux amis égaux, & neantmoins vn ami superieur, & l'autre inferieur de beaucoup. A peine peut-on imaginer vne véritable amitié entre Alexandre & Cesar, entre Ciceron & vn fameux Orateur, Scipion & Hannibal ; ils sont rivaux, plûtost qu'amis. Mais la vertu militaire de Scipion s'accommodera de la sagesse & de la douceur de Lelius ; Ciceron le plus habile qui ait jamais esté en l'art de parler, trouvera son compte à Atticus, qui n'est pas moins excellent en l'art de se taire, & Alexandre se plaira à faire d'Ephestion vn autre Alexandre. Nous ne saurions douter, interrompis-je, que de ces amis dont vous

DE CELANIRE.

parlez, les vns n'aient esté superieurs, & les autres inférieurs, par l'éclat qui reste encore aux vns, & que les autres n'ont pas. En effet, pas vne des personnes de nostre sexe n'ignore Alexandre, Scipion, ni Ciceron même ; mais à peine savons-nous ce que c'est qu'Ephestion, que Lelius & qu'Atticus, encore que nous aions vû depuis peu la vie de ce dernier dans les ouvrages de Sarrazin. Il est vrai, ajoûta plaisamment Philocrite, & pour moi qui n'avois pas l'honneur d'en connoistre aucun, je vous promets à l'avenir sans m'embarrasser de leurs noms, de les appeller seulement les trois amis d'Alexandre, de Scipion, & de Ciceron. Mais enfin, dit Cleandre,

HISTOIRE

je foûtiens hardiment que l'amitié ne doit jamais eftre fi ferme, que quand elle a feu combler ce grand efpace qu'il y a d'vn ami à l'autre, & furmonté cette premiere difficulté qui fembloit empécher qu'on ne s'en puft affurer. Un Prince en fe rabaiffant jufques à fon fujet, donne la plus grande marque de bonté & d'amitié qu'on puiffe jamais donner, & vn fujet eft bien miférable, s'il ne récompenfe la magnanimité de cette amitié, par l'ardeur & par l'excés de la fienne. Au pis aller, fi l'on veut que ce mot d'amitié foit impropre, j'en conviens ; mais c'eft affûrément quelque chofe qui a tout ce que

DE CELANIRE.

l'amitié la plus ferme & la plus tendre peut avoir, & cela me suffit. Il y a long-temps, reprit Philocrite, que j'attends ce que vous direz de l'Amour. C'est vn sujet si ample, reprit Alcinor, qu'on trouve aisément dequoi en parler. Alcinor a raison, dit Iphicrate. Et moi je trouve qu'il a tort, dit Celanire; car je croi que c'est la chose du monde, dont il est le plus difficile de parler à propos. Voions donc comment Cleandre en parlera au sujet dont il s'agit. Comme je ne cherche jamais à bien parler; mais seulement à exprimer ce que je pense, répliqua Cleandre, je dirai sans façon, que les différences essencielles de l'amour & de l'amitié, sont l'ardeur, l'inquié-

HISTOIRE

tude, le soupçon, la soûmission, l'obéissance, la jalousie, l'injustice, le dépit, les mécontentemens, les reconciliations, les changemens d'avis en vn instant, & quelquefois divers changemens en vne mesme heure: car de tous ces mouvemens, l'amitié à vrai dire n'en a que l'ombre, & encore c'est quand l'amitié est si forte, qu'elle ressemble à l'amour ; mais il n'y a point de courtisan attaché au Prince, qui ne sente tous ces mouvemens presque aussi violens que le plus parfait amant. Quelque égalité que le Prince ait voulu faire avec eux par amitié, toûjours soûmission, respect & obéissance d'vn côté, comme d'vn Amant à vne
Maistres-

DE CELANIRE.

Maiſtreſſe. Leur inquiétude eſt extréme, leur défiance eternelle, ils appréhendent inceſſamment de perdre les bonnes graces du maiſtre, quand ils en ſont les plus aſſûrez. Ils ſe regardent tous comme rivaux, ils ne ſont poſſedez que de cette ſeule paſſion. Qui pourroit repreſenter comment vn demi mot, vn ſoûris, vn regard les penetre & les charme juſques au fond de l'ame, ſi ce n'eſt par ce qui arrive de meſme aux Amans? Leur injuſtice n'a pas d'égale, & elle eſt la vraie marque d'vne paſſion violente : car encore qu'ils comprennent bien que le Prince doit ſes careſſes à tout le monde, on

*** X

HISTOIRE

diroit qu'il leur dérobe toutes celles qu'il fait aux autres ; si le hazard fait qu'il ne porte point les yeux de leur costé, c'est assez pour leur donner vne journée de chagrin ; vne mesme heure les voit contens & mécontens, charmez & rebutez de la Cour, jurans de tout quitter, & prests de donner leur vie pour le service de leur Maistre. En vn mot, tout ce qu'il y a de bizarre dans l'amour, ne se peut trouver, ce me semble, en aucune autre passion qu'en celle des Courtisans pour leur Prince. Vous avez raison, dit Alcé, & pour moi quand je voi des gens naturellement tres-éclairez, &

DE CELANIRE.

qu'vne longue expérience a rendus tres-habiles, se laisser quelquefois tromper jusques à la fin de leur vie aux vaines espérances de la Cour, encore qu'ils sentent bien qu'elles les trompent ; il me semble que je voi cét Amant du théâtre ancien & moderne qui dit :

Je la connois ingrate, & je l'aime, & je meurs,
Et je me sens mourir, & n'y voi nul reméde,
Et craindrois d'en trouver, tant l'amour me possede.

Mais à vous entendre parler de l'amour, dit Philocrite à Clean-

HISTOIRE

dre, on diroit que vous estes presque aussi ambitieux qu'amoureux. Celanire rougit, & Cleandre fut en peine comment il pourroit répondre sans découvrir ce qu'il vouloit cacher, & sans que Celanire l'accusast aussi de manquer d'amour, & de porter la dissimulation vn peu trop loin. Mais enfin se déterminant, J'ai esté toûjours persuadé, dit-il à Philocrite, qu'il ne faut presque jamais s'expliquer sur ce sujet, parce qu'on ne croit presque jamais, ni ceux qui disent qu'ils sont amoureux, ni ceux qui disent qu'ils ne le sont pas, & en mon particulier, si j'avois quelque passion

DE CELANIRE.

de cette nature, j'aimerois mieux qu'on en jugeaft par mes actions, que par mes paroles. Vous avez raifon, luy dis-je, & les actions font plus fincéres que les paroles. Mais aprés tout, Cleandre, il y a vne grande diftinction à faire entre les Courtifans de bonne foy, qui aiment le Prince, ou les Courtifans intereffez, qui ne cherchent que la fortune. Tout le monde en convint, & l'heure de la promenade eftant venuë, Celanire & moi fortîmes, & le refte de la compagnie fe fépara. Le jour mefme on parla de cette converfation par le monde, elle fut jufques au Prince, & l'on avoit remarqué qu'Alcinor & Iphicrate avoient peu parlé:

Ce n'est pas qu'ils ne fussent bons Courtisans ; mais aimant à contredire, & n'osant le faire en cette matiére, ils avoient mieux aimé se taire le plus souvent. Cependant il ne se passoit point de jour que Celanire n'eust quelque obligation secrette à Cleandre : car estant naturellement généreux, il cherchoit avec soin à rendre office, principalement à toutes les personnes qui avoient quelque liaison ou quelque rapport à Celanire, quoiqu'elle ne l'en priast pas. Ces gens-là se loüoient fort de Cleandre en sa presence ; mais ils n'en remercioient pas Celanire, n'aians nul soupçon que ce fust à sa consideration qu'il les obligeast.
Je

Je vous demande pardon, si je m'arreste à tant de circonstances; mais dans vne amour secrete les petites choses tiennent lieu de grandes avantures. Voilà en quel estat estoient Cleandre & Celanire, lorsqu'vn de ces esprits mal tournez dont on trouve par tout le monde, s'avisa de faire vne Satyre contre les plus belles personnes de la Cour, où Celanire avoit vn petit trait en passant, & mesme le Prince & la Princesse Argelinde : & comme la curiosité & la malignité de l'esprit humain donne cours à ces sortes d'ouvrages, cette Satyre passa entre les mains de toute la Cour, & l'on ne parla d'autre chose durant quelques jours;

mais les quatre amans de Celanire en vferent chacun d'vne maniére différente, Cleonte voulut en avoir vne copie, & dépenfa bien de l'argent pour y faire faire vne belle réponfe; Iphicrate la leut d'vn bout à l'autre, afin de la pouvoir blâmer, & de défendre mieux Celanire dans les converfations où il fe trouveroit ; Alcinor la vit auffi, & alla de maifon en maifon s'emportant avec impetuofité contre l'Auteur caché qui avoit fait cette Satyre, le menaçant hautement, & en parlant plus luy tout feul que tout le refte du monde enfemble. Pour Cleandre il ne la voulut point lire, & en parla le moins qu'il put;mais il prit la refolution de venir à bout de découvrir qui l'avoit faite, & de venger Celanire & le public, en le traitant en faiseur de Satyres quel qu'il pust estre. Comme il estoit en cette resolution, il fut se promener dans les jardins du Palais, où il avoit donné rendezvous à vn homme qui luy avoit promis de s'en informer, ne voulant pas qu'il vînt chez luy, parce qu'il estoit connu pour vn espion public. Ce jour-là mesme j'estois avec Celanire dans vn cabinet de verdure, dont les pallissades sont fort épaisses, & qui estoit justement à la droite de l'allée par où Cleandre entra dans ce jardin; mais en entrant dans cette allée, il vit vn de ses amis d'humeur assez Philosophe & assez solitaire, qui s'appelle Alcé, qui lisoit dans vn papier avec vn air fort chagrin ; de-sorte que Cleandre l'aiant joint & s'estant assis sur vn siege qui estoit vis à vis du cabinet où j'estois assise avec Celanire, & d'où nous entendîmes toute leur conversation; il demanda à Alcé ce qu'il avoit caché si soigneusement. Alcé répondit avec beaucoup de colere, que c'estoit vne chose que personne ne devroit lire, & que pourtant tout le monde lisoit sans que pas vn considerât ce qu'il devoit aux autres, & ce qu'il se devoit à luy-mesme. Enfin sans m'amuser à vous rapporter cette conversation qui fut fort longue & fort belle, je vous dirai seulement qu'il se trouva que le papier que tenoit Alcé estoit cette Satyre qui couroit alors contre toute la Cour, dont le sage & vertueux Alcé estoit fort irrité. Pour Cleandre, il dit qu'il ne l'avoit pas voulu lire, & qu'il ne la verroit point, & soûtint fortement qu'il faloit méprifer ces sortes de choses, sans s'en donner nul chagrin & que le silence estoit le plus noble mépris qu'on pût avoir en ces rencontres-là. Alcé qui n'estoit nullement de cette opinion, dit mille belles choses, pour prouver que rien n'estoit plus opposé à la Morale, où Cleandre répondit avec beaucoup de froideur. Comme ils en estoient-là, vn des gens de Cleandre vint l'avertir que l'homme à qui il avoit donné rendez-vous estoit dans vne autre allée; de-sorte qu'il se sepan d'Alcé, qui continua de lire la Satyre. Tant que cette conversation avoit duré, mon amie & moi n'avions pas dit vn mot, & l'avions écoutée fort attentivement; mais quoique j'eusse trouvé tout ce que Cleandre avoit dit fort raisonnable, aiant alors beaucoup de soupçon de sa passion pour Celanire, je le trouvois trop tranquile, en parlant d'vne Satyre où elle avoit quelque part. Mais Celanire le trouva encore bien plus que moi; car malgré toute sa retenuë, & tout son secret, elle rougit cent fois pendant cette conversation, & ne put s'empescher de me dire avec vn ton de voix vn peu fier: Je parlerois assurément comme

Cleandre, si je parlois de la Satyre dont il s'agit; mais si on en avoit fait vne contre luy, quoique je sois fille des ennemis de sa Maison, j'aurois vn peu moins de tranquilité. Mais ne trouvezvous pas fort honneste, luy disje, qu'il n'ait pas voulu lire cette Satyre que tout le monde lit avec tant d'empressement. Je le trouve fort beau, reprit Celanire; mais on voit bien que c'est par vne honnesteté vniverselle qu'il en vse ainsi, que les personnes contre qui la Satyre est faite ne doivent point luy en sçavoir gré, & que pour cette fois suivant ses maximes, il agit par raison plus que par inclination. Aprés cela nous sortîmes du cabinet, & fûmes prendre vn grand détour, afin qu'on ne puſt penſer que nous euſſions pû rien entendre. Le ſoir meſme chez la Princeſſe, Celanire ne put s'empeſcher d'avoir vn certain air froid & ſerieux que Cleandre remarqua d'abord, & dont il ne comprit point la cauſe, & quoiqu'il puſt faire il ne put trouver moien de luy dire vn mot en particulier. Ses rivaux ne furent pas traittez de meſme ſorte; mais ils n'en furent pas plus heureux. En effet, Cleonte s'approchant d'elle, & penſant avoir fait merveille, d'avoir fait travailler à répondre à la Satyre, fut fort ſurpris, lorſque Celanire prit la parole, & luy dit, On m'a aſſuré que vous voulez faire répondre à la prétenduë Satyre où l'on dit que j'ai quelque petite part; mais, Cleonte, il est à propos que je vous die, que rien ne me peut davantage desobliger, & que ma conduite est telle, que je ne veux jamais que le silence pour me défendre. Empéchez donc celuy que vous emploiez de continuer son travail, car je serai encore plus irritée contre vous que contre le faiseur de Satyres. Cleonte se trouva si interdit qu'il se retira en murmurant. Alcinor ne fut pas mieux reçû, lorsque parlant à Celanire, il dit en tierce personne, que s'il pouvoit découvrir celuy qui avoit manqué de respect pour la plus grande beauté du monde, il en feroit vne punition qui feroit trembler tous les Satyriques. Croiez-moi,

Alcinor, dit Celanire en riant, quand on veut faire ce qu'on dit, il ne faut pas faire des menaces avec tant de bruit, & le silence en toutes choses, est vn fort grand avantage; mais pour vous, Iphicrate, ajoûta-t-elle d'vn air moqueur, je vous suis la plus obligée du monde, car on m'a assuré que vous avez lû plus de six fois le bel écrit dont il s'agit, afin de me pouvoir mieux défendre. Ce n'est pas, qu'il ne soit vrai que le plus grand plaisir que vous me puissiez faire, c'est de n'en parler jamais : car pour moi je méprise si fort ces sortes d'ouvrages, & ceux qui les font, que je n'en ai pas le moindre chagrin, & n'en demande pas la moindre vengeance, ce, car ceux qui font vne mauvaife action, en font toûjours punis par la honte qui la fuit. Mais pour les lecteurs qu'on croioit devoir eftimer davantage, j'avoüe que je ne les puis fouffrir. Ah, Madame, reprit Iphicrate, fi vous faviez avec quel chagrin j'ai leu l'endroit qui vous regarde, vous me parleriez avec moins d'aigreur. Je vous affure, Iphicrate, repliqua-t-elle, que je ne le fai, ni ne le veux favoir. Le lendemain au matin, on feut qu'vn certain homme affez obfcur, & pourtant affez intrigué dans quelques Maifons de la Cour, avoit efté arrété dans la ruë par les Gardes du Prince, & que l'ayant foüillé, pour voir s'il ne fe trouveroit rien sur luy qui puft le convaincre, ils avoient trouvé cette Satyre écrite de fa main, avec plufieurs ratures, comme d'vn homme qui a refvé fur fon ouvrage, fi bien qu'il fut mené en prifon pour le faire punir felon les loix du païs. Tout le monde chercha qui pouvoit eftre celuy qui avoit vengé toutes les belles, en avertiffant le Prince. On feut bien que ce n'eftoit pas Cleonte, il n'avoit fongé qu'à faire écrire; Alcinor n'avoit penfé qu'à faire des menaces; Iphicrate s'eftoit conduit d'vne certaine maniére à ne laiffer pas croire qu'il fe fuft mêlé de cela; & pour Cleandre, que j'avois entendu parler avec tant de froideur, je difois à tout le monde, que ce n'estoit pas luy qui avoit fait arréter cét homme. La Princesse Argelinde en son particulier, crut que le Prince seul l'avoit fait, & que c'estoit plus par l'intérest de Celanire, que par le sien, puisqu'il l'avoit fait sans luy en rien dire. Mais quant au Prince, luy-mesme, il luy vint dans l'esprit, pour la premiére fois, que Cleandre aimoit peut-estre Celanire, & que c'estoit par son moien, quoi qu'indirectement, qu'il avoit sceu le nom de ce dangereux Satyrique, qui faisoit du venin de toutes choses. En effet, il est constant que Cleandre emploia tant de gens à savoir qui estoit ce misérable auteur, qu'il en vint à bout, & en fit avertir le Prince par vne voie détournée, ne doutant pas qu'il ne le fift arréter. Mais le Prince, perfuadé comme je l'ai déja dit, par je ne fai quel mouvement intérieur, que Cleandre luy faifoit donner cét avis, & ne voyant pas quelle autre raifon il pouvoit avoir de fe cacher pour le porter à vne chofe auffi jufte & auffi honnefte, conclut en luy-mefme, qu'il faloit que l'intéreft de Celanire y euft quelque part. Nous découvrîmes encore vne chofe furprenante: C'eft que la Princeffe Argelinde avoit fait én-forte, par vne voie fort fecrette, que Celanire fuft ajoûtée dans la Satyre, d'vne maniére qui puft luy nuire dans l'efprit du Prince ; & ce qui eft encore plus extraordinaire, c'est qu'elle s'y estoit fait mettre elle-mesme ; il est vrai que c'estoit d'vne façon qui pouvoit plûtost luy servir auprés du Prince, que la mettre mal avec luy, & quant au reste du monde, ce qu'il en pourroit dire ou croire, luy estoit absolument indifférent. Mais pour en revenir au soupçon qu'eut le Prince de l'amour de Cleandre, cela fut cause qu'il luy entra dans l'esprit vn sentiment assez particulier. Car ce Prince fut fâché de penser que Cleandre fust amoureux de Celanire, il crut qu'il en seroit moins à luy qu'auparavant, par cette raison il eut dessein de l'en détourner, & il passa mesme dans son esprit certains sentimens confus d'vne jalousie sans amour, à l'égard de Celanire, qu'il se reprocha secrettement. Il luy sembla enfin qu'il perdoit vne personne qu'il pourroit aimer vn jour, ou qui pourroit du moins donner du chagrin à Argelinde, quand il voudroit la punir de son humeur jalouse : de-sorte que depuis cela il affecta de dire plusieurs choses qui faisoient connoistre à Cleandre, qu'il n'eust pas esté bien aise de le voir amoureux. Cependant, le Prince vengea les belles de la Cour, car le faiseur de Satyres subit toutes les rigueurs des loix du païs. Cleandre ayant enfin trouvé moien de parler à Celanire, il la pressa si fort de luy dire la cause de sa froideur, qu'elle la luy avoüa ; ensuite de quoi il se justifia pleinement, & luy apprit que c'estoit luy qui avoit fait donner l'avis au Prince, qu'il s'estoit exprés trouvé auprés de luy, afin de le fortifier dans le dessein de faire vne punition exemplaire de celuy qui avoit fait le libelle, luy representant que quand on enduroit qu'on écrivît contre les Dames de qualité & de merite, c'estoit donner l'audace d'écrire hardiment contre tout ce qu'il y a de plus grand; & qu'Auguste, qui par sa magnanimité naturelle, & par les conseils de Mecene, avoit si bien sçeu pardonner & méprifer ce qu'on disoit & qu'on écrivoit contre luy, avoit puni tres-severement l'Auteur d'vn libelle contre quelques Dames, & quelques gens de qualité de sa Cour. Celanire fut fort aise de connoistre que Cleandre n'avoit aucun tort à son égard, & le reste de la conversation leur fut fort agréable. Et comme on ne fait guere de paix en amour sans que la tendresse en redouble, Cleandre se plaignit à Celanire de ce qu'elle n'avoit pas le temps de penser seulement à luy. En effet, luy dit-il, vous estes dans la maison de mes ennemis, vôtre beauté vous attire toute la Cour : quand je vous voi, c'est parmi vne foule importune, qui fait que vous me parlez quelquefois sans penser à moi, & je passe enfin des journées entiéres, sans estre assuré que vous m'aiez donné vn moment. Il sied bien à vn Courtisan ambitieux, répliqua Celanire en soûriant, de me faire vn semblable reproche: vous, dis je, qui avez l'esprit tout plein de l'intéreſt de l'Etat, & des intrigues de la Cour, & le cœur tout rempli de l'amour de voſtre Prince : desorte, ajoûta Celanire, que j'ai tous les sujets du monde de penser que vous passez des journées, sans qu'il y ait vn seul moment où vous ne pensiez qu'à moi. Ah! Madame, s'écria Cleandre, vous estes la plus injuste personne qui fut jamais: mais, ajoûta-t-il, donnez-moi lieu de vous prouver le contraire, en m'accordant la grace de vous entretenir quelquefois en particulier ; vous le pourriez fi vous aviez de la tendreffe & du courage, les jardins du Palais ont des allées, des fontaines, & cent lieux, où je pourrois vous parler, & vous verriez alors s'il y a des momens, où je ne penfe qu'en vous. Non, non Cleandre, répliqua brufquement Celanire, ne vous imaginez pas que je fois capable de vous donner des affignations, je n'en connois que d'vne forte que je puffe eftre capable de vous accorder, encore en ferois-je quelque fcrupule. Je ne vous entends point, Madame, luy dit-il. Je ne veux pas auffi que vous m'entendiez, répliqua-t-elle. Il eft pourtant certain, reprit Cleandre, qu'vne perfonne auffi

DE CELANIRE.

raisonnable que vous, ne doit parler que pour se faire entendre. Ensuite de cela Cleandre se souvint d'avoir vn jour entendu dire à Celanire, qu'elle avoit vû dans vn Roman Italien, vne maniére d'assignation, qui dans sa folie avoit quelque chose de tendre, car vn amant & vne maistresse se promirent en de certains jours, de regarder la Lune à vne heure precise, s'imaginant quelque douceur à voir en mesme temps le mesme objet, lorsqu'ils ne se pouvoient voir; & il se souvint encore que Celanire avoit trouvé dans l'histoire de Brutus & de Lucrece, qui est dans Clelie, qu'il y avoit beaucoup de tendresse, de convenir d'vne heure reglée chaque jour pendant vne abſence, pour penſer l'vn à l'autre : de-ſorte que ſe perſuadant que c'eſtoit cette derniere choſe que Celanire vouloit dire, il la preſſa tant de luy expliquer ſa penſée, qu'elle luy avoüa qu'elle avoit cru quelquefois avoir beſoin de l'engager par vne parole poſitive, à ne penſer qu'à elle pendant vn certain temps, ſe figurant que l'ambition & le tumulte du monde, le détournoient continuellement, de ce qu'il devoit à ſon affection. Cette converſation fut pleine d'eſprit, & fort galante; & enfin à l'exemple de Brutus & de Lucrece, ils ſe promirent de penſer l'vn à l'autre, à vne certaine heure preciſe, pendant vn voiage de quatre jours, que

DE CELANIRE. 349

le Prince alloit faire; de-sorte que dés le lendemain, le Prince aiant mené Cleandre à la campagne, il ne manqua pas de se trouver à cette assignation d'esprit qu'il avoit avec Celanire; & pour vous le témoigner, voici vne partie d'vne Elegie que Cleandre fit sur ce sujet-là, pendant l'heure que Celanire s'estoit obligée de penser à luy. Mais je ne me souviens pas du commencement.

L'heure que j'attendois, a frappé mon oreille,
Vous pensez à Daphnis, adorable merveille,
Vous me l'avez promis, & vos rares bontez,
Tiennent exactement, ce que vous promettez,

Ne me flattai-je point d'une fausse espérance ?
Quoi, malgré les destins & la cruelle absence,
Malgré la nuit obscure, & le soin des jaloux,
Adorable beauté, je suis auprés de vous ?
Ah ! si quelques pensers, ennemis de ma flâme,
Contre ma passion sollicitent vostre ame,
De grace à ces pensers, marquez un autre jour :
Ecoutez seulement la voix de mon amour,
Cette heure est toute à luy, laissez à ma constance,
Aprés tant de travaux, toute sa récompense.

DE CELANIRE.

Aprés cela Cleandre décrivoit en des vers fort touchans, le commencement, les suites de sa passion, l'état où elle estoit alors: Puis revenant à la grace que Celanire luy faisoit en cét instant, il disoit entre autres choses ces deux vers que je n'ai pas oubliez:

Peut-estre en ce moment, cét esprit adorable
Cherche en son cher Daphnis, quelque chose d'aimable.

Et toute l'Elegie finissoit par ceux-ci:

Ah! c'est trop espérer, divine Palinice,
Pardonnez aux transports d'un amoureux supplice,

*Il ébranle l'esprit, il trouble la rai-
 son :*
*Mais tous ces vains pensers ne sont
 plus de saison.*
*Helas ! je le sens bien, ces douceurs
 m'abandonnent,*
*Et d'un bruit trop fâcheux, mes o-
 reilles resonnent.*
*L'heure est déja passée ? ô miserable
 Amant,*
*Quoi les heures, grands Dieux, n'ont-
 elles qu'un moment ?*
*Est-ce ainsi, juste Ciel, que les graces
 divines*
*Mêlent à tant de fleurs, tant de ru-
 des espines ?*
Faut-il pour observer une si dure loy,
*Que Palinice enfin ne pense plus à
 moi ?*
*Sommeil, charmant sommeil, bonheur
 des miserables,*
Apporte

*Apporte à ma douleur tes pavots
secourables ;
Mais non n'approche point, porte ailleurs tes pavots,
Ma charmante douleur vaut mieux que ton repos.*

Cleandre n'osant hazarder cette Elegie écrite de son caractere ordinaire, contrefit si bien son écriture, qu'elle n'estoit pas connoissable, se reservant à l'envoier à Celanire le lendemain au soir, par vne voie qu'il croioit fort seure : mais par malheur estant à la chasse avec le Prince, l'ardeur de cét exercice, & l'impetuosité de la course firent qu'il perdit cette Elegie. Et comme ces sortes de choses ne se perdent presque jamais, que pour estre trouvées par ceux qu'on voudroit qui ne les viſſent pas; Iphicrate ayant perdu la chaſſe, & s'eſtant égaré dans la foreſt, paſſa à l'endroit où ce papier eſtoit tombé, qui paroiſſoit fort blanc, & fort proprement plié, & donna aſſez de curioſité à Iphicrate, pour regarder ce que c'eſtoit. Il le prit donc, & l'ouvrit, il ne plaignit pas ſa peine, & vn moment aprés entendant les cors & les chiens, il fut rejoindre la chaſſe, révant profondement à cette avanture, où il ne comprit rien, car l'écriture luy eſtoit inconnuë, & il ne ſavoit qui en accuſer. La chaſſe eſtant finie, comme le Prince s'en retournoit, il dit à Iphicrate, qu'il avoit perdu vne grande partie du plaifir de la chaffe, en s'égarant; J'en tombe d'accord, Seigneur, reprit-il, mais j'ai eu vne avanture dans la foreſt qui a ſans doute de la nouveauté. Le Prince voulut ſavoir ce que c'eſtoit; deſorte qu'Iphicrate pour faire ſa Cour en divertiſſant le Prince luy montra les vers qu'il avoit trouvez. Par bonheur pour Cleandre, il n'eſtoit pas preſent, & s'eſtoit dérobé à la fin de la chaſſe pour aller à ſon appartement ; afin d'envoier l'Elegie à Celanire par vne vóie fort ſecrette ; car s'il euſt eſté alors auprés du Prince, il euſt eſté difficile que ſon viſage n'euſt pas découvert quelque choſe de la verité. Cette avanture divertit fort le Prince qui eſsaya de deviner qui pouvoit avoir perdu ce papier, dont l'écriture estoit inconnuë à tout le monde; car le Prince montra les vers à tous ceux qui estoient auprés de luy, & chacun chercha qui pouvoit les avoir faits, & chercha inutilement. On en fit des copies dés le soir mesme, & Iphicrate en envoia à plusieurs Dames de ses amies dés le lendemain matin au lieu où estoit Celanire. Cependant Cleandre eut vne douleur sensible, lorsqu'estant allé à son appartement il ne trouva point l'Elegie. Il espéra pourtant que ce papier seroit perdu effectivement sans estre retrouvé par personne: Il écrivit donc tout de nouveau les vers qu'il avoit faits, & les envoia en diligence à Celanire, aprés quoi il fut retrouver le Prince ; mais il fut bien étonné de trouver déja plusieurs copies de ses vers entre les mains de toute la Cour ; car j'ai oublié de vous dire qu'ils estoient en la langue du païs, & que Cleandre les mit depuis en François à la priere de Celanire, qui aime mieux les vers en vostre langue qu'en la nostre. Le Prince demanda à Cleandre qui il soupçonnoit d'avoir fait vne galanterie si mysterieuse. Il y a apparence, reprit-il en raillant, que c'est quelque Dame qui a vn mari fort jaloux, puisqu'il faut avoir recours à vne assignation d'esprit. Cleandre dit cela si promptement & d'vn air si libre, quoi-qu'il fust au desespoir de ce qui estoit arrivé, que le Prince ne le soupçonna point d'y avoir part : cette avanture le fit pourtant réver, & chacun en parla à sa fantaisie. Les jeunes gens de la Cour en raillerent, & dirent que c'étoit vne simple galanterie de bel esprit sans nul fondement veritable : & ceux qui avoient le cœur plus tendre crurent qu'il n'étoit pas impossible de trouver quelque douceur pendant vne absence, à savoir avec certitude que la personne qu'on aimoit pensoit à celle dont elle estoit aimée. Enfin chacun raisonna à sa mode, & l'on peut dire que depuis qu'on donne des assignations en galanterie, on n'en a jamais donné dont on ait tant parlé que de celle-là. Alcmor estoit si éloigné d'vn pareil sentiment, qu'il n'en soupçonnoit personne ; & Iphicrate, quoiqu'il eust l'esprit plus délicat, n'y comprit rien. Cependant Celanire à son réveil receut les vers que Cleandre luy avoit envoiez, & les receut agréablement; mais elle fut étrangement surprise, lorsqu'entrant le jour mesme chez la Princesse Argelinde, où j'estois aussi, Philocrite & deux autres montrerent des copies de cette Elegie, & dirent qu'on les leur avoit envoiées de la Cour; je vous laisse à penser quel étonnement fut le sien. Elle fut vn moment à croire qu'on savoit tout son secret, & en eut vne douleur incroiable; mais comme toutes les veritez de cette espéce sont revétuës, ou mêlées de menfonges que le monde y ajoûte, vne Dame dit hardiment qu'on favoit avec certitude que ces vers étoient faits pour vne femme que tout le monde connoiſſoit, & qu'vn de ceux qui avoient fuivi le Prince le luy avoit mandé, ajoûtant des circonſtances pour faire voir qu'elle eſtoit bien inſtruite de cette avanture. La Princeſſe Argelinde parut fort réveuſe, & s'imagina qu'il y avoit quelque fecret à tout cela, où le Prince avoit part. Elle fe figura que la chaſſe avoit eu du myſtere, & que Cleandre avoit fait ces vers-là pour le Prince qui avoit quelque maiſtreſſe secrette. Celanire de son costé en fut irritée contre Cleandre, & ne pouvoit croire qu'il n'eust pas tort, quoiqu'elle ne pust le soupçonner d'indiscretion ; de-sorte qu'Argelinde estoit jalouse, Celanire en colere, & Cleandre fort affligé. Il le fut d'autant plus, qu'à son retour Celanire évita de luy parler, luy semblant qu'il faloit le punir, & que si elle luy parloit, le monde devineroit qu'elle avoit eu part à l'Elegie. Quand le Prince revint, toute la Cour étoit chez la Princesse Argelinde qui le receut assez froidement, & comme il le remarqua aisément, il devina vne partie de ce qui causoit cette froideur. Je pense, Madame, luy dit-il en luy parlant bas, que vous croiez que j'ai part à l'affignation, dont je fai qu'on parle autant ici qu'on en a parlé au lieu d'où je viens. Il eft vrai, répliqua-t-elle, que cette nouvelle invention fert d'entretien à tout le monde. Et il eft vrai auffi, ajoûta-t-elle en rougiffant, qu'vne affignation de cette efpéce donneroit plus de jaloufie à vne perfonne qui auroit l'efprit délicat, qu'vne veritable affignation ne pourroit faire, parce que celle-là marque vne plus grande tendreffe, n'y aiant rien qui prouve mieux vne grande paffion, que de fe faire de grans plaifirs des petites chofes, & des chimeres mefmes. Il y a encore cela de plus cruel, ajoûta-t-elle avec vn foûris forcé, que ce font des affignations qu'on ne peut découvrir, & où les espions ne servent de rien; car pour les autres on peut en estre averti, & l'on en peut convaincre les infidéles. Mais serieusement, Madame, luy dit le Prince, pourriez-vous me faire vne querelle d'vne chose comme celle-là où je n'ai aucune part ? Tout le monde sait qu'Iphicrate a trouvé ces vers dans la forest, l'on ne sait point qui les a faits, ni pour qui ils sont, & vous me ferez plaisir de le découvrir. Le temps qui découvre toutes choses, ajoûta la Princesse assez brusquement, me le fera savoir. Cependant il est certain qu'on ne peut pas avoir plus de jalousie ni plus de curiosité qu'en eut cette Princesse, sans savoir ce qu'elle avoit à faire pour se mettre l'esprit en repos, ne pouvant ni convaincre le Prince, ni se guerir de ses soupçons. Pendant l'entretien qu'elle eut avec le Prince, Alcinor dit à Celanire qu'il ne s'estoit pas seulement donné la peine d'essaier de deviner pour qui estoient ces vers-là, parce qu'il croioit que ce n'estoit qu'vne fantaisie d'vn oisif. Mais pour Iphicrate, il desira d'avoir eu vne pareille assignation avec elle, & comme elle avoit l'esprit chagrin elle pensa s'en offenser. Cependant Cleandre luy parla enfin le lendemain, & luy conta comment il avoit eu le malheur de perdre les vers à la chasse, & luy en demanda pardon.

Ah! Cleandre, luy dit-elle, si vous aviez bien pensé à moi, vous ne les auriez pas perdus, & vne grande passion ne manque jamais de soin pour tout ce qui luy peut nuire. J'ai tort, Madame, je l'avouë, reprit-il, mais c'est d'vne maniére qui merite qu'on me pardonne; & aprés tout, il n'en est arrivé nul malheur, on ne connoist pas l'écriture, & je défie tous mes rivaux & tous mes ennemis de prouver jamais que j'aie esté assez heureux pour avoir vne assignation avec vous. Enfin, Cleandre, luy dit-elle, cette avanture me fait bien voir qu'il ne faut jamais rien hazarder, & que les choses du monde les plus secrettes peuvent estre seuës, & les plus innocentes mal expliquées; de-sorte que dans le moment où je parle, si le passé se pouvoit revoquer..... Ah! Madame, s'écria-t-il, n'achevez pas, car je mourrai si vous vous repentez de la bonté que vous avez euë pour moi. Cleandre dit encore cent choses à Celanire, qui remirent le calme dans son esprit ; aprés quoi ils parlerent de l'humeur jalouse d'Argelinde; car Celanire avoit entendu vne partie de ce qu'elle avoit dit au Prince, & Cleandre dit à Celanire que cette Princesse luy avoit fait ensuite cent questions, pour tâcher de découvrir si la chasse n'avoit point eu de mystere, s'il ne savoit point pour qui estoient les vers, & s'il ne les avoit point faits pour le Prince. Le lendemain vn ennemi caché de Cleandre envieux de sa faveur, dit avec vne adresse extrême certaines choses au Prince, qui pouvoient luy faire penser qu'il y avoit du secret entre luy & la Princesse Argelinde, qui avoit parlé fort long-temps bas avec Cleandre; de-sorte que si le Prince eust moins bien connu Cleandre, & qu'il eust eu l'humeur jalouse, il eust pû penser que la jalousie qu'Argelinde luy avoit témoignée avoir en cette occasion, étoit vne jalousie feinte pour cacher vne amour veritable; mais cela fit si peu d'impression dans son esprit, qu'il n'en dit rien à Cleandre. Ce mesme ennemi par vn double artifice fit persuader par vne parente qu'il avoit, qui eſtoit bien auprés de la Princeſſe, que pour agir fort habilement il faloit s'aquerir Cleandre & s'en faire aimer, qu'il faloit qu'elle aimât toûjours le Prince ; mais qu'elle feroit vne choſe fort avantageuſe pour elle ſi elle ſe faiſoit aimer de ſon favori : Et en effet, Argelinde crut que ce conſeil eſtoit bon, & traita Cleandre avec vne civilité extraordinaire, principalement quand le Prince n'y eſtoit pas ; quoiqu'elle n'euſt nul deſſein d'eſtre infidéle au Prince ; au contraire c'eſtoit l'amour qu'elle avoit pour luy qui l'obligeoit d'en vouloir donner à Cleandre, afin de ſavoir tout ce qu'il faiſoit. Iphicrate reconnut le proced' cedé de la Princesse Argelinde, & se resolut d'en parler à Cleandre, non seulement pour luy faire sa Cour; mais encore parce que le connoissant ambitieux, il crut que cela luy plairoit, & que par ce moien Cleandre ne pourroit jamais devenir son rival. Il luy parla donc en secret, & luy dit qu'il savoit par vne voie qu'il ne pouvoit luy dire, qu'Argelinde avoit vn grand penchant à l'aimer, & qu'il croioit luy devoir donner cét avis. Cleandre qui est tres-sage & fort discret rejetta ce discours-là, & luy dit, qu'il se trompoit sans doute sur des apparences fort legeres, que la Princesse ne regardoit que le Prince, & que pour luy il ne regardoit que son maître:

& fou devoir. Cependant Cleandre se trouvoit embarrassé, aiant lieu de croire qu'Iphicrate disoit vrai; car la Princesse fit & dit cent choses qui le confirmerent dans ce sentiment-là. Ce n'est pas qu'elle ne demeurât dans toutes les bornes de la plus exacte retenuë; mais aprés tout, il y a cent petites choses que l'on peut expliquer favorablement, & qui convainquent aisément vn esprit qui est déja disposé à les expliquer à son avantage. Argelinde agissant donc avec le dessein d'être aimée sans vouloir aimer, embarrassa étrangement Cleandre: il ne pouvoit concevoir que cela fust vne feinte, & la verité luy estoit insupportable; car il estoit scrupuleusement fidéle, &

pour son Maistre & pour sa Maîtresse ; il luy estoit mesme aisé de l'estre : mais son embarras estoit à resoudre s'il diroit quelque chose de cette avanture à Celanire, luy semblant que ce n'estoit pas agir en honneste homme d'aller dire qu'on croit estre aimé. Pour le Prince, il voioit bien qu'il n'y avoit rien à luy dire ; ce n'est pas qu'il ne craignist quelquefois qu'il n'y eust du mystere à tout cela, & s'il y en eust eu le Prince eust pû croire que son silence à son égard estoit criminel ; mais aprés tout, il resolut de ne dire rien ni à son Maistre ni à sa Maistresse, & d'éviter avec adresse les occasions de parler à Argelinde hors de la presence du Prince, afin que s'il y avoit de l'artifice là-deſſous il ne donnât nul pretexte de luy rendre de mauvais offices. Cependant Iphicrate qui crut qu'il eſtoit bon d'empeſcher autant qu'il pourroit que Celanire puſt jamais regarder Cleandre comme vn homme qui la puſt aimer, me vint voir, & ſachant l'amitié qui eſtoit entre Celanire & moi, il crut que me dire vne choſe c'eſtoit la dire à Celanire. Il me fit donc vne viſite, & aprés m'avoir preparé l'eſprit à luy promettre vn grand ſecret, il me dit qu'il ſavoit vne nouvelle que peu de perſonnes ſavoient encore; & enfin m'aſſura que la Princeſſe Argelinde aimoit Cleandre. Je me ſouvins d'avoir remarqué que depuis quelque temps elle le traitoit avec vne civilité plus obligeante qu'à l'ordinaire ; je luy dis pourtant que je ne le croiois pas, & que si cela estoit je plaignois fort Cleandre. Il vint du monde, Iphicrate me demanda vn grand secret, & je le luy gardai, excepté que j'en parlai à Cleandre par vn sentiment d'estime pour luy, afin qu'il prist garde à sa conduite, estant tres-persuadée qu'il n'aimoit point Argelinde. Il me remercia de l'avis que je luy donnois, & me dit avec quelque embarras d'esprit que cela n'estoit pas vrai, & qu'il estoit tres-fâché de ce bruit-là. Il me pria de luy dire qui m'avoit dit cette bizarre nouvelle, mais je fus fidéle à Iphicrate ; de-sorte qu'il ne feut pas que je tenois cela de la mefme perfonne qui le luy avoit dit. Le mefme Iphicrate fit fi bien qu'on le dit à Celanire qui en eut vne vraie douleur, & qui craignit en effet que Cleandre ne fe laifsât toucher à la gloire d'eftre aimé de la Princeffe Argelinde. Elle le vit le jour mefme, & ne put s'empefcher de luy dire vn peu brufquement ce qu'on luy avoit dit, & comme il en parut furpris, elle en fut furprife à fon tour, & le regardant avec chagrin : Quelle confufion vois-je fur voftre vifage, luy dit-elle, feroit-il poffible que vous m'euffiez fait vn fecret de l'amour qu'Argelinde a pour vous? & fi cela eft, vous l'aimez, & vous n'eftes plus digne d'eftre aimé de moi. Helas, Madame, luy dit-il, je ne vous ai point fait de secret; mais la peur de vous donner mauvaise opinion de moi, & de vous persuader que je serois capable d'vne vanité mal fondée m'a empesché de vous dire qu'on m'a dit la mesme chose qu'à vous, & que je ne l'ai pas cruë. Ah! Cleandre, luy dit-elle, cette discretion pour Argelinde n'est guere obligeante pour Celanire; car vrai ou faux, il faut tout dire à la personne qu'on aime, & ne dire rien d'elle à tout le reste de la terre. Celanire se plaignit. Cleandre s'excusa d'abord, & avoüa ensuite qu'il avoit eu tort. Ils raisonnerent sur cette avanture, & crurent enfin que c'estoit vn artifice d'Argelinde ou de quelque ennemi envieux de sa fortune. Aprés quoi, la paix estant faite, Celanire eut l'esprit en repos, & se tint plus assurée que jamais de la fidélité de Cleandre qui luy promit de se conduire absolument comme il luy plairoit. Cette douceur fut bien-tost troublée ; car le soir Euribiade dit à Celanire, qu'il avoit resolu son mariage avec Cleonte. Ah ! Seigneur, s'écria-t-elle, vous avez donc resolu ma mort. Au contraire, reprit-il, j'ai songé à vostre bonne fortune; Cleonte est le plus riche homme de la Cour, & il n'y a point de charge si grande où il ne puisse pretendre par sa naissance & par son bien. Je l'avouë, repliqua-t-elle avec beaucoup de chagrin ; mais il n'y en a point de si petite qui ne fust au dessus de son merite ; c'est pourquoi je vous conjure par toutes les choses qui peuvent vous estre cheres de ne me proposer jamais d'épouser Cleonte, car je ne m'y saurois resoudre. Vous avez donc fait quelque choix secret, reprit Euribiade, qui vous empesche d'approuver le mien. Il me semble, reprit-elle, que je n'ai nulle autre réponse à faire à ce que vous me dites, sinon que je ne choisirai jamais le moins honneste homme du monde pour passer ma vie avec luy: je vous dois sans doute beaucoup de respect; mais je ne dois pas me rendre malheureuse pour toûjours par vne complaisance qui ne vous serviroit de rien. Je ne fai, repliqua brufquement Euribiade, fi vous eftes bien perfuadée du refpect que vous me devez ; mais comme je croi devoir vous aimer, je faurai bien vous forcer à faire ma volonté qui ne regarde que voftre avantage. C'eft-pourquoi preparez-vous ou à recevoir Cleonte dans huit jours, ou à aller demeurer dans vn chafteau, qui comme vous favez eft au milieu des montagnes fans nulle focieté. Ah ! Seigneur, repliqua Celanire, je ne hefiterois pas vn moment à choifir d'aller demeurer parmi des beftes fauvages, de qui il me feroit permis de me défendre, plûtoft que de paffer ma vie avec vn homme fans raifon à qui je ferois obligée d'obeïr. Quoiqu'il en soit, dit Euribiade, vous serez femme de Cleonte dans huit jours, ou vous serez en solitude pour long-temps. Aprés cela Euribiade la quita, & j'entrai dans sa chambre vn moment aprés. Je connus bien dans ses yeux qu'elle avoit beaucoup de chagrin, & comme malgré son humeur secrette elle se trouva dans vn embarras étrange, la douleur luy fit prendre la resolution de se confier à moi, ce qu'elle n'eust jamais fait sans cela: elle me proposa de nous aller promener seules dans vn jardin solitaire, où l'on ne trouvoit presque jamais personne : je fis ce qu'elle voulut, & nous arrivâmes à ce jardin, sans que Celanire m'eust dit quatre paroles.

Mais ce qu'il y eut de rare, c'eſt que lorſque Celanire m'eut menée au bout d'vne allée ſombre, & qu'elle eut bien regardé de tous les coſtez, ſi l'on ne pouvoit nous entendre, elle ſe repentit du deſſein qu'elle avoit eu de me reveler ſon ſecret, & me regardant avec vn air modeſte & embarraſſé tout enſemble; De grace, ma chere amie, me dit-elle, ne me demandez point ce que j'ai voulu vous dire, je ne le veux plus, & quand je le voudrois, je ne penſe pas que j'euſſe la force d'executer ma volonté. Comme j'avois déja vn ſoupçon que je croiois bien fondé, de l'amour de Cleandre pour Celanire, je voulus luy épargner la peine de commencer à me dire ſon ſecret:

de-sorte que l'embrassant tendrement, de peur que mes yeux ne rencontrassent les siens, & qu'elle ne fust fâchée que je visse l'embarras où elle estoit : Je sai plus de vos nouvelles, que vous ne pensez, luy dis-je; l'amitié est presque aussi clair-voiante que l'amour, & prenant autant d'intérest à tout ce qui vous regarde, que j'y en prens, je suis assurée que vous ne pouvez vous cacher à moi, & que je ne me trompe pas lorsque je croi que Cleandre est aujourd'huy la cause de toutes vos douleurs, & de tous les plaisirs de vostre vie. Je l'avouë, Glicere, reprit-elle brusquement, & je me haste de vous l'avouër, de peur de me repentir encore, & de n'avoir pas la force de vous dire mon chagrin, quoique j'aie besoin, & de vostre assistance, & de vostre conseil. Je luy dis alors tout ce que l'amitié peut faire dire de plus doux. Aprés quoi Celanire me dit avec des paroles qu'elle seule eut pû trouver, que Cleandre l'avoit aimée & l'aimoit; & enfin toute son histoire: mais avec tant de peine, qu'elle m'en faisoit pitié. Ensuite elle me demanda mon avis, & je fus fort embarrassée à le luy donner, car sachant l'horrible haine qu'Euribiade avoit pour la Maison de Cleandre, il estoit constant qu'il ne faloit point pour rompre le mariage de Cleonte, luy parler de l'amour de Cleandre, de sorte que je ne voiois rien à espérer, si ce n'estoit que Cleandre fist agir le Prince d'autorité absoluë. Cependant la scrupuleuse vertu de Celanire n'y pouvoit consentir, elle croioit mesme que le Prince, par certain interest de politique, ne voudroit pas desobliger Euribiade; mais sa plus forte raison, c'est qu'elle ne pouvoit souffrir que Cleandre allast dire au Prince qu'il aimoit, & qu'il estoit aimé. Et passant tout d'vn coup dans vn chagrin extrême, de m'avoir confié son secret; Il faut bien, disoit-elle, que j'aie perdu la raison, de vous avoir avoüé ma foiblesse; car ne devois-je pas prévoir que vous ne pourriez me donner de conseil, que je ne pusse me donner moi-mesme, & qu'enfin j'ai

vn mal qui n'a point de remede. De grace, me dit-elle alors, avec vne melancolie charmante, n'allez pas dire à Cleandre que vous savez mon secret, car je ne veux pas luy montrer vn si mauvais exemple, & luy donner lieu de se faire vn confident qui n'auroit peut-estre pas autant de discretion que vous. Quoi, reprenoit-elle avec étonnement, Celanire a pû trahir elle-mesme le secret de son cœur? Ah ! je ne l'eusse jamais pensé, & il ne faut plus se fier à rien, puisque je n'ai pû renfermer tout mon chagrin dans mon esprit. Ce n'est pas assez que je me défie de moi-mesme à l'avenir, ma foiblesse me va rendre Cleandre suspect, & je puis croire
qu'il

qu'il a découvert ce secret, puisque je n'ai pû le garder. J'avouë qu'encore que je fusse fort touchée de l'embarras où se trouvoit Celanire, je ne pus m'empécher de soûrire, en voiant le chagrin qu'elle avoit; je luy en demandai pardon à l'heure-mesme, & je fis si bien, qu'enfin elle me promit de ne se repentir point de m'avoir donné part en sa confiance; mais nous nous séparâmes sans resoudre rien, si ce n'est qu'elle feroit savoir à Cleandre, ce qu'Euribiade luy avoit dit. Et en effet, elle le luy écrivit par vne des voies secrettes qu'elle avoit, & il eut deux jours aprés le moien de l'entretenir; mais il se trouva dans vn embarras plus grand qu'il ne parut à Celanire: car ce que le Prince luy avoit dit de cette belle personne, & de l'inclination qu'il avoit à l'aimer s'il rompoit avec la Princesse, luy donnoit vn vrai chagrin. Il se souvenoit encore que le Prince avoit affecté plusieurs fois depuis peu, de dire devant luy qu'il seroit bien fâché qu'il fust amoureux. Ce discours-là l'embarrassa d'autant plus, qu'il ne savoit si le Prince vouloit parler d'Argelinde ou de Celanire, & si c'estoit par amitié ou par jalousie qu'il parloit ainsi. Il n'osoit pas dire cela à Celanire, par diverses raisons, & ne pouvoit s'empécher de témoigner vn embarras qui augmentoit celuy de cette belle personne : de-sorte que comme elle estoit glorieuse, elle se fâcha dans le fond de son cœur, sans savoir bien précisément dequoi elle estoit irritée; & Cleandre remarquant dans ses yeux, qu'il y avoit du dépit mêlé à la douleur, luy parla en ces termes. Vous avez raison, Madame, luy dit-il, de blâmer vn silence dont la cause vous est inconnuë; mais dans la vérité, mon cœur est fort innocent, & je crains si fort de vous proposer quelque chose que vous n'approuviez pas, que cette crainte respectueuse vous paroist vne irresolution peu obligeante. Mais enfin, Madame, ajoûta-t-il, dans le cruel état où je vous voi, si vostre cœur estoit capable d'vne grande resolution nos malheurs finiroient bientoſt. Vous devez du reſpect à Euribiade, mais vous ne luy devez point d'obeïſſance aveugle, & ſi vous luy reſiſtiez avec force, & que vous me permiſſiez d'apprendre à toute la terre, & par conſequent à mes rivaux, quelle eſt la paſſion que j'ai pour vous, je ne croi pas qu'ils vous importunaſſent long-temps. Je veux croire, répliqua Celanire, que Cleonte, Alcinor, & Iphicrate cederoient peut-eſtre ; mais pour Euribiade, il me maltraiteroit davantage, & me feroit vne priſon de quelqu'vne de ſes maiſons : de-ſorte que hors d'avoir le Prince dans mes intéreſts, je ferois fort malheureuſe. Cependant il n'y a pas grande apparence de l'avoir en cette rencontre: car je sai que la Princesse Argelinde veut que j'épouse Cleonte, dans l'espérance qu'il m'éloignera de la Cour. Jugez donc si vostre credit dans l'esprit du Prince peut estre aussi grand que celuy d'vne Princesse, dont il est amoureux. Mais, Madame, reprit Cleandre avec vn air fort passionné, s'il ne faut pour contenter Argelinde, que vous éloigner de la Cour, je consentirai d'en estre exilé pour toûjours, pourveu que je le sois avec vous. Ah! Cleandre, reprit Celanire, quand on est aussi bien auprés de son maistre, & qu'on l'aime autant que vous aimez le vostre, il est difficile de suivre sa maîtresse en exil, & je serois peu généreuse si j'y consentois. J'avouë, Madame, reprit-il, que j'aime le Prince avec vne passion de respect, s'il est permis de parler ainsi, qui n'a peut-estre point d'exemple; & le plus grand sacrifice que je puis vous faire, est de me resoudre à le quitter pour vous suivre, si vous me voulez rendre heureux. Ce n'est pas assez, dit Celanire, pour vne personne de mon humeur, que les desseins que je fais soient innocens, il faut encore qu'ils ne puissent estre condamnez par des personnes raisonnables. Cela étant ainsi, vous jugez bien que je ne puis consentir à ce que vous proposez, car nous serions blâmez de toute la terre. Mais, Madame, répliqua Cleandre, quand on aime tendrement, on ne se soucie guere, ni du blâme, ni de la loüange. Quoiqu'il en soit, dit-elle, il ne faut pas songer à ce que vous dites. Si le Prince, ajoûta cette sage personne en rougissant, pouvoit deviner les sentimens de vostre cœur, qu'il s'opposast à Euribiade, lorsqu'il luy proposeroit le dessein qu'il a de me marier à Cleonte, ou que seulement par vn sentiment d'équité, il ne voulust pas que j'épousasse le moins honneste homme de son Estat, je n'en demanderois pas davantage. Ah! Madame, s'écria Cleandre, vous ne savez pas aimer, puisque vous estes capable de vous trouver heureuse dans l'incertitude eternelle. où je suis, que je puisse jamais estre heureux. Comme Celanire alloit répondre, on vint dire à Cleandre que le Prince le demandoit avec empressement, de-sorte qu'il falut qu'il s'en allast sans avoir rien resolu, & sans pouvoir deviner ce qu'il luy vouloit: Est-ce, disoit-il en luy-mesme, pour me dire qu'il aime Celanire, qu'il n'aime plus Argelinde, & qu'il veut que je m'engage en cette affection? Mais enfin, dés qu'il fut dans le cabinet du Prince, il luy prit vne si grande frayeur qu'il ne luy dist quelque chose de peu agréable pour luy, qu'il en changea de couleur. Il ne fut pas long-temps dans cette incertitude, car le Prince prenant la parole, Croiriez-vous, Cleandre, que je vouluſſe favoriſer vne injuſtice: Nullement, Seigneur, reprit-il, & je vous ai toute ma vie vû agir avec tant d'équité, qu'il m'eſt impoſſible de penſer que vous puiſſiez rien autoriſer d'injuſte. Vous ſerez donc encore bien plus étonné, répliqua-t-il, quand je vous dirai que vous avez quelque part à cette injuſtice, & que je m'y ſuis porté en partie pour l'amour de vous. Eh de grace, Seigneur, reprit Cleandre, ne faites pas ce que vous dites, je renonce de bon cœur à cét intéreſt qui vous peut rendre injuſte, quel qu'il puiſſe eſtre, & ſi ce n'eſt point manquer de reſpect, j'oſe vous ſupplier de me dire dequoy il s'agit. Il s'agit, reprit le Prince, de conserver voſtre liberté, & de vous oſter l'occaſion de la perdre, & c'eſt pour cela que je conſens à ce qu'Euribiade m'a demandé, c'eſt-à-dire, en deux mots, que la belle Celanire épouſe Cleonte. Car je prévoi que ſi elle demeuroit dans la Cour, ou je l'aimerois, ou vous l'aimeriez; de-ſorte que pour m'empécher d'eſtre infidéle à Argelinde, & pour vous empécher auſſi d'eſtre l'eſclave de Celanire, je me ſuis reſolu d'approuver le mariage le plus injuſte du monde. En effet, ajoûta-t-il, Celanire eſt vne perſonne admirable, & Cleonte eſt le dernier des hommes. Pendant que le Prince parloit ainſi, Cleandre souffroit plus qu'on n'a jamais souffert, il se figura cent choses différentes, tantost il croioit que le Prince ne cherchoit qu'à pénétrer dans son cœur, vn moment aprés il le croioit amoureux, vn instant ensuite il pensoit qu'il estoit jaloux, enfin il s'imaginoit qu'il ne songeoit qu'à sacrifier Celanire à Argelinde. Mais il croioit bien plus facilement que le Prince l'aimoit, & qu'il ne consentoit qu'elle épousast vn homme fort haïssable, que par l'espérance d'en estre plûtost aimé, quand il la rappelleroit à la Cour : & quoiqu'il pensast, il estoit également misérable. Il aimoit son maistre avec vne tendresse mêlée de respect, que rien ne pouvoit surmonter que l'amour ; il adoroit sa maistresse, & l'aimoit avec des transports si extrémes, qu'il ne pouvoit consentir de vivre vn moment sans espérance d'estre vn jour heureux : de-sorte que dans des sentimens si incertains, si douloureux, & si capables de le desesperer, il ne trouvoit rien de bon à dire. Mais à la fin voiant que le Prince cherchoit dans ses yeux le secret de son cœur, qu'il n'osoit pourtant luy reveler ; Quoi, Seigneur, luy dit-il, vous pourrez consentir que la plus belle personne de la Cour s'en éloigne, & s'en aille avec le plus haïssable homme du monde. Ah ! Seigneur, je ne le puis penser. Car enfin si vous l'aimez, ajoûta-t-il, en changeant de couleur, peut-on chasser ce que l'on aime, & si vous ne l'aimez pas il vous sera facile de resister à ses charmes, estant aimé d'vne Princesse fort aimable: & pour ce qui me regarde, Seigneur, je vous proteste que tel que je suis aujourd'huy je le serai jusques à mon dernier soûpir. Mais qu'estes-vous, Cleandre, reprit le Prince en le regardant fixement, ne me déguisez pas la vérité; je la veux savoir. Helas! Seigneur, reprit-il, si je savois au vrai ce que vous estes, il me seroit aisé de vous dire ce que je suis. Je vous entends assez, reprit le Prince, & cét aveu indirect que vous me faites, m'engage à vouloir savoir plus précisément si vous aimez Celanire, comme je le soupçonne, & si vous en estes aimé. Ah! Seigneur, reprit Cleandre tout transporté, si vous l'aimez, je n'aimerai plus rien que la mort, & si vous ne l'aimez pas, je vous devrai la vie, en ne la forçant pas d'épouser Cleonte. Enfin, Seigneur, la passion que j'ai pour vostre service & pour vostre gloire, & l'attachement extraordinaire que j'ai pour vostre personne, font que je ne me regarde pas seul en cette rencontre, & qu'excepté vne seule chose, je puis tout sacrifier pour vous. Oüy, Seigneur, je puis me bannir volontairement, & aller chercher la mort en quelque coin du monde, de peur que malgré moi, ma passion ne me fist manquer en quelque chose, au respect que je vous dois, & que je veux toûjours vous rendre. C'est, Seigneur, tout ce que je dois, & peut-estre plus que je ne puis. Le Prince connut bien alors, malgré cette ambiguité de paroles, sans en pouvoir douter, que Cleandre aimoit éperduëment Celanire; mais il ne pouvoit encore savoir s'il en estoit aimé. Ce fut mesme inutilement qu'il dit cent choses à Cleandre pour s'en éclaircir, & il ne luy dit jamais vne parole qui pust l'en assurer. Le Prince qui effectivement eust desiré que Cleandre n'eust pas esté amoureux, & ne se fust pas marié, luy dit plusieurs choses pour l'en détourner ; mais à la fin aiant le cœur touché de la dou-

leur qu'il vit sur le visage de Cleandre, il luy parla avec beaucoup de bonté, & luy dit que la Princesse Argelinde ne luy laissoit point de repos, qu'Euribiade l'avoit mise dans ses intérests; & il representa à Cleandre, que s'il entreprenoit de luy faire épouser Celanire, aprés avoir rompu le mariage de Cleonte, cette Princesse luy donneroit mille chagrins; De-sorte, luy dit-il, que si Celanire ne veut pas épouser Cleonte, il faut que ce soit elle qui fasse la resistance. Mais, Seigneur, reprit Cleandre toûjours vn peu incertain des véritables sentimens du Prince, Euribiade aussi bizarre qu'il est, seroit capable d'envoier Celanire dans vn château
qu'il

qu'il a au milieu des montagnes. Si Celanire vous aime, dit alors le Prince, elle peut se mettre pour vn temps parmi les Vierges voilées, c'est vn asyle qu'Euribiade n'osera forcer; & si elle ne vous aime pas, laissez luy épouser Cleonte. Mais, Cleandre, ajoûta le Prince pour éprouver ses sentimens, s'il arrivoit que je devinsse aussi amoureux de Celanire, que je voi que vous l'estes, que feriez-vous? Je mourrois, Seigneur, reprit-il, & j'irois même mourir bien loin de vous, si toutefois il estoit possible que je pusse vivre assez pour m'en éloigner ; car tout amoureux que je suis, je ne puis comprendre que je puisse jamais manquer à ce que je vous dois. Mais aussi, Seigneur, tout foûmis que je fuis à vos volontez, je ne conçois pas que je puffe perdre Celanire, fans perdre la vie, ni eftre le fpectateur de fa gloire; De-forte, que ne pouvant feparer mon Maiftre de mon Rival, & ne voulant pas non plus les confondre, je me haïrois feul, & ne trouverois de remede qu'en la mort. Cleandre dit cela d'vn air fi touchant, que le Prince en fut fort attendri, & luy promit, fi Celanire fe mettoit parmi les Vierges voilées, pour s'empécher d'époufer Cleonte, de n'employer jamais fon autorité pour l'en tirer, & pour la remettre au pouvoir d'Euribiade : De-forte que le Prince, qui avoit commencé cette converfation prefque comme vn rival, la finit comme vn ami confident; il eut mesme la bonté de ne preſſer pas Cleandre de luy avouër qu'il eſtoit aimé : & il luy promit auſſi de ne rien dire de ſa paſſion, ajoûtant ſeulement qu'il ne pouvoit pas ſe retracter envers Euribiade, & moins encore envers Argelinde, & qu'il faloit que Celanire luy donnaſt lieu de le ſervir. Cleandre fut ravi de ce que le Prince luy dit; mais il y avoit des momens où ſon eſprit eſtoit pourtant en peine, & où il n'oſoit ſe fier à rien; de plus, comme il eſtoit ſcrupuleux dans les choſes où il s'agiſſoit d'obeïr à Celanire, il ne ſavoit comment luy avouër qu'il s'eſtoit vû forcé de reveler au Prince la moitié de son secret, en avoüant qu'il l'aimoit: mais la sincérité estant encore d'vne obligation plus étroite, il se résolut de ne luy cacher pas tout ce qui s'estoit passé, & la trouvant dans ma chambre le lendemain, il fit si bien, que sans qu'il parust nulle affectation, il l'entretint en particulier, & luy dit l'état des choses, luy cachant pourtant ses inquiétudes, & ce que le Prince luy avoit dit de son inclination pour elle. D'abord Celanire fut sensiblement affligée de ce que Cleandre avoit avoüé qu'il l'aimoit; mais il luy dit si fortement, qu'il n'avoit pas dit vne parole qui pust faire penser qu'il fust aimé, qu'elle se remit vn peu: Et comme Cleandre luy demandoit pardon d'avoir revelé vne partie de son secret, Il faut bien, répondit-elle en rougissant, que je vous le pardonne, puisque je me suis pardonné à moi-mesme vne foiblesse plus grande, dont je ne vous ai rien dit; car enfin pour vous rendre sincérité pour sincérité, j'ai avoüé à Glicere, que vous m'aimiez, & dans le chagrin que me donne l'injustice d'Euribiade, j'ai voulu avoir quelqu'vn avec qui je me pusse plaindre de moi-mesme, & peut-estre de vous, si vous m'en donnez quelque sujet. Dans ce moment-là, le monde qui estoit dans ma chambre s'en alla; de-sorte que Celanire vint à moi en rougissant, & me dit qu'elle venoit d'avoüer à

Cleandre qu'elle m'avoit confié l'vnique secret de sa vie ; ensuite elle se mit à murmurer contre la Fortune, qui les avoit forcez à découvrir vne chose qui avoit esté si long-temps, & si heureusement cachée. Mais, ma chere Celanire, luy dis-je, pensez-vous que vostre secret pour estre seu de moi, en soit plus divulgué ; au contraire, je vous aiderai à le cacher, & je vous assure que je n'ai ni amant, ni ami à qui je le puisse dire, & que mon cœur ne tient qu'à vous. Je le veux croire, dit Celanire ; mais le Prince n'est pas la même chose, les gens de cette qualité sont si peu accoûtumez à estre les confidens des secrets d'autruy, que je doute qu'ils sachent toûjours bien les garder ; & puis le Prince aime Argelinde, & peut-eftre que pour luy perfuader qu'il ne m'aime pas, & qu'elle a tort d'eftre jaloufe, il ajoûtera à ce que Cleandre luy a dit, que j'aime Cleandre. Mais, Madame, reprit cét Amant avec vn tranfport extrême, encore faudra-t-il bien vn jour, fi vous voulez me rendre heureux, qu'on fache que vous ne m'aurez pas haï. Helas ! répliqua Celanire, le Prince, & Glicere ne le favent déja que trop. Cleandre & moi, nous plaignîmes alors également de fes fcrupules ; mais enfin, nous raifonnâmes fur l'état des chofes, & refolumes que Celanire parleroit à Elifene, pour l'obliger à rompre le mariage de Cleonte, que Cleandre feroit de son costé tout ce qu'il pourroit, pour empécher le Prince d'appuyer Euribiade, & que selon ce qu'on apprendroit, on prendroit d'autres resolutions. Depuis ce jour-là l'amitié de Celanire, de Cleandre & de moi devint si grande, que je ne croi pas qu'il y en ait jamais eu de si tendre ni de si sincere; & tant que dura cette societé particuliere où je me trouvai avec eux, je puis dire avoir vû mille choses dans le cœur de ces deux personnes dignes d'vne loüange eternelle : C'est à dire de l'amour sans foiblesse, accompagnée de tendresse, d'estime, & de fermeté; de la gloire sans orgueil, de la vertu fans oftentation, & de la bonté au delà de tout ce qu'on s'en peut imaginer. Cependant Celanire ne pouvant obtenir d'elle de parler à Elifene, m'en donna la commiffion ; & comme je favois qu'Elifene eftoit ambitieufe, je crus la devoir prendre par fon intéreft. Eft-il vrai, luy dis-je aprés les prémiers complimens, qu'Euribiade foit refolu de marier Celanire à Cleonte? & pourroit-il eftre vrai qu'vne femme auffi habile que vous confente qu'vne perfonne comme Celanire forte de la Cour, & s'éloigne de tout ce qui peut attirer la fortune dans fa maifon. Cleonte eft riche, je le fai bien, mais fa richeffe fera pour luy feulement, au lieu que Celanire demeurant ici fait que toute la Cour est chez vous, & pourroit peut-estre dans la suite y attirer la premiere faveur. Cette femme entrant dans mes sentimens me dit que j'avois raison, mais qu'Euribiade estoit prevenu d'vne haine si forte qu'il n'écoutoit nulle autre chose. Mais quel peut estre l'objet de sa haine, repris-je, est-ce Celanire? Nullement, reprit-elle, c'est Cleandre, & il s'est tellement mis dans l'esprit que Celanire l'estime plus que tous les hommes de la Cour, que pour empécher qu'elle ne puisse avoir encore des sentimens plus avantageux pour luy, il veut la marier à Cleonte, & l'éloigner, & pour cét effet, il a cabalé avec la Princesse Argelinde, & de l'heure que je vous parle, il a donné tous les ordres necessaires, ou pour marier Celanire à Cleonte, ou pour l'envoier dans vn vieux château, où elle menera la plus malheureuse vie du monde. Cependant, je n'ai pas la force d'en avertir Celanire, & je veux mesme pouvoir dire à Euribiade, que je ne luy en ai pas parlé. Ce n'est pas, ajoûta-t-elle, que je ne croye que si Celanire offroit à Euribiade d'épouser ou Alcinor, ou Iphicrate, il ne fust capable d'y consentir, parce que cela le mettroit en repos du costé de Cleandre. J'écoutai ce que disoit Elisene, sans y répondre, & aprés l'avoir exhortée à tâcher de rompre le mariage de Cleonte, je fus retrouver Celanire, que j'affligeai fenfiblement, en luy rapportant ce que m'avoit dit Elifene. Il falut pourtant fe contraindre; car il y eut le foir vne grande fefte, à vne maifon de campagne, où la colation fe fit dans vn bocage fort agreable, au milieu de vingt allées entremêlées de fontaines ; toutes les allées eftoient éclairées de chandeliers de cryftal, foûtenus par des termes revétus de verdure, & ornez de feftons de fleurs : il y eut vn concert de haut-bois, & enfuite des violons, & l'on danfa dans vne fale verte, dont le bas eftoit parqueté. Celanire malgré fa melancolie fut la plus belle de l'affemblée; la langueur

DE CELANIRE.

qui parut dans ses yeux, augmenta encore ses charmes, & ne l'empécha pas de danser de meilleure grace, que pas vne des autres Dames; mais elle n'osa jamais regarder le Prince, depeur qu'il ne vît dans ses yeux le secret de son cœur. Pour luy, il l'observa autant qu'il put, & n'osa la prendre à danser, de peur d'irriter la Princesse Argelinde. Cleonte de son costé estoit paré, & fier de la conqueste qu'il croioit aller faire; mais si mal fait, & de si mauvaise mine, qu'on peut dire qu'il n'a jamais esté si haï qu'il le fut ce soir-là. Pendant le bal, Cleandre seut par hazard, que Cleonte avoit dit à vn homme de sa connoissance, qu'il épouseroit

Celanire dans trois jours, deforte qu'il eut vn chagrin incroiable: il le cacha pourtant le mieux qu'il put, & le Prince paffant auprés de luy, pendant que Celanire danfoit, luy dit tout bas, Elle eft fi belle, qu'il faut bien vous pardonner de l'aimer; mais, ajoûta-t-il en foûriant, fi on s'avifoit d'en faire autant, il faudroit qu'à voftre tour vous pardonnaffiez à ceux qui vous pardonnent. Encore que le difcours du Prince parût vne raillerie, Cleandre n'en rit pas agreablement. Comme Cleonte danfoit fort mal, il n'eftoit que fpectateur en ces fortes de feftes. Mais pendant qu'il regardoit danfer, vn homme qu'il ne connut pas s'approcha de luy, &

luy bailla vn billet, où il ne trouva que ces paroles d'vne écriture inconnuë.

Une affaire de la derniere importance, demande qu'on puisse vous dire vn mot seul à seul au bord de la fontaine de Galathée, vne heure aprés que le bal sera fini.

Cleonte, quoique tres-mal honneste homme, estant pourtant aussi vaillant qu'il estoit brutal, dit à celuy qui luy avoit baillé ce billet, qu'il se rendroit où l'on vouloit, sans s'en informer davantage. Cependant le bal continua, & finit, la compagnie se retira, & Cleonte ne manqua pas d'aller au lieu de l'assignation, au clair de la lune, qui éclairoit alors toute la nuit, laiffant fes gens à vne des portes du jardin, où il avoit l'affignation. Quand il fut au bord de cette fontaine, il vit vne homme mafqué, qui luy prefenta deux épées d'égale longueur, & qui déguifant fa voix, luy dit qu'il ne l'avoit obligé de venir en ce lieu-là, que pour le voir l'épée à la main, fi ce n'étoit qu'il vouluft s'engager à ne fe marier de deux ans. Cleonte, qui, comme je l'ai déja dit, eftoit vn brutal fort brave, prit vne des deux épées, & jetta la fienne dans le rondeau au bord duquel ils eftoient, & dit à l'inconnu, qu'il ne luy demandoit pas qui il eftoit, parce qu'il l'alloit bien-toft démafquer, & l'affura qu'il fe marieroit dans trois jours,

DE CELANIRE. 417

jours, aprés quoi il se mit en devoir d'aller l'attaquer ; mais cét inconnu se fit bien-tost connoistre à luy, pour estre vn redoutable ennemi ; car aprés avoir paré le coup que Cleonte avoit voulu luy porter, il luy en porta vn au costé gauche, qui luy eust percé le cœur, s'il n'eust pas glissé. Cleonte se sentant blessé, redoubla sa fureur & passa sur Cleandre ; mais Cleandre s'estant dégagé revint fondre sur luy, avec tant d'impétuosité, qu'il luy passa son épée au travers du corps, & le laissa étendu au bord du rondeau : aprés quoi cét inconnu envoia dire aux gens de Cleonte, que leur maistre estoit auprés de la fontaine de Galathée, qui les de-
D d

mandoit. Ils y furent donc promtement, & trouverent leur maître sans connoissance : il revint pourtant bien-tost aprés, & ils le firent porter chez luy, & penser. Cette avanture fit vn grand bruit dans la Cour ; car Cleonte disoit qu'il ne connoissoit point celuy contre qui il s'estoit battu; & comme il avoit vn esprit fort vain, il ajoûtoit, qu'il croioit que c'estoit vne veuve de qualité de sa Province, qu'il avoit aimée autrefois, & qui ayant seu qu'il songeoit à se marier, luy avoit suscité cette querelle. Cleonte ne fut neantmoins cru de personne, & il estoit si peu aimable, qu'on ne pouvoit se figurer qu'il eust jamais pu estre aimé. Euribiade crut, sans en rien dire, que Celanire avoit porté quelqu'-vn de ses Amants à faire cette a-ction-là. Iphicrate en soupçonna Alcinor, & Alcinor Iphicrate. Argelinde pensa que le Prince avoit fait faire la chose. Le Prince ne savoit qui en soupçonner, parce que Cleandre au sortir de cette action, vsant de toute la diligence possible s'estoit encore montré à la Cour, & avoit esté à son coucher, de-sorte qu'il sembloit ne pouvoir pas avoir esté ailleurs. Et Celanire toute seule s'imagina la vérité, & en eut l'esprit aigri non seulement par vne équité naturelle, & par vn sentiment de vertu ; mais encore parce qu'il luy sembla que Cleandre ne se fioit pas assez à sa fermeté. Ce combat en causa vn autre, le lendemain, car Alcinor & Iphicrate se soupçonnant l'vn l'autre, comme je l'ai déja dit, se querellerent le jour mesme, & se battirent, & la Fortune qui se plaist à produire de bizarres évenemens, fit que Cleandre passant par hazard au lieu où ils se battirent, les sépara, & les accommoda. Il eut pourtant assez de peine ; car Alcinor vouloit qu'Iphicrate avoüast que c'estoit luy qui s'estoit battu contre Cleonte, & Iphicrate vouloit qu'Alcinor convînt de la mesme chose. Cependant, les Medecins aiant répondu de la vie de Cleonte, Euribiade resolut, sans attendre sa guérison, d'envoier Celanire dans ce vieux château, dont il l'avoit menacée, afin que dés que Cleonte seroit gueri, il allast l'épouser en ce lieu-là. Elisene m'aiant avertie de cette resolution, je la dis à Celanire, qui se voiant à la veille du plus grand malheur du monde, forma le dessein de s'en aller dans ces mesmes Vierges voilées dont Cleandre avoit fait rebâtir la maison, en vn temps où il ne pensoit pas qu'elle deust servir à sa Maistresse. Mais elle prit cette resolution, d'vne maniere tres-cruelle pour Cleandre. Car, parce que le Prince savoit que Cleandre estoit amoureux d'elle, & que je savois aussi qu'elle l'aimoit, elle s'imagina qu'il ne seroit pas beau qu'elle se mist dans ce lieu-là pour épouser Cleandre, comme il l'eust desiré, & qu'il seroit plus héroïque

HISTOIRE

de s'y mettre seulement pour n'épouser pas Cleonte, en resistant à Euribiade. Elle me fit d'abord vn secret de son intention, & aprés avoir écrit vne grande lettre à Cleandre, qu'elle m'envoia en entrant dans cette maison, elle envoia aussi vn billet à Elisene, où il n'y avoit que ces paroles.

Je pars d'auprés de vous, avec beaucoup de regret, Madame. Mais aiant appris qu'Euribiade veut me forcer d'épouser vn homme, que je ne puis jamais aimer, j'ai cru ne pouvoir prendre de resolution plus innocente, que celle d'aller demander vn asyle, en vn lieu où je ne puis estre soupçonnée d'aller chercher nulle autre chose que le repos, la liberté, & la solitude.

La retraite de Celanire fit vn

grand bruit dans la Cour. Et Euribiade en fut si irrité, qu'il fut à l'heure mesme trouver le Prince, pour le supplier de luy faire rendre sa parente : mais le Prince luy répondit, qu'il estoit incapable de faire vne violence, pour luy donner lieu d'en faire vne autre. Le Prince ajoûta qu'il n'empéchoit point qu'Euribiade ne portast Celanire à épouser Cleonte; mais qu'il ne serviroit jamais à forcer la volonté de qui que ce soit, en vne pareille occasion. Euribiade au desespoir de cette réponse, montra alors vn écrit, qu'il dit avoir caché par certaines raisons, par lequel le pere de Celanire avoit declaré, que si elle se marioit sans le consentement d'Euribiade, il luy oſtoit abſolument tout son bien, & le donnoit à Euribiade meſme. Cét écrit eſtoit accompagné de tout ce qui pouvoit rendre inviolables les volontez des mourans. Cette nouvelle fit fort parler tout le monde. Celanire eut aſſurément beaucoup de douleur en cette occaſion; mais elle la cacha ſi bien, qu'on ne s'en apperceut pas, & quand je la vis au lieu où elle eſtoit, elle me parla avec beaucoup de fermeté. Enfin, me dit-elle, me voilà en état d'éprouver la fidélité de mes prétendus Amants, & la générofité de mes amies, j'eſtois hier la plus riche fille de la Cour, & ſi je n'époufe pas Cleonte, me voilà la plus pauvre. Car encore que je puiſſe diſ-

DE CELANIRE.

puter la chose, on sait bien quel est le respect que j'ai pour la memoire de feu mon pere. Mais l'écrit dont il s'agit, repris-je, ne vous oste le bien, qu'en cas que vous vous mariez contre la volonté d'Euribiade, & si vous n'épousez personne, vous demeurez riche. J'ajoûte à cela, poursuivis-je, que si vous épousez Cleandre, vous gagnerez plus que vous ne perdrez. Mais pensez-vous que Cleandre, répliqua-t-elle, trouvast beaucoup de charmes à la pauvreté. Ah! Celanire, repris-je, vous ne pouvez douter de l'affection de Cleandre, sans luy faire vne injure: & si vous luy permettez de vous dire ses sentimens, je suis certaine que vous trouverez qu'ils sont tres-généreux, & qu'il ne tiendra qu'à vous de l'épouser, quand mesme cette injuste disposition auroit lieu. Je n'ai garde, reprit-elle, de souffrir que Cleandre me vienne voir si-tost; car sans doute, on observera fort ma conduite, & le monde qui est toûjours prest à mal juger des actions d'autruy, ne croira pas que ce soit la haine que j'ai pour Cleonte, qui m'a fait prendre ce dessein, & s'imaginera que c'est l'amour que j'ai pour vn autre : De-sorte, que pour cacher mon secret, plus j'ai d'estime pour Cleandre, moins je le dois voir en cette rencontre; & c'est bien assez que je luy permette de m'écrire par vous. Je fis ce que je pûs, pour luy faire changer de resolution ; mais il n'y eut pas moien. Et le soir estant retournée au logis, Cleandre entra dans ma chambre, qui venoit me prier de luy dire des nouvelles de Celanire, & de luy faire tenir la réponse qu'il luy avoit faite : car en entrant au lieu où elle estoit, toutes les voies qu'ils avoient euës de s'écrire en secret luy manquoient. Je luy dis alors ce que j'avois seu de Celanire, aprés quoi il me montra la lettre qu'elle luy avoit écrite: elle estoit toute à la fois, tendre, modeste, généreuse, & vn peu reservée, & il me montra sa réponse, qui estoit à peu prés en ces termes:

Je ne sai, Madame, si je dois commencer de vous écrire, en vous remerciant, ou en me plaignant. Ce que vous faites contre Cleonte, m'oblige sensiblement ; mais ce que vous faites contre vous-mesme, m'afflige en mesme temps au délà de tout ce que vous pouvez penser. Car enfin, Madame, la solitude devroit estre défenduë aux personnes qui vous ressemblent. Je n'ose presque vous parler de cét écrit qu'Euribiade a publié ; mais vrai ou faux, je vous declare, Madame, que si je puis jamais vous persuader de finir mes malheurs, j'aurai plus de joie à vous témoigner que je n'ai jamais consideré que vostre personne, & vôtre merite, que n'en pourroient causer à un avare, tous les thresors de la terre ; car comme la Fortune m'a donné plus de bien, que je ne luy en ai jamais demandé, il ne faut estre que mediocrement généreux, pour sacrifier sans peine, tout celuy qu'Euribiade prétend vous oster, quelque grand qu'il puisse estre. Je vous conjure donc, Madame, d'avoir assez de courage pour me rendre heureux, & de vous souvenir que si je suis long-temps sans vous voir, je mourrai de douleur & d'amour.

Le lendemain je vis Celanire, & luy donnai la lettre de Cleandre, qui luy fit bien connoistre que j'avois eu raison de luy dire, qu'il compteroit pour rien tout le bien qu'elle pourroit perdre. Elle me parut plus triste ce jour-là, que l'autre, & quand je la pressai de m'en dire la raison, elle me dit que le sujet de son chagrin, estoit cét écrit de son pere, dont on parloit tant. Je m'opposai à ce qu'elle me dit, & luy representai ce que je luy avois déja dit, que si elle ne se marioit point, elle ne perdroit rien, & que si elle épousoit Cleandre, elle seroit heureuse. Ne pensez pas, reprit-elle, que ce soit le bien que je considére, ce n'est pas ma pensée. C'est la gloire ; car ne jugez-vous pas que mon pere, s'il a fait cét écrit, n'a eu d'autre dessein, que de m'empécher d'épouser quelqu'vn de la Maison de ses ennemis, & particulierement Cleandre, sachant bien que jamais Euribiade n'y consentira ; car il faut que vous appreniez, qu'outre la haine de nos Maisons, le pere de Cleandre, & Euribiade ont esté autrefois rivaux, & se sont haïs personnellement: Desorte qu'il est aisé de juger par quels motifs mon pere a voulu en mourant, qu'Euribiade disposast de moi. Il vous est aisé de penser aprés cela, que si j'épousois Cleandre, tout le monde m'accuseroit d'aller directement contre la derniere volonté de mon pere: & selon moi, les dernieres dispositions de ceux qui meurent, doivent estre plus aveuglément executées, que celles des gens qui vivent. Ah! ma chere Celanire, luy dis-je; vous estes en erreur, si vous croiez qu'il n'y ait point de discernement à faire en ces sortes de choses. Car aprés tout, il ne doit jamais y avoir d'obeïssance aveugle, ni rien où il n'y ait exception. Je conviens que lorsque ceux qui meurent n'ordonnent que des choses difficiles, sans estre injustes, il faut leur obeïr, quelque difficulté, & quelque desavantage qu'il puisse y avoir. Mais lorsqu'vn homme mourant ordonne qu'on eternise la haine dans deux grandes Maisons, l'obeïssance seroit vn crime ; il faut avoir pitié de la foiblesse qu'ils ont euë, & déplorer la misere humaine, qui fait que la pluspart des hommes oublient mille bienfaits, & veulent porter la vengeance au delà du tombeau, & faire durer la memoire de leur haine, autant que

que leur propre nom. Je m'apperceus bien que Celanire n'estoit pas marrie que je luy disse de si bonnes raisons ; mais elle ne se rendit pourtant pas, & je connus que sa scrupuleuse vertu, donneroit beaucoup de peine à Cleandre. En effet, il eut vne douleur tres-sensible, de ce que Celanire, pour ne recevoir pas ses visites, ne voulut pas voir vn seul homme de la Cour. Argelinde durant ce temps-là affecta de faire plusieurs festes ; mais Celanire n'y estant plus, on peut dire que la Cour avoit perdu son plus grand ornement. Cleandre d'abord se dispensa de s'y trouver. Mais Celanire l'aiant seu voulut qu'il y allast, pour mieux cacher leur secret. De-sorte que

Ee

ce luy estoit vne peine extrême de paroître à ces divertissemens, lorsqu'il avoit vn si grand chagrin. Il savoit qu'Euribiade & Cleonte avoient continuellement des espions qui observoient où il alloit, & ce qu'il faisoit, pour savoir s'il n'alloit point visiter Celanire. Ainsi il n'eust pu l'aller voir, quand mesme elle le luy eust permis, sans que cela eust esté sceu de tout le monde. Euribiade estoit plus fier que jamais, & ce qui causoit sa fierté, c'est que le Prince avoit besoin de luy, pour quelque negociation avec vn Prince étranger. Cleonte se portant tous les jours de mieux en mieux, Alcinor & Iphicrate songeoient chacun à sa maniere, par quelle voie ils pourroient le perdre, & le Prince vivoit alors assez en repos avec Argelinde, qui estoit moins jalouse depuis la retraite de Celanire: & comme vn calme trop profond, rend la mer moins agréable à voir; on peut dire, que la trop grande tranquilité en amour, qui n'est troublée, ni par la crainte, ni par cette inquiétude qu'vne espérance incertaine excite dans le cœur, cause vne égalité si grande, qu'elle oste aux plaisirs mêmes, vne partie de ce qui les rend sensibles: Il estoit aisé de remarquer, que le Prince à force d'estre heureux, l'estoit vn peu moins. Mais venant à connoistre que Cleandre estoit inquiet & chagrin, il luy dit en particulier, qu'il ne doutoit pas que ce ne fuſt l'abſence de Celanire qui l'affligeoit. Il eſt vrai, Seigneur, répliqua-t-il, que ſi le zéle que j'ai pour voſtre ſervice, & l'attachement que j'ai pour vôtre perſonne, ne me faiſoient vivre, je ſerois déja mort de douleur; car enfin, ſavoir auſſi prés de ſoi vne perſonne qu'on aime éperdûment, ſans la voir jamais, eſt vn ſupplice plus grand qu'on ne peut penſer. J'y ai déja ſongé pluſieurs fois, dit le Prince avec beaucoup de bonté; mais ſi vous la voyez, Argelinde croira que c'eſt par mon ordre; Euribiade ne fera rien de ce que je veux, en vne occaſion importante, & vous en deviendrez plus amoureux, & plus miſérable; & si vous m'en croiez, vous tâcherez de vous oster cette passion-là de l'ame. Les grandes passions, Seigneur, reprit Cleandre, ne se surmontent pas si facilement. Je croi qu'il y a de la peine, répliqua le Prince; mais je ne le croy pas impossible. Cleandre rêvant vn moment, & formant vn dessein qu'il resolut d'executer: Pour vous témoigner, Seigneur, luy dit-il, que je veux tout tenter afin de vous satisfaire, souffrez que sous quelque pretexte de vos affaires, ou des miennes, je m'éloigne pour quinze jours ou trois semaines, afin de faire les derniers efforts sur mon cœur. Mais, Cleandre, luy dit le Prince, n'estes-vous pas assez éloigné de Celanire, puisque vous ne la voiez pas. Nullement, Seigneur, répliqua Cleandre ; car je voi ses portraits exposez chez tous les Peintres, je l'entends louër cent fois le jour, je voi de mes fenestres le haut du temple, & de la maison où elle est ; je voi Euribiade & mes rivaux, & je ne voi rien enfin qui ne me parle de Celanire. Mais quand vous serez seul, répondit le Prince, vous vous en parlerez plus vous-même, que tous les autres ensemble ne vous en pourroient parler. Quand j'aurai fait ce que j'aurai pu, répliqua-t-il, je serai à plaindre, & vous ne pourrez du moins plus m'accuser. Le Prince consentit à ce que Cleandre voulut, & dés le soir mesme, il dit qu'il alloit envoier Cleandre en vn lieu qu'on ne nommoit pas précisément; mais seulement, qu'il alloit à cinquante lieuës de la Cour, & qu'il partiroit dans quatre ou cinq jours. Tout le monde raisonna sur ce voiage; les vns penserent que c'étoit pour quelque negociation importante, que le Prince ne vouloit confier qu'à Cleandre; les autres disoient à l'oreille, qu'il y avoit quelque petite disgrace à ce voiage, & nul n'en penétroit la verité. Celanire même entendant dire que Cleandre alloit faire vn voiage, ne pouvoit comprendre pourquoy. Et pour moi, je ne savois qu'en penser; mais je ne fus pas long-temps en cette incertitude. Car

Cleandre se confiant en mon amitié, vint me découvrir son secret, & me dire, que luy estant impossible de vivre sans voir Celanire, & sans estre en quelque sorte assuré quel seroit son destin, il avoit formé vn dessein dont il ne m'avoit rien dit, quoiqu'il ne le pust executer sans mon assistance. Je luy demandai alors dequoi il s'agissoit, & il me répondit, qu'il vouloit feindre de faire vn voiage, & le feindre si bien, que tout le monde y fust trompé. Il s'arrêta à cét endroit, & puis se mit à exagerer la puissance de l'amour, qui le forçoit à tromper le Prince luy-mesme, quoiqu'il eust pour luy vne sincérité tres-scrupuleuse. Enfin, me dit-il, c'est ici la premiere, & la derniere fois de ma vie, que je luy aurai dit vn menſonge, en l'aſſurant que j'allois faire vn voiage, pour eſſaier de guerir de ma paſſion. Cependant, je ne veux feindre d'eſtre abſent, qu'afin de voir Celanire, ſans que perſonne le ſache; mais, ajoûta-t-il, généreuſe Glicere, ce n'eſt pas aſſez que j'aie trompé le Prince, il faut que vous trompiez Celanire. Car ſi je luy demandois la permiſſion de la voir en ſecret, quoique ce ſoit à vne grille, elle ne me le permettroit pas. Mais, Cleandre, luy dis-je, comment prétendez-vous faire? Je prétends partir, dit-il, avec peu de monde, & à deux journées d'ici, laiſſer ceux que j'aurai menez, à vn village, à la reserve d'vn Escuier qui m'est fidéle, comme si le service du Prince demandoit tout ce mystére-là. Je veux encore que cét Escuier s'en aille par toutes les villes où j'ai dit que je passerois, & où la poste passe, qu'en tous ces divers lieux il laisse des lettres que je luy baillerai, que j'écrirai à des personnes de la Cour, & qui seront dattées de ces divers lieux, afin que personne ne doute de mon absence. Cependant, je reviendrai la nuit chez vn Jardinier qui a esté à moi, dont le jardin touche la maison où est Celanire. Et comme vous savez qu'elle est à l'extrémité du fauxbourg, en vn lieu fort solitaire, vous viendrez vn soir, vn peu

DE CELANIRE. 443
avant la nuit, me prendre à la porte de ce jardin, où je serai avec vn habillement qui n'aura rien de remarquable, & j'entrerai au lieu où est Celanire, en vous donnant '. main, pour vous aider à marcher, & comme elle ne voit point d'hommes de qualité, nous ne serons pas exposez à en trouver. Mais, luy dis-je, si nous y trouvons des femmes. Je vous ai dit, répliqua-t-il, qu'il y faut aller vn peu tard : & puis, ajoûta-t-il, on m'a dit que Celanire a deux lieux différens où elle peut aller parler à celles qui la visitent. Ainsi pourveu qu'il n'y ait personne quand nous arriverons, nous serons en seureté de n'estre point veus, car quelque irritée qu'el-

le soit, de la tromperie que nous luy aurons faite, je ne puis croire qu'elle ne veuille pas cacher noſtre ſecret. Mais, Cleandre, luy dis-je, voilà bien du myſtére pour peu de choſe. Appellez-vous peu de choſe, reprit-il, de ſauver la vie à vn malheureux, qui ne peut plus vivre, s'il n'eſt aſſuré du cœur de Celanire ; les billets, quelque doux qu'ils puiſſent eſtre, ne diſent preſque rien de ce qu'on veut ſavoir, & Celanire penſe ſi fort à ce qu'elle écrit, qu'on ne ſait des nouvelles que de ſa raiſon, quand on reçoit de ſes lettres, & preſque jamais de ſon cœur. Enfin, Glicere, je la veux voir, je luy veux parler, je me ſuis fié en voſtre amitié, & en voſtre générosité. Si je vous eusse parlé auparavant, vous m'y auriez fait des difficultez sans nombre, où je n'eusse peut-estre pas eu d'assez fortes raisons à dire. Mais j'ai dit au Prince, que je partois, toute la Cour le sait, & je ne dis qu'à vous, que je pars pour revenir, & que je veux voir Celanire. Cleandre me dit tout cela d'vn air si touchant, qu'il me fit pitié. Je tâchai pourtant encore de le dissuader de ce bizarre dessein; mais il n'y eut pas moien. Si vous saviez, me dit-il, l'état où je suis, vous ne vous étonneriez pas de la resolution que je prens, l'absence est la plus grande ennemie de l'amour, & si je ne voi Celanire, je ne me fie à rien. Je voi par ses lettres, que pensant que son pere a eu dessein d'empécher qu'elle ne tournast jamais les yeux vers personne de ma Maison, ce sentiment-là l'inquiéte, & la trouble : sa propre vertu me fait peur : Et qui sait, ajoûta-t-il, si estant dégoûtée du monde, par l'injustice d'Euribiade, elle ne prendra pas quelque extrême resolution. Enfin, Glicere, il faut que vous m'aidiez à executer mon dessein. Mais, luy dis-je, vous hazardez peut-estre vostre fortune, si cette feinte est découverte. Je hazarderois ma vie, & tout mon repos, répliqua-t-il, si je ne voiois pas Celanire, & si je n'étois pas asuré de son cœur. Cleandre ajoûta encore tant de raisons, & tant de prieres, que je confentis à ce qu'il voulut. Enfuite il partit aux yeux de toute la Cour, & ne vit Argelinde qu'en prefence du Prince, dont elle eut beaucoup de dépit : il parla de la route qu'il tiendroit, fans nommer précifément le lieu où il alloit. Le Prince le conjura fortement de tâcher de vaincre fa paffion. Cleandre envoia cét Efcuier, qui luy eftoit fidéle, avec des lettres pour laiffer à la pofte, par toutes les villes où il pafferoit : il revint de nuit chez le Jardinier, dont il m'avoit parlé, où il demeura caché. Je fus le lendemain vers le foir pour voir Celanire ; mais par malheur elle s'eftoit trouvée mal, & l'on me dit que je ne la pourrois voir. Cleandre apprit fon

mal avec vn chagrin incroiable, & ce qui le redoubla encore, c'eſt que le jour d'aprés, il ſceut par moi, qu'elle avoit la fiévre, & des feneſtres d'vn petit pavillon où le Jardinier l'avoit logé, il voioit par les livrées des gens qui alloient ſavoir des nouvelles de Celanire, que ſes rivaux y envoioient deux fois le jour. Il ſceut auſſi que le Prince y envoioit tous les matins. Enfin, on ne peut pas paſſer vn temps plus ennuieux, que céluy que paſſa Cleandre, durant ſept ou huit jours que dura le mal de Celanire. Cette belle perſonne de ſon coſté eſtoit en vne inquiétude extrême. Car Cleandre ayant eſpéré de la voir bientoſt, & faiſant ſcrupule de luy
écrire

écrire des mensonges, ne luy avoit écrit en partant, qu'vn billet, qui devoit luy paroiſtre aſſez ambigu, juſques à ce qu'il l'euſt veuë. Cependant, j'appris que le Prince & Argelinde s'étoient broüillez, ſur ce que la Princeſſe trouvoit mauvais, que le Prince envoiaſt ſavoir ſi exactement des nouvelles de la ſanté de Célanire. J'ai ſeu long-temps aprés, qu'il avoit fait ce qu'il avoit pu, pour luy perſuader, qu'il ſongeoit plus à obliger Euribiade, qu'à plaire à Celanire, & que la civilité avoit plus de part à ſes ſoins, que l'inclination; qu'Argelinde luy avoit parlé bruſquement, & luy avoit dit, qu'elle croioit qu'il n'avoit envoié Cleandre, que par vn sentiment jaloux, puisqu'il ne luy disoit pas la cause de son voiage: De-sorte que le Prince s'offensant de cette jalousie mal fondée, voulut s'en venger, & dés le premier jour qu'on put voir Celanire, il luy fit vne visite, qui fut mesme assez longue, par vne rencontre impréveuë. Il vous est aisé de juger, que Cleandre, qui du lieu où il estoit, voioit tout ce qui entroit & sortoit dans la maison où estoit Celanire, trouva que le Prince fut trop long-temps auprés d'elle. Quoi, disoit-il en luy-même, le Prince qui autrefois craignoit que je parlasse souvent à Celanire, de-peur que la Princesse ne crust que je luy parlois de sa part, y va luy-mesme, dés que je suis parti, & ne craint plus d'augmenter la jalousie d'Argelinde! Quoi, le Prince qui me conseille d'essaier de guerir de ma passion, va chercher à enflâmer son cœur, en voiant les plus beaux yeux du monde! Ah! Prince, s'écrioit-il, est-ce ainsi que vous récompensez la plus grande fidélité qui fut jamais. Mais que dis-je, reprenoit-il, on diroit que j'ai sujet de me plaindre de mon maistre, & je ne dois me plaindre de mon malheur, qu'à moi-mesme. Car si j'avois dit d'abord au Prince la passion que j'avois pour Celanire, & que je luy eusse mesme avoüé qu'elle ne me haïssoit pas, il se seroit opposé à ses charmes ; mais injuste que tu es, ajoûtoit-il, en se parlant à luy-mefme, tranfporté de douleur, ne te fouviens-t-il pas que tu t'es oppofé durant fi long-temps, inutilement à la beauté de Celanire; le Prince eft-il obligé d'avoir plus de force, ou plus d'infenfibilité que toi, & de renoncer en ta faveur, à la conquefte du plus illuftre cœur du monde. Helas! non, difoit-il vn moment aprés, & je n'ai pas mefme la confolation de prévoir que je puiffe, ni accufer, ni haïr vn femblable rival. Mais vous, trop aimable Celanire, reprenoit-il encore, fi vous eftiez capable de changement, le rang & le merite de mon rival pourroient-ils vous juftifier? Non, non, ajoûtoit-il encore, rien ne peut excufer l'infidélité, & tel que je fuis, vous eftes obligée de

DE CELANIRE. 453

m'aimer eternellement, puisque vous me l'avez promis. Voilà dans quels sentimens estoit Cleandre, pendant que le Prince fut voir Celanire, qui le reçût avec toute la civilité qu'elle luy devoit, & le regardant mesme, comme vn Prince qui aimoit tendrement Cleandre, elle l'en traita beaucoup mieux. Il la trouva occupée à entretenir vn solitaire, qui étoit arrivé depuis quelques jours, & qui estoit parent de la premiere des Vierges voilées. Cét homme estoit assez avancé en âge; mais il avoit bonne mine, & la physionomie heureuse. Dés que le Prince entra, il voulut se retirer; mais le Prince le retint, & prenant la parole en soûriant: Il faut bien, Madame, dit-il à

Celanire, que cét homme que je trouve auprés de vous, ait vn merite extraordinaire : puisque vous le souffrez, dans le mesme temps que vous défendez à tous les hommes de la Cour, de vous voir. Philemon, Seigneur, reprit-elle, c'est ainsi que je suppose que s'appelloit le solitaire, a si peu de societé avec les hommes, que je l'excepte de la régle générale. Car enfin, il y a trente ans qu'il n'a commerce qu'avec ses livres, ne s'entretenant avec qui que ce soit, & passant sa vie dans vn lieu si sauvage, qu'excepté deux valets qui le servent, qui ont soin de son jardin, & qui n'oseroient luy parler de nulle autre chose, il ne parle, comme je l'ai déja dit à personne, & ne s'informe même jamais à ses domestiques de ce qui se passe dans le monde: aussi n'auroit-il pas quité sa solitude, sans que des gens de guerre l'en ont chassé, & si vous avez la bonté de luy faire rendre sa grotte & ses rochers, il vous en sera tres-obligé. Je ferai beaucoup davantage, répliqua le Prince, car sur vostre parole, s'il veut je le logerai dans le Palais. Ah! Seigneur, s'écria Philemon, qui estoit demeuré derriere, je n'en ai encore vû que les jardins, & je souhaite de tout mon cœur de n'y retourner de ma vie. Le Prince eut alors la curiosité de savoir qui estoit cét homme, ce qui l'avoit porté dans vne si affreuse solitude, & ce qui l'avoit fait venir où il le trouvoit. Il luy promit donc de luy faire rendre son desert, pourveu qu'il satisfist sa curiosité. N'attendez pas, Seigneur, luy dit-il, que je vous parle de ma vie fort exactement. Ma naissance est noble, j'ai appris plus que je ne voudrois, & l'ignorance m'eust esté plus avantageuse, que le peu que je sai. Je perdis mon pere estant fort jeune ; j'avois vne mere qui se remaria à vn homme qui me maltraitta ; je fus à la guerre sans récompense ; je choisis des amis qui me trahirent ; je devins amoureux, & l'Amour à son tour me fit faire vne infidélité au seul ami que j'avois, qui ne m'avoit pas trompé. Mais la mesme personne qui l'avoit quitté pour s'attacher à moi, me quitta pour vn autre que je méprifois fort. D'abord je haïs, & le rival & la maiftreffe, & je me haïs moi-mefme ; mais dans la fuite, je vins feulement à haïr le monde, & à n'aimer plus que la folitude : & fi j'avois la hardieffe de vous dire toutes les reflexions que j'ai faites dans mon defert; vous trouveriez peut-eftre, Seigneur, que je n'ai pas mal emploié mon temps ; puifqu'aprés tout, la Fortune ne me fauroit plus bleffer, & il n'y a que la mauvaife fanté qui puiffe m'empécher d'eftre heureux. Celanire eftant bien aife d'arrêter le folitaire auprés d'elle, tant que le Prince y feroit, dit au Prince qu'il y auroit fans doute affez de plaifir à favoir les reflexions d'vn homme, qui ne pouvoit les prendre sur les évenemens, puisqu'il ne savoit pas ce qui se passoit, & qu'il seroit aussi fort agréable, d'apprendre ce qui l'avoit pû blesser dans les jardins du Palais. Le Prince demeurant d'accord de ce que disoit Celanire, commanda à Philemon de luy dire ce qu'il avoit trouvé d'incommode dans ses jardins qui passoient pour estre fort beaux. Seigneur, reprit-il hardiment, si je n'y avois trouvé que les arbres, les parterres, & les fontaines, je n'en aurois pas esté importuné; mais vn parent que j'ai retrouvé ici, m'y aiant conduit, & mené en vn certain lieu où beaucoup de gens se promenoient, je fus surpris &

étonné de voir tant d'hommes avec si peu de raison. Mais encore, luy dit le Prince, qu'avez vous vû, & qu'avez-vous entendu, car je ne puis jamais, ni voir, ni entendre ces sortes de choses, & comme il est toûjours tres-bon de savoir par autruy, ce qu'on ne peut savoir par soi-mesme, vous me ferez plaisir de me dire les remarques que vous avez faites. Premierement, Seigneur, répliqua Philemon, j'ai vû vne grande multitude de gens séparez par petites troupes, qui sembloient avoir l'esprit occupé de grandes affaires, les vns parloient bas, les autres disputoient fort haut, & tous estoient si attentifs à ce qu'ils disoient, qu'on pouvoit les écouter, sans qu'ils y priſſent garde : De-ſorte que marchant lentement aprés vne troupe des plus nombreuſes ; j'ai entendu des gens parler de guerre, de paix, de places priſes, de places renduës, lever des troupes & faire des ligues à leur fantaiſie, décider hardiment des intérêſts de tous les Princes de l'Europe, & ſe mettre en colere pour des choſes qui ne les regardoient pas. Il y en avoit vn, qui non ſeulement ſe vantoit de ſavoir le ſecret des affaires paſſées & des affaires preſentes ; mais qui parloit des choſes avenir, avec vne certitude étonnante : & voulant ſavoir quelles gens eſtoient ceux que je voiois, je demandai à celuy avec qui j'étois, si c'estoient de grans Seigneurs, déguisez en Bourgeois, que j'entendois parler ainsi. Nullement, me répondit-il, la pluspart sont des gens qui n'ont pas grand interest à l'Estat, & qui passent leur vie à dire des nouvelles sans en sçavoir, à raisonner faux sur de faux principes, & ces gens-là se croient pourtant les plus grans Politiques du monde. Laissons les aller, dis-je alors à mon ami, & voions si ceux qui sont dans cette autre allée, sont plus raisonnables. J'ai impatience, interrompit le Prince, de sçavoir qui estoient ceux que vous trouvâtes. Ce furent des gens, reprit Philemon, assez mal habillez, & à mines venérables, qui ne s'entretenoient, que des moiens de rétablir les grandes Maisons en décadence, & qui parloient parfaitement bien des affaires d'autruy. Je seus pourtant vn moment aprés, que ces gens-là avoient esté fort riches, & s'étoient ruinez par leur mauvaise conduite. Tout le monde connoist des hommes de cette espéce, reprit Celanire ; mais aprés cela, quelles gens trouvâtes-vous. Ce que je trouvai, Madame, reprit-il, je trouvai des gens, comme on en trouve à mon avis, par tout le monde, c'est-à-dire, des hommes & des femmes, qui se renvoioient les vns aux autres, l'vsage de toutes les vertus. Un homme d'vne mine mediocre, & assez mal habillé, disoit, Si j'estois riche, la liberalité seroit ma vertu favorite. Un autre fort magnifique, disoit fiérement, que s'il eust esté pauvre, il eust eu l'esprit fort soûmis. Un vieillard avança hardiment, que s'il eust esté jeune, il n'auroit pas passé sa vie dans des jardins à badiner, & seroit allé chercher la gloire à l'autre bout du monde. Un jeune étourdi soûtenoit insolemment, que ce n'estoit point aux jeunes gens à estre sages. Et comme il y avoit des Dames mêlées parmi cette troupe; les jeunes qui estoient belles, remettoient à estre devotes, qu'elles fussent vieilles; & vne Dame fort âgée, qui parloit fort librement, & en quelque sorte contre la bienseance de son sexe, disoit, que ce n'estoit plus à elle à garder de si grandes mesures. Il est vrai, dit le Prince en riant, qu'on trouve beaucoup de ces gens-là par le monde. J'ai fait encore vne autre remarque, Seigneur, reprit Philemon, c'est que la pluspart des personnes s'entretiennent de choses qui ne sont pas de leur profession ; on voit des braves vouloir faire les savans ; des savans, qui parlent plus volontiers de guerre que de science ; de pauvres misérables, vouloir reformer l'Etat ; & tous parler enfin de ce qu'ils savent le moins ; & si l'on y prend garde, presque tout le monde parle plus de ce qu'il fait mal, que de ce qu'il fait bien, excepté certaines gens qui ne parlent presque jamais que

que d'vne seule chose qui est toute leur application. Je remarquai encore par les discours de plusieurs personnes, avec qui mon ami entra en conversation, que tres-souvent les hommes ne connoissent point leur bonheur, & qu'ils passent leur vie, ou à desirer ce qu'ils n'ont pas, ou à regretter ce qu'ils n'ont plus, quoiqu'ils n'en sachent pas le prix quand ils le possédent. Ensuite, on me voulut faire aller du costé où les Dames & les hommes de la Cour se promenoient. Mais, Seigneur, je n'y fus qu'vn moment, & je compris si bien que ces personnes, si bien faites en apparence, n'étoient-là que pour s'entretromper les vns les autres, que je fus regagner vne allée plus solitaire, qui aboutit à vn lieu où l'on entre dans vn magnifique magazin d'armes, & de machines de guerre, dont je n'avois point vû depuis trente ans. J'en fus si étonné, que je ne pus m'empécher de m'écrier. O Dieu! est-il possible qu'on ait inventé tant de choses terribles, contre vne vie si foible: si c'estoit pour la conserver, cela seroit loüable. Mais les armes, interrompit le Prince, servent pour la défendre, comme pour l'attaquer. J'en conviens, Seigneur, reprit Philemon; mais le premier qui les inventa, chercha sans doute cette invention pour nuire, & la pluspart de ceux qui s'en servent, ne pensent qu'à nuire aussi. Aprés nous avoir dit, répliqua le Prince, ce qui vous a déplu dans les jardins du Palais, dites-nous quelle refléxion la plus vtile vous avez faire durant voftre longue folitude. J'ai penfé mille fois, Seigneur, reprit-il, que s'il y avoit autant de difficulté à eftre vertueux, qu'il y en a d'ordinaire à ne l'eftre pas, les hommes feroient des plaintes continuelles contre le Ciel, & fi l'on veut regarder les chofes de prés, on trouvera prefque toûjours beaucoup plus de facilité à bien faire, qu'à faire mal. La haine ne donne pas vn moment de repos à ceux qui en ont le cœur rempli, & l'oubli des injures rétablit le calme dans l'efprit. Quelle punition plus dure, peut-il y avoir, que celle que fouffre vn avare qui se défend luy-mesme l'vsage de ses propres biens, qu'il a tant eu de peine à acquerir, & se sert presque aussi peu de ce qu'il a, que de ce qu'il n'a pas, n'employant quelquefois toute sa vie qu'à prendre le bien d'autruy, pour le laisser à d'autres, sans en avoir joüi ; au lieu que la vraie liberalité est la source de toutes les bonnes actions, & de tous les honnestes plaisirs. Le Prince trouvant beaucoup de raison à tout ce que disoit Philemon, luy commanda, du moins pour quelque temps, de se faire vn desert au milieu de la Cour, & de loger en vn pavillon séparé, à l'extrémité des jardins du Palais, du costé de la campagne, luy promettant de luy faire rendre sa grotte, s'il persistoit à y vouloir retourner. Philemon fut contraint d'obeïr au Prince, & se retira, aprés quoi la conversation changea. Car le Prince voulant savoir au vrai, ce que Celanire pensoit de Cleandre, luy dit cent choses, pour découvrir ses sentimens, tantost en parlant d'Alcinor, d'Iphicrate, de Cleonte : & tantost en luy parlant diversement de Cleandre mesme ; mais comme Celanire a autant de jugement que d'esprit, il ne luy échapa pas vne parole qui pust bien éclaircir le Prince sur ce qu'il vouloit savoir, & il se retira sans en apprendre davantage. Pendant que le Prince fut avec Celanire ; Cleandre, comme je l'ai déja dit, souffroit tout ce qu'on peut souffrir : car ne sachant rien de la rencontre du solitaire, qui avoit fait durer sa visite, il avoit l'esprit fort en peine. Mais enfin aiant pitié de Cleandre, & sachant que l'on pouvoit voir Celanire, je fus le soir, assez tard, prendre ce malheureux amant, & le mener où l'on la pouvoit voir. Comme cette maison estoit hors de la ville, il n'y avoit presque que moi qui y fist des visites aussi tard, & l'on n'auroit pas mesme permis à vne autre d'y aller à cette heure-là. Mais enfin, je fus à la grille, Cleandre ne fut vû de personne qui le pust remarquer, & Celanire vint pensant ne trouver personne que moi ; mais aiant peur qu'elle ne se fâchast d'abord de la tromperie que je luy faisois, Cleandre se mit en vn coin, & comme elle fut proche de la grille, je l'obligeai à me promettre positivement, qu'elle me donneroit vne heure d'audience. Il n'y a rien de plus aisé à vous accorder, me dit-elle, puisque je meurs d'envie de raisonner avec vous, sur la visite que le Prince m'a faite, car je n'y comprens rien, & sa curiosité à l'égard de Cleandre m'embarrasse extrémement. J'eus peur, entendant parler Celanire de cette sorte, qu'elle ne dist quelque chose qui affligeât trop Cleandre; mais il ne me donna pas le temps de deliberer sur ce que j'avois à faire, parce qu'il s'approcha de la grille, & regardant Celanire: Ah! Madame, luy dit-il, ne me dites rien qui me fasse moins aimer mon Maistre, ni me plaindre de ma Maistresse. Celanire fut si surprise de voir Cleandre, qu'elle croioit fort éloigné, & si fort irritée de ce qu'il la venoit voir, sans luy en avoir demandé la permission, qu'elle ne trouva point d'abord de paroles pour témoigner son étonnement & sa colere : mais s'estant vn peu remise; Comme vous estiez parti sans me dire adieu, luy dit-elle, vous auriez bien fait de revenir sans me venir voir. Helas ! Madame, luy dit-il, je puis presque dire, que je ne suis, ni parti, ni revenu. Je suis vn malheureux qui ne suis abfent pour toute la Cour, & pour le Prince mefme, qu'afin de vous pouvoir parler, fans que perfonne le fache, & la feule grace que je vous demande, eft de ne vouloir point de mal à Glicere, de s'eftre laiffée toucher à mon defefpoir. Quoi, Cleandre, reprit Celanire, vous n'avez pas fait vn voiage, le Prince ne fait où vous eftes ? Non, dit-il, Madame, & plufieurs perfonnes de la Cour recevront aujourd'huy des lettres de moi, écrites de fort loin d'ici. Plus Cleandre parloit, plus Celanire eftoit embarraffée, & plus elle avoit l'efprit aigri, & contre Cleandre, & contre moi. Mais enfin je pris la parole, & je luy dis tant de chofes, qu'elle se resolut d'écouter Cleandre, pourveu qu'il luy promist qu'il ne reviendroit plus la voir, qu'elle ne le luy permist. Aprés quoi il luy dit son dessein, & luy conta ingenûment, que le Prince l'avoit fort exhorté à tâcher de ne l'aimer plus. Cependant, ajoûta-t-il, Madame, je n'ai trompé mon Maistre, qu'afin de vous aimer davantage, ce qui arrive toûjours, toutes les fois que j'ai l'honneur de vous voir. Mais croiez-vous, reprit Celanire, que je puisse trouver bon que vous aiez pris vn dessein comme celuy-là, qui hazarde vostre fortune, & ma gloire? En effet, ajoûta-t-elle, si on découvre que vous estes caché ici proche, pourra-t-on penser que je n'y ai pas confenti, & ne croira-t-on pas, au contraire, que c'eſt moi qui vous ai infpiré ce deſſein-là? Tout de bon, ajoûta-t-elle, je ne conçoi pas que vous aiez pu prendre vne refolution comme celle-là, ni que Glicere l'ait approuvée. Je n'ai fait que ce que je ne pouvois plus empécher, repris-je. Mais aprés tout, il eſt inutile de raifonner fur vne chofe faire, il faut prendre les chofes comme elles font, & voir ce qu'il eſt à propos de faire. Cela n'eſt pas douteux, reprit promtement Celanire, il faut que Cleandre parte dés cette nuit, qu'il aille retrouver fes gens, qu'il s'amufe en quelque part, & qu'il revienne à la Cour dans le temps qu'il a dit au

Prince qu'il y reviendroit. Voilà vn conseil bien prudent, & bien tranquille, Madame, & bien-tost donné, répliqua Cleandre. Mais, Madame, je vous aime trop pour le recevoir, & je ne sortirai point du lieu où je suis, que vous ne m'aiez promis que je vous y verrai encore vne fois, & que vous me direz ponctuellement ce que je dois craindre ou esperer. Car enfin, Madame, ma fortune est au plus pitoiable état du monde, si vous n'avez pitié de moi. Mais, Cleandre, répondit Celanire, que puis-je faire davantage, que renoncer au monde pour l'amour de vous, & que m'enfermer au lieu où je suis pour n'épouser pas Cleonte ? C'est beaucoup pour vous,

Madame, répondit Cleandre, & c'est peut-estre trop pour mon merite ; mais c'est trop peu pour mon amour, & pour mon repos : puisqu'aprés tout, Madame, ce n'est pas assez pour me rendre heureux, que Cleonte ne vous épouse point, il faut que je sois asseuré de vostre cœur, il faut que vostre fortune & la mienne soient inséparables ; & comment le puis-je esperer, si vous ne me le promettez positivement ? Voulez-vous attendre qu'Euribiade vous enleve du lieu où vous estes, pour vous donner à Cleonte, ou qu'Alcinor, ou Iphicrate fassent la mesme chose pour leur intérest ? Voulez-vous, Madame, pardonnez moi cette liberté, voulez-vous, dis-je, donner le loisir au Prince de devenir mon rival, s'il ne l'eſt déja ? voulez-vous que la jalouſie d'Argelinde augmente, & vous expoſe à tout ce que cette paſſion aura de plus funeſte ? Mais, Cleandre, ajoûta Celanire, que prétendez-vous ? Helas ! Madame, ajoûta-t-il, je prétendrois par la ſeule grandeur de ma paſſion, vous obliger à me permettre de dire au Prince que je ne ſuis pas haï de vous, luy demander ſa protection pour vous épouſer, & ſi je l'oſe dire, je pourrois eſperer que vous auriez le courage de dire au Prince, que vous ne pouvez croire eſtre obligée à ne diſpoſer de vous, que par la volonté d'Euſibiade.

Et pour ce qui regarde la perte du bien dont on vous menace, si vous le voulez disputer, vous ne le perdrez pas. Mais, Madame, ne le disputez point, j'en ai plus qu'il n'en faut pour vous rendre heureuse ; donnez donc courageusement cette glorieuse marque de vostre affection, au plus amoureux de tous les hommes, & au plus fidéle. Quoi, Cleandre, reprit Celanire, vous voudriez que tout d'vn coup je souffrisse que le secret de nostre affection fust public, moi qui me suis toûjours flattée qu'il dureroit eternellement, & que lors mesme que nostre fortune seroit renduë inséparable, on ne sauroit pas les commencemens de nostre amitié ? Je vous assure,

interrompis-je alors, aimable Celanire, que vous portez l'amour du secret trop loin. Quoiqu'il en soit, reprit-elle, vous ne me ferez pas changer d'avis, & je ne puis faire autre chose, que promettre à Cleandre en voſtre presence, que pourveu qu'il continuë de m'aimer avec secret & fidélité, je ne ferai jamais à personne, si je ne puis eſtre à luy. Mais, Madame, reprit Cleandre, quoique ce que vous dites, soit tres-glorieux pour moi, je n'en suis guere plus heureux, & l'on diroit que vous voulez donner le temps à la Fortune de faire naiſtre encore quelque nouvel obſtacle à mon bonheur. Quoiqu'il en soit, dit Celanire, je ne puis pas
me

me resoudre d'aller faire vn grand éclat, qui feroit dire à toute la Cour, que je ne desobeïrois aux volontez d'vn pere mort, & à celles d'vn oncle vivant, que parce que j'ai de l'amour pour vous. Je n'aime pas seulement l'innocence & la gloire avec ardeur, je les aime avec scrupule, s'il faut ainsi dire, & si je dois vous épouser quelque jour, je veux qu'il paroisse que ce soit par raison, par ambition, par politique, pour faire cesser la haine entre deux grandes Maisons, & point par inclination. Enfin, Cleandre, ajoûta-t-elle, je voudrois, s'il se pouvoit, vous aimer, sans que vous le sussiez, & que vous m'aimassiez, sans me l'avoir dit. Jugez donc fi je puis confentir à ce que vous defirez, & à faire vn grand bruit dans le monde. Mais eft-il poffible, Madame, répliqua Cleandre, qu'vne perfonne qui a l'efprit auffi grand que vous l'avez, & auffi ferme, jufques à renoncer à fes propres inclinations, fi je l'ofe dire, ne puiffe pas furmonter vne chimere, qui n'eft rien. Pour moi, ajoûtai-je, je fuis pour Cleandre, contre vous, & tout ce que je pourrois trouver de raifonnable, feroit que vous luy demandaffiez vn peu de temps, pour tâcher de perfuader Euribiade. Pour eftre complaifante en quelque chofe, répliqua-t-elle, je demande fix mois à Cleandre, pendant lefquels je luy permets d'espérer, ou qu'il surmontera les obstacles qui s'opposeront à ce qu'il veut, ou que je surmonterai ce qui s'oppose dans mon cœur à son inclination. Cleandre parla, pria, pressa pour en obtenir davantage; mais ce fut inutilement, elle ne voulut pas mesme luy permettre de la voir, quand il paroistroit à la Cour, & tout ce qu'il put obtenir, fut qu'il la verroit encore vne fois seulement de la mesme sorte. Aprés quoi elle nous chassa, & nous sortîmes, sans que Cleandre fust reconnu. Je le remenai au lieu où il logeoit; mais comme je le vis extremément affligé, j'entrai pour vn moment dans le jardin, avec vne fille qui est tres-fidelle, pour luy dire quelque chose qui me vint dans l'esprit, & nous montâmes sur vne petite terrasse qui estoit à l'entrée, d'où l'on découvroit tout le païsage, & les fenestres de Celanire. La nuit estoit si proche, qu'à peine discernoit-on les objets, excepté sur vne riviere qui passoit comme vn canal devant les fenestres de Celanire. Pendant que je parlois à Cleandre, je vis venir d'assez loin vn batteau, d'où je vis partir vne fusée extremément belle, cela fit que j'observai cét endroit, & que je le fis observer à Cleandre ; & comme vn Amant est toûjours curieux, il regarda aussi bien que moi, ce qui paroissoit sur la riviere, sans croire pourtant y devoir prendre nul intérest. Nous vîmes donc que ce batteau qui estoit assez grand, venoit lentement, & qu'il s'arréta justement devant les fenestres de Celanire, où il nous sembla la voir ; & en effet, aprés nous avoir quitez, elle estoit allée s'appuier sur ses fenestres, pour rêver plus commodément. Mais à peine eûmes nous pris garde que ce batteau estoit arrété, qu'vn grand bruit de trompettes fit retentir l'air d'vn son éclatant, pour obliger ceux qui les entendroient, à regarder en cét endroit, & vn moment aprés nous vîmes partir mille feux d'artifice, les plus agréables du monde, & de figures différentes ; on voioit vn grand nombre d'aigrettes, de fusées qui retomboient en étoiles, plus brillantes que celles du ciel, les autres s'éparpilloient en serpens ondoians, vn grand nombre aprés avoir esté aussi haut qu'elles pouvoient aller, retomboient dans l'eau, d'où par vn artifice admirable, elles bondissoient comme des poissons, & glissant assez loin sur la riviere, ressembloient à des poissons de feu qui s'entrebattoient. Enfin il est impossible de voir vn feu d'artifice plus agréable, & au milieu de cette prodigieuse quantité de feux & de lumiéres, on discernoit vn Amour sur le haut du bateau, qui tournant tantost à droit, tantost à gauche, sembloit avec son flambeau mettre le feu à toutes les fusées qui en partoient. Mais ce qui nous surprit extremément, fut de voir vers la fin, durant vn assez longtemps, le chiffre de Celanire en caracteres de feu, en cent endroits différens. D'abord je crus que Cleandre faisoit cette galanterie; mais je ne fus qu'vn instant en cette pensée. Car il n'eut pas plûtost discerné les chiffres de Celanire, qu'il fit vn grand cri, qu'il ne put retenir. Ah! Glicere, me dit-il, que vois-je, & que ne dois-je pas craindre. Le Prince est assurément mon rival, & ce ne peut estre que luy, qui fasse vne chose comme celle-là. Mais, Cleandre, luy dis-je pour le consoler, Alcinor, ou Iphicrate pourroient faire la mesme galanterie. Nullement, reprit-il, ce ne font pas des gens à s'avifer de ces fortes de chofes : ils donnent des mufiques & des collations ; mais non pas vn feu d'artifice. Il eſt vrai, dis-je, fans y penfer, que le Prince & Argelinde font brouillez depuis peu de jours. C'en eſt fait, reprit Cleandre avec précipitation, je fuis le plus malheureux homme du monde. Mon Maiſtre aime fans doute ma Maiſtreſſe, puifqu'il eſt mal avec Argelinde ; la bonté qu'il a pour moi, l'a obligé de me confeiller de ne l'aimer plus, parce qu'il la vouloit aimer. Mais, helas ! il m'eſt impoſſible de le faire ; & il n'y a que la mort qui me puiſſe fecourir. Alors ce malheureux Amant me conta mot à mot, tout ce qui s'estoit passé entre le Prince & luy, en diverses fois ; De-sorte que joignant cela à la visite que le Prince avoit faite à Celanire, & au feu d'artifice que nous venions de voir, nous crûmes, en effet, que le Prince aimoit ou vouloit aimer cette belle personne. Je cachai pourtant mon veritable sentiment à Cleandre. Mais pour luy, il ne douta pas vn moment de son malheur. Que je suis miserable, dit-il alors, d'avoir vn rival à qui j'ai des obligations infinies, que j'aime autant que je puis aimer, & que je ne pourrois haïr, sans estre le plus ingrat de tous les hommes ; mais l'Amour, reprenoit-il, ne rompt-il pas toutes sortes de devoirs, n'est-on pas en droit de haïr tout ce qui veut nous empécher d'estre heureux, & nous enlever le cœur de la personne que nous aimons. Ah! non, non, ne nous flattons point, reprenoit-il, l'Amour ne dispense point de suivre les loix de la vertu, & ne peut pas empécher vn sujet favorisé, d'estre ingrat, s'il cesse d'aimer son Maistre. Mais aussi quelle apparence de ceder ce qu'on aime, à la grandeur & à la Fortune. Non, non, cedons plûtost nous-mesmes à la mort, & laissons Celanire dans la liberté d'accepter le cœur d'vn Prince, dont le merite est extréme. Mais le pourrai-je faire, ajoûtoit-il : oüy, je le pourrai en mourant de desespoir & d'amour, & sans manquer, ni à ma Maîtresse, ni à mon Maître, je serai la malheureuse victime qui établira leur felicité. Je fis ce que je pus pour consoler Cleandre, & pour luy persuader que les apparences étoient si trompeuses, qu'il ne faloit pas se rendre malheureux, sans savoir les choses plus précisément. Cependant, comme il estoit tard, que je craignois que les portes de la ville ne fussent fermées, je rentrai dans mon carrosse, & je promis de venir le lendemain, pour le mener encore voir Celanire, & prendre congé d'elle. Il me pria de m'informer soigneusement de ce qu'on disoit dans le monde, de ce feu d'artifice, qu'on ne pouvoit pas croire qui fuſt fait pour nulle autre perſonne, que pour Celanire, car à l'endroit où nous l'avions vû, on ne le pouvoit voir de la ville, qu'autant qu'il faloit pour ſavoir qu'il y en avoit eu vn fort beau; mais non pas pour en avoir tout-à-fait le plaiſir. Je laiſſai donc le pauvre Cleandre, abandonné à ſa jalouſie, & à ſa douleur. Pour Celanire, bien loin de ſoupçonner la profonde mélancolie de Cleandre; elle crut, voiant le feu de ſes feneſtres, que c'eſtoit luy, qui n'oſant au lieu où elle eſtoit, luy donner la muſique, avoit fait cette galanterie pour la divertir. Cependant, on ne parla le lendemain d'autre chose dans la Cour. Le Prince sembla apporter beaucoup de soin à savoir qui avoit fait cette galanterie ; mais lorsqu'on envoia au lieu où le feu avoit esté vû, on n'y trouva plus que le batteau. Argelinde disoit cent choses sur cette avanture, & soûtenoit que c'étoit l'Amant de l'Elegie, dont on avoit tant parlé. Euribiade en paroissoit en colere. Cleonte trouvoit fort mauvais qu'on donnast des feux d'artifice, à vne personne qu'il vouloit épouser. Alcinor & Iphicrate en devinrent fort jaloux, & ne savoient qui estoit ce rival caché. Enfin ce feu-là fit parler tout le monde, sans que personne seut qui le donnoit à Celanire. La curiosité que le Prince en témoigna, fit raisonner diversement : car voiant qu'il n'en pouvoit rien savoir, il retourna faire vne visite à Celanire, pour le luy demander à elle-mesme. Je vous laisse à juger quel fut le chagrin de Cleandre, lorsque du lieu de sa retraite, il vit retourner le Prince visiter sa Maîtresse. Il fut tenté d'aller estre le tiers dans cét entretien, sans savoir ce qu'il y diroit ; tantost il se figuroit que le Prince alloit chércher des loüanges & des remercimens ; vn moment aprés, qu'il se serviroit de cette occasion, pour faire vne declaration d'amour à Celanire. Enfin il souffroit tout ce qu'vn cœur amoureux peut souffrir, qui est agité par la jalousie & par l'amour, & retenu par le respect & par l'amitié. Cependant, Celanire eut du chagrin de cette seconde visite du Prince, & comme elle le reçût assez froidement: Je m'imagine, luy dit-il, Madame, que le beau feu que vous vistes hier au soir devant vos fenestres, vous a occupé l'esprit si agréablement, que vous en avez mal dormi, car vous me paroissez vn peu mélancolique. Cependant, il me semble que c'est mal reconnoître le soin de celuy qui vous a donné vn divertissement si particulier. Celanire se trouva alors assez embarrassée, car elle eut peur que le Prince ne découvrît que c'estoit Cleandre: De-sorte

que pour luy oster cette pensée, Je vous assure, Seigneur, reprit-elle, que je ne connois point celuy qui s'est donné ce feu d'artifice à luy-mesme : car je présuppose que ce n'est nullement à moi. Les chiffres de vostre nom, reprit le Prince, dont plusieurs personnes qui se trouverent le long de la riviere parlent, marquent assez que ce n'est que pour vous qu'il a esté fait; mais je vous avouë ingenûment que je voudrois bien savoir qui a fait cette galanterie. Si Cleandre estoit ici, ajoûta-t-il, il l'auroit bien-tost découvert. Celanire rougit à ce nom-là; de-sorte que le Prince y prenant garde, luy dit en soûriant. Ah ! Madame, j'aimerois mieux avoir
causé

causé ce bel incarnat que je vois paroistre sur vostre visage, que d'avoir fait le magnifique feu d'artifice, dont tout le monde parle. Cette rougeur, Seigneur, reprit Celanire, n'est qu'vn simple effet d'vne timidité naturelle, que je ne puis vaincre, & qui me fait bien souvent rougir, sans sujet & sans raison. Quoiqu'il en soit, Madame, reprit-il, je ne m'en dédis pas ; mais je voi bien que vous me direz encore moins ce qui vous a fait rougir, que le nom de celuy qui a donné vn si beau feu. Cette conversation se tourna d'vne maniere fort embarrassante pour Celanire ; car le Prince luy dit en soûriant, qu'il croioit que Cleandre n'estoit allé faire vn voiage, que pour écrire de belles lettres, & qu'on ne parloit d'autre chose dans la Cour, depuis deux jours, que des billets qu'il avoit écrits, nommant en effet plusieurs personnes qui en avoient reçû. Et vous vous souvenez bien, sans doute, que j'ai dit que Cleandre avoit envoié vn des siens, sur la route qu'il devoit tenir, afin d'écrire de divers endroits, & faire mieux croire qu'il estoit absent. Celanire répondit au Prince, d'vn air assez indifférent, qu'elle n'avoit pas remarqué que Cleandre eust assez la fantaisie du bel esprit, pour faire vn voiage exprés, afin d'en avoir la réputation ; & que si cela estoit, cette invention seroit fort nouvelle.

Vous avez raifon, Madame, répliqua le Prince, de croire que ce n'eſt pas la cauſe de ſon voiage, car elle eſt d'vne autre nature ; mais diverſes raiſons m'empéchent de vous la dire preſentement, ce ſera peut-eſtre pour vne autre fois. Cette viſite ne fut pas ſi longue que l'autre ; mais il parut à Celanire, que le Prince avoit quelque embarras dans l'eſprit. Il paſſoit d'vne choſe à vne autre, ſans attendre preſque que Celanire luy euſt répondu, & la regardoit avec des yeux de curioſité ou d'amour, ſans qu'elle puſt diſcerner lequel c'eſtoit. Cét embarras augmenta encore ; car la Princeſſe Argelinde, à qui la jalouſie faiſoit faire cent choſes, que l'exacte raison n'euſt pas vouluës, ſachant que le Prince eſtoit retourné voir Celanire, y fut, & quoiqu'elle la haïſt alors extremément, par vn ſentiment de jalouſie, elle ne laiſſa pas de luy parler, comme ſi elle euſt eſté fort de ſes amies. Mais vn moment aprés qu'elle y fut, le Prince ſe retira, dont elle eut beaucoup de dépit; elle fit pourtant effort pour le cacher à Celanire, & luy dit qu'elle ne pouvoit aſſez admirer de voir, que la ſolitude ne l'empéchaſt pas d'eſtre auſſi belle qu'à l'ordinaire. J'ai ſi peu de beauté, Madame, reprit Celanire, & le peu que j'en ai, m'eſt ſi indifférent, que je ne puis dire, ſi la ſolitude m'a changée ou non ; mais à parler de cela en général, je croirois plûtoſt la ſolitude propre à conſerver la beauté, qu'à la détruire. Car on va moins à l'air, on conſerve mieux ſon teint, on dort davantage ; on vit plus en repos, & on peut enfin, plus aiſément qu'ailleurs, garder vne certaine fleur de beauté que le tumulte du monde change plus facilement. Ah! Celanire, reprit Argelinde, l'ennui qui ſuit d'ordinaire la ſolitude, eſt plus contraire à la beauté du teint, que l'air ne le peut eſtre en des promenades divertiſſantes. Il eſt vrai, reprit-elle, que vous avez tout ce qu'il faut, pour chaſſer la ſolitude des lieux où vous la cherchez, & pour vous y faire ſuivre par les plaisirs du plus grand éclat. Les personnes du premier rang vous y visitent tous les jours, & on vous y donne des feux d'artifice, qui sont d'vn plus grand bruit que des violons. Je vous assure avec sincérité, reprit froidement Celanire, que ce que vous croiez qui me divertit le plus dans ma solitude, est ce qui m'y ennuieroit, si j'estois capable d'ennui; mais j'ai toute ma vie fait profession de ne m'ennuier point. Vous estes bienheureuse, répliqua Argelinde, car c'est vn grand mal que l'ennui, & il faut assurément avoir vn grand fonds de plaisirs en soi-mesme, pour ne s'ennuier pas de tant de choses fâcheuses, dont on est environné dans le monde. Quand on se fait soi-mesme vn monde extrémement petit, répliqua Celanire, on n'est pas sujet à estre blessé de tant de choses. Si on n'est pas blessé d'vn aussi grand nombre, répliqua Argelinde, on peut l'estre davantage d'vne seule que de tout le reste : En effet, poursuivit-elle, ne voiez vous pas que ce qui fait que vous ne voulez pas épouser le plus riche homme de la Cour, vous donne plus de peine, que si mille choses différentes occupoient vostre esprit. Mais, Madame, répliqua Celanire, ce qui fait que je ne veux pas épouser Cleonte, c'est que la richesse, sans merite, ne me tient lieu de quoi que ce soit. Comme il y a beaucoup d'apparence, répliqua Argelinde d'vn air vn peu fier, que vous eftes affurée de trouver en vne mefme perfonne, beaucoup de bien, & beaucoup de merite, je n'ai rien a dire; mais fans cela je croirois que vous auriez tort de ne préferer pas la grande richeffe à beaucoup de chofes. Je croi que vos fentimens, Madame, reprit Celanire, font plus de l'vfage du monde, que les miens; Mais comme je n'ai pas l'ame intéreffée, que j'ai remarqué que le mépris des threfors s'eft toûjours trouvé dans les ames les plus héroïques, & que le grand defir d'eftre riche, caufe pour l'ordinaire beaucoup de chofes injuftes, vous me permettrez de

DE CELANIRE. 505
demeurer dans mes sentimens, & de borner mes plaisirs au repos de la solitude. Quand on est aussi belle que vous, répliqua Argelinde, on ne meurt guere dans vn desert, & vous ne serez asseurément pas long-temps dans le vostre. Argelinde s'en alla aprés avoir achevé ces paroles, & laissa Celanire fort inquiéte, car elle craignoit également la jalousie d'Argelinde, & les visites du Prince. Mais enfin, le soir estant venu, je fus prendre Cleandre, que je trouvai le plus affligé du monde; car plus il avoit pensé à tout ce qu'il avoit vû, plus il s'estoit confirmé dans l'opinion que son Maistre aimoit sa Maistresse. Je ne pus mesme luy rien dire pour le consoler,

estant contrainte de luy avouër que personne ne découvroit qui avoit donné ce feu d'artifice, & qu'il s'en parloit si diversement, qu'on ne savoit qu'en penser. Je luy disois pourtant que le Prince témoignoit en estre fort en peine, mais il prenoit cela pour vn artifice. Enfin nous fûmes voir Celanire, qu'il regarda d'abord, comme vn homme qui cherchoit sa mort, ou sa consolation dans ses yeux. Et bien, Madame, luy dit-il, dois-je vivre ou mourir, est-ce le Prince qui vous a donné le plaisir de voir vn si beau feu d'artifice ? & vous a-t-il dit qu'il vous aime. Quoi, s'écria Celanire, ce n'est pas vous qui avez fait faire le feu que j'ai vû de mes fenestres?

Helas! non, Madame, reprit-il, & je suis assez malheureux pour avoir sujet de craindre que ce soit le Prince. Ah! Cleandre, répliqua Celanire, vous m'affligez étrangement, de me dire que ce n'est pas vous : ce n'est pas que je ne me préparasse à vous gronder, d'avoir fait vne chose de si grand éclat ; mais j'eusse mieux aimé avoir ce reproche à vous faire, que d'avoir à m'affliger de voir ce que j'ai sujet de craindre ; car enfin, ce n'est ni Alcinor, ni Iphicrate, ni Cleonte, qui ont fait cette galanterie. Et pour vous parler avec la derniere sincérité, j'ai trouvé tant d'embarras dans l'esprit du Prince, que je n'y comprens rien. De grace, Madame, reprit Cleandre, ignorez-le toûjours, s'il se peut. Mais, helas, ajoûta-t-il, je connois par expérience, combien il est difficile de vous aimer long-temps sans vous le dire. C'est-pourquoi, Madame, vous n'ignorerez guere la passion du Prince, s'il est vrai qu'il vous aime. Cependant, pour porter le respect & l'amour au delà de tous ceux qui ont jamais aimé, souffrez que je vous demande, en presence de la généreuse Glicere, si vous croiez estre assez constante pour n'aimer pas le plus aimable Prince du monde, lorsque vous le verrez à vos pieds. Car si cela est, tout accablé de malheurs, & par ma passion pour vous, & par mon respect pour mon Prince, je vivrai encore avec des momens assez doux, & j'attendrai que la Fortune se lasse de me persécuter : Mais si cela n'est pas, j'irai cacher mon desespoir, & chercher la mort si loin, que le bruit de ma perte ne viendra pas même jusques à vous. Aiez donc pitié, Madame, d'vn malheureux qui vous adore, & qui vous prie de n'aimer pas vn rival, qu'il aimera pourtant luy-mesme, jusques à son dernier moment. Quoiqu'il y ait peut-estre plus de générosité que d'amour à ce que vous dites, répliqua Celanire en rougissant, vous ne laissez pas de me faire pitié. C'est-pourquoi, Cleandre, je veux bien vous dire encore vne fois, ce que je vous disois hier. C'est que si je ne puis estre à vous, je ne serai jamais à personne. Celanire dit cela d'vn air si touchant, & si modeste tout ensemble, que Cleandre en fut content, quoiqu'il ne s'en trouvast guere plus heureux. Aprés cela, Celanire nous conta la conversation du Prince, & d'Argelinde, où nous trouvâmes beaucoup de sujets de crainte. Je leur dis pourtant, pour les consoler, que je croiois que le Prince & la Princesse se racommoderoient, & qu'ensuite ils les laisseroient en repos. Celanire dit qu'elle estoit resoluë de feindre durant quelques jours de se trouver mal, afin d'oster au Prince l'occasion de la revenir voir bien-tost. Helas, Ma-

DE CELANIRE.

dame, luy dit cét Amant qui ne trouvoit rien qui le satisfît entiérement, les petites absences, & les petits obstacles redoublent l'amour. Ce n'est pas, reprit-il vn moment aprés, que je ne vous remercie d'avoir eu ce dessein-là, & que je ne vous prie de l'executer. Mais c'est, Madame, que je connois bien, que quand on vous aime, on vous aime en tout temps, soit qu'on vous voye, ou qu'on ne vous voye pas; & c'est enfin qu'vn malheureux croit que tout peut accroistre son tourment. Enfin, aprés avoir bien raisonné, il fut resolu que Cleandre partiroit la nuit mesme, qu'il reviendroit auprés du Prince, quelques jours plûtost qu'il ne luy avoit dit, &

qu'il luy diroit nettement que l'absence avoit plûtost augmenté son amour, que de la diminuer; afin que si le Prince aimoit Celanire, il surmontast sa passion par bonté, ou la fît paroistre, & qu'on pust voir aprés cela quelle resolution il faudroit prendre. Cét adieu fut tendre & touchant, & l'on peut dire que jamais l'Amour, & la Vertu jointes ensemble, n'ont inspiré de sentimens plus nobles, ni plus tendres. Je fus remener heureusement Cleandre, sans qu'il eust esté apperçû, je luy promis de le servir en tout ce que je pourrois: mais comme l'Amour est ingenieux à tourmenter ceux dont il posséde le cœur, Cleandre s'imagina qu'il n'avoit pas assez

assez dit de choses touchantes à Celanire, & que ne l'aiant veuë qu'en ma presence, il en avoit eu l'esprit embarrassé, & ne luy avoit pas assez témoigné d'amour: C'est pourquoi il se resolut de luy écrire, & de m'envoier la lettre dés la premiere pointe du jour, où l'on ouvre les portes de la ville. Cela fût cause qu'il ne partit point au milieu de la nuit, comme je luy avois conseillé, & qu'il luy arriva vne avanture fort cruelle. Car imaginez-vous, que sortant du jardin où il estoit caché, il prit le long de la riviére, & des murailles du lieu où estoit Celanire; afin d'entrevoir encore ses fenestres, qui regardoient sur l'eau, avec de grans jardins entre-deux. Mais à peine fut-il au bout de ces

Kk

jardins, qu'il rencontra Alcinor, qui aiant malheureusement esté averti, qu'il y avoit vn homme de qualité, caché dans le jardin d'où partoit Cleandre, venoit luy-mesme par vn sentiment jaloux, afin de voir si ce n'estoit point que Cleonte eust dessein d'enlever Celanire. Voulant donc s'en mettre l'esprit en repos, il estoit sorti dés le point du jour, à cheval, avec vn des siens seulement, pour faire le tour des murailles du lieu où étoit Celanire, sans estre apperçû. Mais si Cleandre fut étonné de le voir, il le fut pour le moins autant de voir Cleandre, dont il avoit vû vne lettre le jour mesme, qui marquoit qu'il devoit estre en vn lieu fort

DE CELANIRE.

éloigné : Ainsi estant naturellement audacieux, & estant alors amoureux, jaloux & chagrin, il regarda Cleandre d'vn air irrité, qui l'obligea à le regarder aussi assez fiérement. Quoi, dit Alcinor à Cleandre, sans presque nulle civilité ; lorsque le Prince & toute la Cour vous croient loin d'ici, occupé à quelque grande affaire, vous venez reconnoistre ces murailles, comme si vous les vouliez escalader. Car on voit bien par le chemin que vous tenez, que vous ne retournez pas à la Cour, & qu'au contraire, vous vous en éloignez. J'ai si peu accoûtumé, répliqua Cleandre, de rendre compte de mes actions, que je n'ai nulle réponse à vous faire, si ce n'est que vous devez prendre peu d'intérest aux murailles, le long desquelles vous m'avez trouvé. Ah! Cleandre, dit alors le fier Alcinor, est-ce pour vôtre intérest, ou pour celuy d'vn autre, que vous parlez ainsi. Vous en croirez ce qu'il vous plaira, répliqua-t-il, je prens peu de soin de vous contenter. Cleandre sentoit bien qu'il paloit trop durement à Alcinor: mais il chercha à le quereller dans l'embarras où il estoit, ne pouvant pas le prier de ne dire point l'avoir rencontré, & sachant bien qu'il le diroit encore plûtost: Si bien qu'Alcinor, chagrin & brave, comme je l'ai dit, répondit en mettant l'épée à la main. Cleandre en fit autant à

DE CELANIRE. 517

l'heure mesme, & il se fit vn combat terrible entre ces deux rivaux, que vous me dispenserez de vous raconter en détail. Comme ils n'avoient chacun qu'vn de leurs gens, leur combat fut sans autres témoins : il ne fut pas mesme fort long. Cleandre reçût d'abord vn coup au costé gauche, qui ne fit qu'effleurer, & qui n'entra pas; mais Alcinor tomba de son cheval, percé d'vn grand coup à travers le corps. Cleandre eust pû l'achever, s'il eust voulu, mais quoi qu'Alcinor ne voulust pas luy promettre de ne le nommer point, bien loin de le tuer, il luy promit qu'il iroit aux premieres maisons, luy envoier du monde pour le secourir : car il se trouva que ces deux ennemis aiant d'abord défendu à leurs gens de se battre, celuy qu'Alcinor avoit mené avec luy, estoit allé en diligence vers la ville, pour avertir de ce combat. Cependant, Cleandre le plus affligé de tous les hommes, fut effectivement à la premiere maison qu'il trouva, pour dire qu'on allast secourir Alcinor, & le porter à la ville : & pour luy, sans penser à la blessure qu'il avoit reçûë, il fut à six lieuës de là, chez vn homme de qualité, que j'appellerai Telante, qui estoit de ses amis, & qui demeuroit à la campagne, afin de songer à ce qu'il avoit à faire. Mais aprés que les Chirurgiens eurent vû qu'il estoit assez legerement blessé, il s'abandonna à son desespoir, cherchant pourtant en luy-mesme, ce qu'il étoit à propos qu'il fist. Il ne pouvoit pas douter que le Prince, dont il connoissoit l'humeur, ne fust tres-irrité contre luy, de luy avoir déguisé la verité; & quoique cette tromperie n'eust esté causée que par l'amour, il convenoit luy-mesme, que le Prince avoit vn juste sujet de s'en offenser. Mais quand il consideroit que le Prince estoit peut-estre son rival, il ne voioit nulle espérance de l'appaiser. Il ne doutoit pas non plus, que si Alcinor mouroit, quand mesme le Prince eust voulu luy pardonner, il ne fust obligé de l'exiler pour long-temps. Mais ce qui achevoit de le defefperer, eftoit la penfée que Celanire auroit vne douleur mortelle de ce grand éclat, qui ne pouvoit pas manquer de faire connoiftre à toute la Cour qu'il eftoit amoureux d'elle. Et lorfqu'il venoit à fonger, que felon les apparences, le Prince l'éloigneroit, qu'il faudroit qu'il laiffaft Celanire, fans la voir, expofée à la violence d'Euribiade & de Cleonte, à l'importunité d'Iphicrate, à l'amour du Prince, & à la jaloufie d'Argelinde; il eftoit fur le point de perdre la raifon & la vie. Il prit pourtant à la fin la refolution d'écrire au Prince, la lettre la plus touchante qu'il pourroit, de l'adreffer à vn des Officiers du Prince, & de m'envoier vne lettre pour Celanire, par vn des gens de celuy chez qui il s'étoit retiré. Cependant, vous ne pouvez comprendre le bruit que fit le combat de Cleandre & d'Alcinor. Comme le Prince aimoit veritablement Cleandre, & que selon les apparences il aimoit ou vouloit aimer Celanire, il fut extremément irrité contre Cleandre, il crut alors que c'estoit luy qui avoit donné le feu d'artifice à Celanire, & trouva si mauvais qu'il luy eust fait cette fourbe, qu'il parla de luy avec vn emportement qui fit connoistre qu'il alloit estre disgracié : il arriva mesme qu'Alcinor mourut le lendemain, & que ses parens allant demander justice au Prince, il les écouta assez favorablement, & il parut enfin qu'il avoit beaucoup de colere contre Cleandre. La Princesse Argelinde fit aussi ce qu'elle put, secretement, pour l'irriter davantage: car encore que cette Princesse n'eust pas voulu aimer Cleandre, elle ne laissoit pas de luy vouloir beaucoup de mal de n'avoir pas répondu aux témoignagnes d'affection qu'elle luy avoit donnez. Euribiade, Cleonte, & Iphicrate, n'en firent pas moins. Mais ce qui fut bien plus cruel, c'est que suivant la coûtume des gens de la Cour, la disgrace de Cleandre luy osta, ou changea le cœur de tous ceux qu'il avoit obligez. Jamais homme n'avoit vsé plus honnestement de sa faveur, il n'avoit nui à personne, il avoit servi tout le monde, il estoit l'objet de l'admiration & de l'amitié de tous les Courtisans, on ne songeoit qu'à luy plaire. Cependant, dés que le Prince parut irrité contre luy, & qu'on sceut qu'il n'avoit point voulu lire la lettre qu'il luy avoit envoiée, & qu'il avoit dit à celuy qui la luy avoit voulu donner, qu'il vouloit que Cleandre sortît de ses Etats dans huit jours, & qu'il n'y rentrât jamais sans sa permission ; cela fit vn changement vniversel, & ce mesme Cleandre, qui quelques jours auparavant avoit mille amis, ne s'en trouva plus. Ceux qu'il avoit le plus obligez, chercherent à affoiblir du moins les obligations qu'ils luy avoient, quelques-vns foûtenoient hardiment, qu'il n'avoit jamais rien fait pour eux, d'autres difoient qu'ils avoient eu cent fujets de s'en plaindre, qu'ils avoient diffimulez par refpect pour le Prince. Les plus généreux ne difoient rien, & avoient la lâcheté de n'ofer feulement plaindre leur ami, fi ce n'eftoit en fecret, & cette lâcheté fut fi grande, que j'ai feu que le Prince, malgré fa colere, eut du mépris pour ceux qui agirent de cette forte. Toutes les belles qui avoient prétendu inutilement d'affujétir le cœur de Cleandre, ne témoignerent pas grand déplaifir de fa difgrace. Mais pour Celanire, je dirai à fa loüange, que quelque averſion qu'elle euſt pour l'éclat, & quelque affligée qu'elle fuſt de cette cruelle avanture, quand elle ſeut la lâcheté de toute la Cour, elle en eut l'eſprit ſi irrité, qu'elle renonça en quelque ſorte à l'amour du ſecret, afin de ne tomber pas dans la foibleſſe de tant de faux amis. Et pour moi, je me reſolus de venger Cleandre, en diſant à tout le monde le détail des obligations que luy avoient ceux dont il eſtoit abandonné, La lettre que je reçûs de luy, me fit verſer des larmes, & celle que je portai à Celanire, en arracha de ſes beaux yeux, vne abondance qu'elle ne put retenir. Nous luy écrivîmes l'vn & l'autre ; mais nous ne pûmes luy donner autre espérance que celle qu'on donne à tous les malheureux ; c'est-à-dire, d'attendre quelque changement par le temps. Ce qui augmenta fort la douleur de Celanire, c'est qu'elle seut par Elisene, qu'Euribiade ne doutoit point que sa resistance à épouser Cleonte, ne vînt de l'inclination qu'elle avoit pour Cleandre, & qu'enfin ce secret si caché alloit estre public dans le monde. Celanire n'eut que faire de feindre d'estre malade, car elle le devint effectivement durant quinze jours. De-sorte que Cleandre eut la douleur de recevoir l'ordre de s'éloigner, dans vn temps où il laissoit Celanire avec la fiévre, malheureuse, & exposée à mille disgraces. Cependant il falut obeïr, il donna pourtant ordre à celuy de ses amis, chez qui il s'estoit retiré, & qui seul parut généreux, de dire au Prince, qu'il mourroit le plus fidéle de ses sujets, & luy laissa ordre de recevoir les lettres que je luy écrirois, & de les luy envoier au lieu où il luy dit qu'il alloit. J'oubliois de dire qu'il fit encore demander au Prince la permission de le voir, & de s'excuser s'il ne se pouvoit justifier; mais le Prince le refusa. De-sorte qu'il s'en alla le plus malheureux de tous les hommes. Le Prince envoia soigneusement tous les jours, savoir des nouvelles de Celanire, & je seus que Cleonte s'estoit vanté, que

dés que cette belle fille seroit guerie, on la forceroit de l'épouser. Cette nouvelle m'affligea sensiblement, car je voiois bien qu'il estoit à propos que Celanire la sceust. Mais estant malade, c'estoit exposer sa vie, que de luy apprendre vne si méchante nouvelle. Comme j'estois en cette incertitude, Belise que je vous ai dit, qui m'avoit avertie de ce qui s'estoit passé avec la Princesse Argelinde, Clarice, & elle, lorsque l'vne soûtenoit qu'il luy faloit faire épouser vn homme qu'elle aimast, & l'autre vn homme qu'elle haïst, vint me faire vne visite, & comme on ne parloit d'autre chose que de Cleonte, de Celanire, & du combat qui s'estoit fait, ce fut
l'vni-

l'vnique sujet de nostre entretien, estant bonne naturellement, & me voiant fort affligée du malheur de Celanire, elle me dit, Vous la plaindriez bien davantage, si vous saviez tous les malheurs qui l'attendent. Je la pressai alors de m'expliquer ce qu'elle venoit de dire; mais se repentant d'en avoir tant dit, elle voulut détourner le sens de ce qu'elle avoit avancé. Je la priai alors si instanment, que je touchai son cœur, & la forçai de dire ce qu'elle savoit. Helas! me dit-elle, je sai tant de choses que vous ne savez pas, que je prévoi que vous vous repentirez de vostre curiosité, car je ne sai rien qui ne soit fâcheux pour Celanire. Je redoublai alors mes prieres, & luy persuadai enfin qu'on peut quelquefois manquer au secret, quand c'est pour empécher ses amis d'executer vn méchant dessein, ou pour détourner le malheur de quelque personne de vertu. Aprés cela, Belise prenant la parole, Vous avez cherché, sans doute, comme le reste du monde, dit-elle, qui a pû donner le feu d'artifice, dont on a tant parlé. Il est vrai, répliquai-je, que je l'ai cherché, sans trouver rien de certain, sinon qu'en général, il faut que ç'ait esté l'amour que quelqu'vn a pour Celanire, qui ait causé vn si beau feu. Nullement, reprit Belise, ç'a esté la haine & la jalousie. Et la Princesse Argelinde toute seule a fait faire ce feu-là. Ah! Belise, m'écriai-je, cela n'a point d'apparence, on ne songe point à divertir vne rivale qu'on hait. On empoisonne quelquefois ses ennemis en leur donnant des bouquets, reprit Belise. J'en demeure d'accord, répliquai-je, mais le poison tuë, & le feu d'artifice ne fait aucun mal. Vous avez raison de parler comme vous faites, répondit-elle, car les apparences sont contre ce que je dis ; mais la chose n'en est pas moins vraie, donnez-vous donc la patience de m'écouter. Vous n'ignorez pas, poursuivit-elle, la grande passion d'Argelinde pour le Prince, vous savez aussi qu'elle a toûjours eu vne jalousie de prévoiance, qui l'a extremément tourmentée, & qui aprés avoir durant long-temps esté causée par toutes les belles de la Cour, s'est réünie en la seule personne de Celanire ; & elle a esté si fortement persuadée, que si le Prince devoit aimer vne autre personne qu'elle, ce seroit infailliblement celle-là, qu'elle est insensiblement venuë à la haïr, comme si elle eust déja arraché le cœur du Prince d'entre ses mains. Ainsi cette jalousie la rendant de méchante humeur, elle a souvent persécuté le Prince, qui selon les apparences, s'en est lassé, & soit qu'il ait voulu punir Argelinde, de sa jalousie mal fondée, ou qu'en effet il ait quelque inclination pour Celanire, il a fait cent choses qui ont confirmé Argelinde dans ses soupçons, & elle s'est enfin assez brouillée avec le Prince, pour n'avoir pas vn moment de repos. Elle s'est trouvée dans vn grand embarras : car Celanire est tres-belle, elle a infiniment de l'esprit, & il ne luy manque nulle des qualitez qui peuvent rendre vne personne accomplie. Elle a mesme vécu dans la Cour avec tant de conduite, que l'envie n'a pû rien trouver à redire à ses actions ; quelle apparence donc, de nuire à vne personne comme celle-là? Argelinde pensa plusieurs jours à en trouver les moiens, sans se les pouvoir imaginer : mais tout d'vn coup venant à se souvenir qu'elle avoit entendu dire cent fois au Prince, qu'il ne voudroit jamais s'engager à aimer vne personne qui seroit déja engagée en quelque affection pour vn autre, parce qu'il croiroit toûjours, qu'elle ne pourroit ceder qu'à sa qualité, & que mesme il n'estimeroit pas vne infidéle; elle s'avisa d'employer toute sorte d'artifices pour persuader au Prince, que la resistance que faisoit Celanire à épouser Cleonte, ne venoit que parce qu'elle avoit quelque Amant caché qu'elle aimoit, & que l'Elegie avoit esté faite pour elle. Ne sachant donc comment faire pour inspirer cette croiance au Prince, elle prit la resolution de faire cette galanterie du feu d'artifice, qui ne pouvoit jamais estre attribuée qu'à vn Amant de Celanire, & mesme à vn Amant secret & aimé : car on ne hazarderoit pas vne chose comme celle-là, sans intelligence. Cette bizarre pensée flatta si doucement sa jalousie, qu'elle ne douta point que le Prince ne crust que ce feu seroit donné par vn Amant, aimé de Celanire. Comme en effet, le Prince l'a cru, & a témoigné vne curiosité extréme de savoir qui est cét Amant caché. Cela n'a pourtant pas produit l'effet que la Princesse en avoit attendu, car le Prince a témoigné encore plus d'empressement pour Celanire. Il faut avoüer, repris-je, que voilà vn dessein bien extraordinaire, &

LI iiij

je ne croi pas que la jalousie ait jamais produit vne pareille chose. Mais comment a pû faire la Princesse pour cacher ce dessein-là. Il luy a esté fort aisé, répliqua Belise, car j'ai vn frere extrémément adroit, à qui la Princesse Argelinde, qui l'aime fort, confia son dessein : De-sorte qu'il fit parler à l'ingenieur du feu, par vn inconnu qui luy bailla tout l'argent dont il avoit besoin, qui luy donna le dessein du feu, luy marqua l'endroit, l'heure & le lieu, sans luy dire qui l'emploioit. Et comme ces gens-là ne s'informent de rien, pourveu qu'on les paye bien, cela a réüssi comme vous avez sçeu; & lorsque le Prince fit demander à l'ingenieur qui l'avoit emploié, il répondit qu'il n'en favoit rien. Cependant, la Princeffe Argelinde, voiant que cela n'a pas produit l'effet qu'elle en attendoit, fe veut fervir de l'avanture qui vient d'arriver à Cleandre, pour porter Euribiade à enlever Celanire du lieu où elle eft, & à dire au Prince, que c'eft qu'il avoit feu qu'elle vouloit fe dérober de cette maifon. O dieux! m'écriai-je, eft-il poffible que la Princeffe Argelinde, qui d'ailleurs n'eft pas méchante, fe porte à vne chofe comme celle-là. L'amour, la jaloufie, & l'ambition, reprit Belife, ont bien de la force, quand elles font jointes enfemble dans vn mefme cœur. Ce n'eft pas encore tout, me dit-elle, car on est venu ce matin avertir la Princesse, que dans fort peu de jours le Prince tirera Celanire du lieu où elle est, sans qu'on sache pourquoi, & Argelinde sait cela avec tant de certitude, qu'elle va fort presser Euribiade d'executer son dessein, avant que celuy du Prince puisse éclatter. Ainsi il est indubitable que selon tout ce que je sai, avant qu'il soit huit jours d'aujourd'huy, Celanire sera au pouvoir du Prince, ou en celuy de Cleonte. Je vous laisse à penser combien je fus affligée d'apprendre des choses si surprenantes, & de voir des malheurs si grans menacer la seule personne que j'aimois. Je remerciai Belise, je la conjurai de continuer de m'avertir de tout ce qu'elle sauroit, je l'assurai qu'il ne luy en arriveroit jamais aucun mal : & dés qu'elle fut partie, j'écrivis vn billet à Celanire, pour luy dire qu'il faloit absolument que je luy parlasse, le plûtost que sa santé le luy permettroit, & elle me manda que le lendemain elle me verroit, mais que je n'en disse rien à personne, & que pour son malheur elle n'avoit plus de fiévre. Le soir mesme on sceut que Cleandre s'estoit embarqué pour aller passer le temps de son exil en Candie, & y signaler sa valeur, mais que trois jours aprés qu'il avoit esté en mer, il avoit rencontré des Corsaires, qu'il avoit esté attaqué par quatre vaisseaux, qu'il en avoit coulé deux à fond, fracassé le troisiéme, & qu'enfin aprés vne resistance héroïque, il avoit esté fait prisonnier, n'aiant plus que quatre hommes dans son vaisseau, & ne pouvant mettre le feu aux poudres, parce qu'il avoit emploié tout ce qu'il en avoit pendant le combat, qui avoit duré vn jour & vne nuit. On ajoûtoit mesme qu'il avoit voulu se jetter dans la mer l'épée à la main, plûtost que de se rendre, mais que sa grande valeur aiant donné de l'admiration aux Corsaires, luy avoit sauvé la vie, en portant ces Barbares à le retenir. Je ne croi pas avoir jamais eu tant de douleur, non seulement, parce qu'en effet le

DE CELANIRE. 541

malheur de deux personnes si aimables me touchoit sensiblement; mais encore par le chagrin que j'avois, d'avoir à annoncer de si tristes nouvelles à Celanire. Cependant il le faloit pour son service, & je fus courageusement le lendemain, luy causer les plus mortelles douleurs qu'elle ait jamais senties. Dés qu'elle me vit, il luy fut aisé de connoistre que j'allois luy dire quelque mauvaise nouvelle. Ah! Glicere, me dit-elle, je vois dans vos yeux, vne mélancolie si profonde, que je meurs de peur que vous ne m'appreniez la mort de Cleandre. Non, répliquai-je, mais à cela prés préparez-vous à apprendre tout ce qui peut vous estre le plus fâcheux. Puisque Cleandre est vivant, reprit-elle, hastez-vous de m'apprendre tout ce que vous saurez, car je me sens assez de courage pour supporter tous les malheurs, excepté sa mort ou son inconstance. Mais pour ces deux malheurs, je confesse que je n'aurois pas assez de force. Parlez donc, généreuse Glicere, & quelles que soient ces nouvelles disgraces que j'ignore encore, ne m'abandonnez pas, & n'aiez pas la lâcheté de tant de gens, qui ont abandonné le malheureux Cleandre. Je luy promis alors de m'attacher inséparablement à elle; car comme je suis veuve, je pouvois disposer de moi. Ensuite je luy contai tout ce que Belise m'avoit dit, & d'Argelinde, & d'Euribiade, & du Prince, qu'elle écouta avec assez de fermeté ; mais lorsque je luy appris que Cleandre avoit esté pris par des Corsaires Turcs. Ah ! Fortune, s'écria-t-elle, c'est trop de malheurs à la fois, & je suis plus foible que je ne croiois. En effet, ajoûta-t-elle sans pouvoir pleurer, tant sa douleur estoit grande, le ciel me suscite mille ennemis, & m'oste le seul protecteur que je pouvois avoir, le lieu le plus saint n'est plus vn asyle pour moi, & tout me devient funeste. Helas ! pourquoy faut-il qu'on paroisse aimable à ceux qu'on ne veut point aimer, & pourquoy l'Amour produit-il les mesmes effets de la haine.

Quel bizarre renverſement ſe fait-il pour ma ruine, toutes choſes ſont contre moi : Euribiade qui devroit me proteger, me veut rendre malheureuſe : Cleonte qui me devroit haïr, par la haine que j'ai pour luy, continuë de m'aimer malgré moi : le Prince ceſſe d'aimer, & ſa Maiſtreſſe & ſon Favori, pour me rendre miſérable, ſans ſe rendre heureux : on me veut enlever de deux coſtez : Cleandre eſt eſclave, je ſuis ſeule à ſupporter tant d'infortunes, & pour comble de maux, je vis malgré moi, afin d'eſtre la plus malheureuſe du monde. Je dis alors à Celanire, tout ce qu'on a accoûtumé de dire à ſes amies en affliction. Mais aprés cela nous cher-

cherchâmes quel remede il y avoit à de si grans maux. La premiere pensée de Celanire, fut de trouver à employer toutes ses pierreries, qui sont tres-belles, pour délivrer Cleandre. Car enfin, dit-elle, dans le mesme temps que ses lâches amis font vn secret des graces qu'ils ont reçuës de luy, je veux renoncer au secret pour le servir. Mais vn moment aprés, se ressouvenant de cette declaration de son pere, qu'Euribiade avoit fait paroistre, elle eut vn tres-sensible renouvellement de douleur. Nous appellâmes alors la premiere des Vierges voilées, qui nous montra vn billet sans nom, par lequel on l'avertissoit, qu'on avoit dessein d'enlever Celanire de chez elle dans peu de jours, & qu'il luy feroit inutile de s'en plaindre aux puiffances: Joignant donc cela, avec ce que je venois de dire à Celanire, nous vîmes bien qu'il n'y avoit plus de temps à perdre. En ce mefme moment la femme d'Euribiade, qui par ambition euft mieux aimé que Celanire euft efté Maiftreffe du Prince, que femme de Cleonte, vint demander avec empreffement à luy parler en particulier. Elle fut la trouver en vn autre lieu, où aprés mille proteftations d'amitié, elle dit à Celanire, qu'elle alloit trahir fon mari, par la tendreffe qu'elle avoit pour elle, en l'avertiffant qu'il avoit dessein de l'enlever de-là, pour luy faire épouser Cleonte par force. Cette femme ajoûta, qu'il luy estoit aisé d'éviter ce malheur, qu'elle n'avoit qu'à en avertir le Prince, qui y donneroit ordre. Celanire, qui a autant de jugement que d'esprit, se garda bien de témoigner rien de ce qu'elle savoit, & de ce qu'elle pensoit, par la crainte qu'elle eut, que si elle luy eust témoigné ne vouloir pas avertir le Prince, elle ne l'eust fait avertir elle-mesme. Si bien que dissimulant adroitement, elle remercia Elisene, & luy promit de profiter de l'avis qu'elle luy donnoit. Aprés quoi elle revint me trouver avec la premiere des Vierges voilées. Je ne vous dirai point combien de propofitions furent faites, qui nous parurent ou déraifonnables, ou impoffibles ; car quitter cette maifon, pour fe cacher dans les Etats du Prince, c'eftoit faire vn grand éclat, fans fe mettre en feureté. Ainfi aprés avoir raifonné deux heures, nous conclûmes qu'il faloit que Celanire fortift de la domination du Prince. Elle trouva pourtant mille embarras à fa fuite, & quelque chofe de fâcheux à vne perfonne comme elle, de fuïr & de difparoiftre aux yeux du monde. Elle voioit pourtant bien que Cleandre n'eftoit pas en lieu où l'on puft dire qu'il fuft avec elle, & cela la raffuroit vn peu ; mais voiant deux périls fi proches, elle estoit dans vne peine extréme. J'achevai enfin de la déterminer, en la faisant souvenir, que feu ma mere estoit Françoise, que depuis sa mort j'avois entretenu l'amitié d'vne sœur qu'elle avoit dans vne des premiéres provinces du Royaume, que c'estoit vne personne de qualité, & de merite, que j'y avois mesme du bien dont je me voulois défaire, que je la menerois, que nous estions parentes fort proches, & qu'afin d'avoir encore vn témoin irreprochable de sa conduite, je me chargeois de persuader à vn parent de sa mere, qui estoit fort de mes amis, de l'accompagner. Je luy representai que cét homme estoit déja avancé en âge, qu'il eſtoit ennemi du monde, qu'il la loüeroit de fuïr la Cour, qu'il n'eſtoit point marié, qu'il eſtoit ami de Cleandre, qu'il eſtoit riche, & qu'enfin j'en répondois, pourveu qu'on ſe confiaſt à luy. Celanire & ſon amie, trouvérent que dans vn auſſi grand malheur, c'eſtoit tout ce qu'on pouvoit faire. Mais comme la choſe preſſoit, & que le lendemain nous reçûmes encore pluſieurs avis, je parlai à Telamon, à qui je perſuadai tout ce que je voulus. Cette belle fille, pour arreſter le deſſein de ceux qui la vouloient enlever, feignit de ſe trouver plus mal : nous mîmes en lieu ſeur toutes ſes pierreries, & les miennes pour les emporter ; & son parent & moi donnâmes ordre d'avoir plus d'argent qu'il ne nous en faloit pour faire nostre voiage magnifiquement, & mesme pour subsister long-temps. Nous ne voulûmes prendre qu'vne des filles de Celanire, & vne des miennes. Ce prétendu redoublement de mal de Celanire, suspendit en effet les desseins de ceux qui la vouloient tirer de cette maison, & l'on ne voioit que des gens qui alloient savoir de ses nouvelles, de la part du Prince, & d'Argelinde ; mais elle ne leur estoit guere obligée de leurs soins. Nous crûmes qu'il ne faloit pas témoigner savoir rien du dessein du Prince, & qu'au contraire, Celanire luy devoit écrire dés qu'elle seroit hors de son Etat, pour luy dire, que n'aiant osé luy demander protection contre Euribiade qu'il consideroit, & qui la vouloit enlever, elle avoit pris le parti de se mettre en lieu de seureté, jusques à ce que Cleonte se fust marié, ou qu'Euribiade eust changé de sentiment. Mais enfin, pour ne vous tenir pas plus long-temps, par vn si long recit, je fus prendre Celanire vn soir dans vn carrosse, à la porte des jardins : car la premiere des Vierges voilées voulut bien se charger de l'évenement, & dire à Euribiade qu'elle avoit consenti, que pour éviter sa violence, Celanire allast chercher vn asyle, & qu'elle l'avoit mise entre les mains d'vn de ses parens, & d'vne de ses parentes, qui feroient savoir où elle seroit, quand il en seroit temps. Mais comme Cleandre occupoit le cœur de Celanire, elle me fit écrire à vn de mes parens à Malthe, & à vn de mes amis à Venise, afin qu'ils s'informassent avec soin du lieu où pouvoient estre les Corsaires qui l'avoient pris. Aprés quoi nous sortîmes, & nous fûmes assez heureuses pour avoir vn jour entier sans qu'on seût que nous estions parties; car j'avois dit que je devois aller aux champs pour trois ou quatre jours, & l'on disoit que Celanire estoit toûjours malade. Nous fûmes encore assez heureuses pour n'estre point trouvées par ceux qui nous chercherent enfuite, car nous prîmes vne route fort détournée. Pendant le chemin nous rencontrâmes vn de vos amis qui nous rendit mille services, & à qui nous fûmes obligées de nous confier ; & comme il nous offrit de nous donner voftre connoiffance, nous l'acceptâmes, avec la condition que vous ne nous connoiftriez pas. Cependant, vous nous connoiffez parfaitement, excepté nos veritables noms. Je ne vous dirai point quelle fut la douleur de Celanire en quittant fa patrie ; mais j'ai toûjours connu que fon deffein a efté, & eft encore, fi le malheur vouloit que Cleandre perift, de s'enfermer en France, dans quelqu'vne de ces maisons, qui sont la retraitte de tant de belles personnes, ou malheureuses, ou dégoûtées du monde. Depuis que nous sommes en ce païs, elle a reçû vn billet de Cleandre, esclave, le plus touchant du monde, & quoiqu'il marque que les Corsaires ne veulent pas entendre parler de sa liberté, il ne laisse pas de témoigner qu'il luy reste quelque espérance, en conservant ses premieres chaînes, de rompre les secondes. Vous pouvez penser que ce n'est pas vne grande consolation pour Celanire, quoiqu'elle ait esté bien aise de savoir qu'il estoit vivant. Aussi puis-je dire, que depuis que nous sommes en France, je ne l'ai veuë sensible à rien, qu'à voſtre amitié, ni avoir curioſité pour quoi que ce ſoit, que pour tout ce qui regarde voſtre Roi. Je remerciai alors Glicere, de m'avoir fait vn ſi agréable recit, ne pouvant aſſez louër Celanire, ni plaindre Cleandre. Je luy demandai ſi elles ne ſavoient point au vrai ce qui s'eſtoit paſſé à la Cour du Prince, aprés leur départ. Mais elle me répondit, que Celanire craignoit ſi fort qu'on ne ſeût où elle eſtoit, qu'elle n'avoit pas voulu qu'on luy écriviſt nul détail des choſes, ne prenant preſque intéreſt à rien, juſques à ce qu'elle ſceuſt que Cleandre ſoit delivré, ce qui, ſelon toutes les apparences, n'eſt pas preſt d'arriver. Comme j'alois répondre à Glicere, Celanire qui s'eſtoit allée promener avec Telamon, ſuivie des filles qui eſtoient à nous, revint nous joindre ; je fus à elle en l'embraſſant, pour la louër, & pour la plaindre. Mais cette belle perſonne rougiſſant avec beaucoup de modeſtie, De grace, me dit-elle avec vn air charmant, ne dites rien de mes malheurs ; car comme on ne peut ſéparer mes malheurs de ma foibleſſe, il vaut mieux ne m'en parler pas, & faire encore vn ſecret de tout ce que j'ai conſenti que vous ſeuſſiez. Ou s'il faut que je vous en diſe quelque choſe, je vous avouërai, que depuis que je me ſuis ſéparée de vous, pour laiſſer à Glicere la liberté de vous conter tout ce qui m'eſt arrivé, je ne me suis entretenuë avec Telamon, que d'vn scrupule d'amitié qui m'est entré dans l'esprit ; car quand je me suis veuë dans ces merveilleux jardins, où l'on trouve tant de beautez différentes, & que je me suis figurée que le malheureux Cleandre est parmi des Corsaires, il m'a semblé que je ne faisois pas bien, & que c'étoit vne espéce d'infidélité, d'avoir tant eu de curiosité de savoir toutes les admirables qualitez de vostre grand Roi, & d'avoir voulu voir sa maison favorite, & que si Cleandre le savoit, il pourroit m'en faire vn reproche. Vostre scrupule d'amitié, luy dis-je, est fort honneste ; mais il est fort mal fon-

DE CELANIRE.

dé, & sans connoistre Cleandre, je répondrois qu'il n'en murmureroit pas. Nous commençâmes alors de marcher, pour voir le lieu où le bal estoit à la feste de Versailles, dont Glicere avoit tant entendu parler, & qui subsiste encore. J'ai connu, luy dis-je en sortant du jardin où sont ces beaux orangers qui conservent toûjours toute leur beauté d'Italie, & de Provence, que vous ne voulez pas qu'vn Amant ait beaucoup d'espérance ; mais ne soiez pas de cette opinion pour les malheurs où l'on se trouve, & demeurez d'accord, qu'il faut s'en faire quand on n'en a pas. Helas ! reprit-elle en rougissant, j'ai bien plus de penchant à craindre, qu'à esperer, & il me semble mesme que la crainte est vn meilleur parti. Pour moi, luy dis-je, je conviens qu'en amour la crainte a quelquefois plus de tendresse que l'espérance ; mais dans les affaires du monde, je trouve que l'espérance est plus raisonnable, & plus necessaire que la grande crainte. Mais la crainte, dit Celanire, fait prévoir les malheurs, & peut les faire éviter. La prévoiance trop craintive, repris-je, fait au contraire, que croiant tout perdu, on ne fait rien pour se sauver : au lieu que celuy qui connoist le péril, & qui a quelque espérance d'en sortir, cherche dans son esprit, les moiens qui l'en peuvent tirer ; il agit,

il

il va, il vient, & à force d'espérer, il sort du malheur ; au lieu que ces gens qui desespérent de tout, s'endorment, pour ainsi dire, dans leur infortune, & n'en sortent jamais. Pour moi, dit Glicere, j'avouë que je suis née avec la crainte, & que ce n'est que par l'effort de ma raison, que j'y resiste ; car premiérement je crains la mort de toutes les maniéres, je crains la vieillesse, la pauvreté, la douleur. Je comprens assez toutes ces craintes-là, repris-je, mais ce n'est pas de celles-là, dont j'entends parler, c'est de celle qui fait trop craindre l'avenir, & qui porte à n'espérer jamais nul bon succés des choses qu'on attend, ou de celles qu'on a entreprises.

Je pourrois mesme dire, ajoûtai-je, que ces craintes, dont vous venez de parler, qui semblent si bien fondées, sont la plufpart du temps inutiles : car l'infallibilité de la mort devroit en avoir ôté la crainte excessive; & pour moi, je la hais plus que je ne la crains : & quant à la vieillesse, il en est à peu prés de mesme, & je pense pouvoir dire que la haine que j'ai toûjours euë pour la mort, fait que j'ai moins apprehendé tous les maux que cét âge avancé peut apporter. Mais pour la pauvreté, quand elle est extréme, j'avouë que je permets de la craindre, aussi bien que la douleur; la premiere met la vertu à l'épreuve de cent façons différentes, & la seconde est le chef-d'œuvre de la patience. Il faut pourtant avouër, dit Celanire, qu'il y a des perſonnes ſi malheureuſes, qu'il eſt difficile qu'elles puiſſent trouver lieu d'eſpérer; car tout leur ſemble ſi contraire, que ce qui feroit le bonheur d'vn autre fait leur infortune. Pour avoir toûjours de l'eſpérance, repris-je, il ne faut pas ſeulement regarder le détail des choſes dont il s'agit, il faut vne fois en ſa vie avoir fait quelque reflexion ſur le monde en général. Il faut avoir obſervé l'inſtabilité de la Fortune, le caprice des evenemens, les chûtes précipitées des vns, la grande élevation des autres, la varieté de l'humeur des hommes, qui change lorſqu'on y penſe le moins. Il faut, dis-je, avoir pris garde que la pluſpart du temps les evenemens de la vie dépendent de l'amour, de la haine, de l'ambition, de l'intéreſt de perſonnes que vous ne connoiſſez pas ; la paix ou la guerre font mille changemens en la fortune des gens qui n'ont nulle part au gouvernement. Ainſi l'on doit du moins vne fois eſtre perſuadé qu'il peut toûjours arriver mille choſes, ſoit en bien, ſoit en mal, qu'on ne ſauroit prévoir ; & par conſequent ne deſeſperer jamais de rien, & au contraire, toûjours eſpérer. Car ce que les vens font ſur la mer, la Fortune le fait ſur la terre ; & j'ai ouï dire à vn homme extremément ſage, qu'il eſt à propos de faire dans la vie, ce qu'vn bon Pilote fait dans vn vaiſſeau qui a le vent contraire; il n'abandonne pas le timon pour cela, au contraire il lutte contre la tempeſte, & lorſque toutes les apparences ſont contre luy, que ſes voiles ſont emportées, que ſon maſt eſt rompu, & qu'il erre à la merci des vents & des écueils, il eſpére encore ou que l'orage ceſſera, ou qu'vn coup de vent le portera au port. Cela eſt fort bien dit, repliqua Celanire, à parler en général. Mais par exemple, pour ce qui me regarde, quelle apparence d'eſpérer quelque changement en ma fortune? & quand il en pourroit arriver au cœur du Prince, d'Argelinde, d'Euribiade, de Cleonte, cela ne délivreroit pas Cleandre. Comme elle parloit ainſi, nous arrivâmes à l'allée qui conduit à ce magnifique ſalon où fut le bal à la feſte de Verſailles. Ne penſez pas, me dit alors Telamon, vous diſpenſer de nous faire le recit de la feſte de Verſailles? Je ferai quelque choſe de mieux, luy dis-je, car je vous en promets deux relations, au lieu d'vne, quand nous ſerons retournez à Paris: la premiere qui eſt fort agréable, a eſté faite par vn homme de beaucoup d'eſprit, & envoiée par ordre de la Reine au Marquis de la Fuente: & la ſeconde eſt d'vn homme qui connoiſt parfaitement tous les beaux Arts, & qui vous apprendra juſques aux moindres circonstances de la feste. Comme nous entrâmes dans ce superbe salon, il me sembla que je vis quelqu'vn qui en sortit par vn de ces petits passages de verdure qui servent de dégagement à droit & à gauche de l'enfoncement. Mais à peine eûmes-nous passé ce grand & spacieux portique, dont l'entrée est ornée par deux termes d'architecture, que Telamon s'écria avec beaucoup d'étonnement, Où suis-je, dit-il en me regardant, est-ce vn salon, vn palais, vn temple, vn jardin, ou toutes ces choses ensemble ? L'admirable grotte que nous avons veuë tantost, a-t-elle presté toutes ses eaux à vn si beau lieu, ou les emprunte-t-elle de luy ? & peut-on voir tout enfemble, toutes les beautez de l'art, & de la nature? Pour moi, dit Celanire, qui avois beaucoup attendu, je trouve mille fois plus que je n'attendois. En mon particulier, dit Glicere, je voi tant de chofes, que je n'entends pas bien encore ce que je voi. Voici qui vous le dira, repliquai-je, en baillant à Glicere vn papier fort proprement rataché avec des rubans couleur de feu, que je venois de trouver, fur vn fiege de marbre jafpé, qui regne tout à l'entour du falon, & où je vis d'abord écrit au deffus, en gros caractere, de la main de celuy qui ne vouloit point qu'on puft dire adieu à fa Maiftreffe.

LA FESTE DE VERSAILLES,
A MADAME LA***

Voilà qui vient bien à propos, dit Glicere, car nous verrons la description de la feste, dans le lieu mesme où elle s'est faite. J'y consens, luy dis-je, mais quoique mon ami ait beaucoup d'esprit, je ne croi pas que cette description soit aussi exacte que celle dont je vous ai parlé. Mais comment, dit Celanire, celuy qui a fait cette relation, l'a-t-il pû oublier en ce lieu-là. Il pensoit si fort à sa Silvie, repliqua Glicere en riant, qu'il n'a point songé à la relation. Cependant, ajoûta-t-elle, asseions-nous, & voions si elle est fort juste. Comme je connois son écriture, repris-je, je m'offre à lire cette description. En effet, nous nous assîmes, & je voulus commencer de lire; mais en tournant la premiere feuille, je vis le Madrigal qui suit, écrit avec du craion, de la méme main que la feste de Versailles, de sorte que je le lûs tout haut :

Qui me retient encore ici
Malgré mon amoureux souci ?
Seroit-ce la belle inconnuë ?
Helas ! depuis que je l'ai veuë,
Dans mon cœur il est survenu
Je ne sai quel trouble inconnu
Que je ne sentis de ma vie,
Qu'au moment que j'aimai Silvie.

DE CELANIRE. 571
Voilà vn inpromptu fort galant, repliqua Glicere, & l'on voit bien que les chagrins de Celanire n'ont pas osté à sa beauté ses charmes inévitables, qui l'ont fait aimer en tous lieux. Celanire rougit, & parut chagrine de ce qui divertissoit Glicere & Telamon ; & dans ce moment là celuy qui avoit fait le Madrigal, aiant fait le tour du salon, y rentra, comme si c'eust esté par hazard. Quoi, luy dis-je dés que je le vis, je ne vous ai pas persuadé, & vous n'estes pas allé dire adieu à Silvie ? Non, repliqua-t-il en riant, & quoiqu'il me soit arrivé quelque avanture dans Versailles, qui seroit fort propre à me faire prendre congé d'elle, je suis pourtant enco-

ré ici par vn certain charme inconnu qui m'a forcé de laisser aller mon ami, & de venir dans ce salon, où j'ai seu que vous n'aviez pas encore amené la plus belle, & la meilleure compagnie du monde. L'aimable inconnuë ne pouvant souffrir cette liberté Françoise, qui ne convenoit pas avec le chagrin qu'elle avoit dans l'ame, ne voulut point prendre de part à ce que disoit ce nouvel admirateur de sa beauté, & se tournant du costé des cascades, comme si vn si bel objet l'eust occupée, ce ne fut qu'entre Glicere, Telamon & moi, que se fit vne conversation enjoüée & galante, la plus agréable du monde. Cependant, comme cét Amant de Silvie est vn fort honneste homme, je luy fis entendre qu'il feroit bien de s'en aller, & que pour le punir de sa hardiesse, je ne luy rendrois pas la relation de la feste de Versailles. Je sai bien, me dit-il en soûriant, que je suis vn importun qui ne pourrai non plus dire adieu à la belle inconnuë, qu'à Silvie. Les adieux des personnes qui ne se connoissent presque point, repliqua la belle étrangére, en se retournant d'vn air melancolique, sont si indifférens, que je ne veux pas refuser de vous dire adieu. En disant cela, elle luy fit vne reverence serieuse, mais de tres-bonne grace, qui le força de se retirer aprés luy avoir dit qu'il se hastoit de s'en aller, de peur de ne pouvoir plus partir, s'il la voioit encore vn moment. Aprés qu'il s'en fut allé je commençai de lire la relation qui suit.

LA FESTE DE VERSAILLES, A M. ***

Je vous obeïs, Madame, quoiqu'avec beaucoup de repugnance. Il faut bien que la feste ait efté merveilleufement belle, puifqu'elle m'a femblé telle, quoique vous n'y fufliez pas. Voici en peu de mots, ce que m'a paru la feste de Verfailles. C'estoit proprement vn affemblage de tous les grans plaifirs, dans les plus beaux lieux du monde, mais des lieux faits exprés, où l'art en imitant la nature, la surpassoit infiniment ; où les eaux triomfoient glorieusement dans leur captivité, s'il est permis de parler ainsi ; où l'éclat des lumiéres faisoit briller tout ce qu'elles éclairoient ; où l'harmonie de toutes les façons s'accordoit avec le bruit des cascades ; & où l'admiration suspendoit de telle sorte les esprits, qu'on ne savoit quel objet choisir à ses loüanges. Mais pour garder quelque ordre à mon recit, & vous donner quelque idée du commencement de la feste ; il faut vous imaginer d'abord, le Roi & la Reine, sortans du palais avec cette belle foule qui les accompagne toûjours, &

qui se répandit en vn instant dans tous les jardins, à peu prés comme vn grand amas d'eaux retenuës & resserrées, qui s'épanchent tout d'vn coup, & qui inondent vne grande étenduë de païs. Cette agréable multitude de belles personnes, extraordinairement parées, se rassembla bien-tost aprés pour vne colation champestre, & extremément galante, qui fut le premier des divertissemens qu'on y prit. Elle se fit dans vn lieu où cinq allées aboutissant à vne fontaine, forment vne agréable étoile. Ces allées estoient par arcades de verdure, à droit & à gauche, bordées de vases, avec des arbrisseaux chargez de fruits; elles estoient bornées par de figures

gures dorées, qui convenoient à la feste, entremêlées de festons & de vases de fleurs, & à l'entour de la fontaine on voioit cinq tables rustiques, chargées avec vne profusion pleine d'ordre, de tout ce qu'on peut offrir en vne colation mêlée, pour la rendre magnifique & agréable. De-sorte qu'on avoit joint ensemble le plaisir de se promener, à celuy de faire vn repas, qui dans sa nouveauté, avoit l'avantage de divertir ceux mesme qui ne vouloient pas manger. Un grand & beau jet d'eau, qui partoit avec impetuosité d'entre ces tables chargées de tant de choses différentes, accompagnées d'orangers, & ornées de fleurs, faisoit vn murmure, qui sembloit dire quelque chose. En effet, vn homme dont l'air estoit fort agréable, aprés m'avoir dit cent jolies choses, sur tout ce qu'on voioit en ce lieu-là, me dit qu'il avoit tres-bien entendu ce que la fontaine disoit. J'ai bien ouï dire, repris-je, qu'vn homme fort sage de l'Antiquité, se vantoit d'entendre le langage des oiseaux ; mais je ne pensois pas qu'on pust entendre celuy des fontaines. J'ai pourtant bien ouï, reprit-il en soûriant agréablement, ce que celle que nous voions vient de dire, & si vous le voulez, je vous dirai ce que c'est. Je l'en priai en raillant, & il me recita les vers qui suivent:

AV ROY.

Comme vne fontaine fidéle
Pleine de respect & de zéle,
J'ose advertir en murmurant
Nostre invincible Conquerant,
Que dans ces aimables boccages
Et sous les plus espais feüillages,
On trouve parmi les plaisirs
Bien plus d'Amours que de Zephirs,
Et que ni sceptre, ni couronne
N'en sauroient défendre personne.

Je vous assure, poursuivit cét homme en soûriant encore, que je ne croi pas me tromper, lorsque je soûtiens qu'il y a presentement plus d'Amours à Versailles, que Voiture n'en fit aller autrefois aux premieres nopces

HISTOIRE

d'vne des plus belles perſonnes du monde, & que Sarrazin n'en mit à la pompe funebre de cét homme admirable. En effet, repliquai-je en raillant, auſſi bien que luy, comme il y a beaucoup d'étrangers ici, il n'eſt pas impoſſible qu'il ne s'y en trouve de ceux dont Voiture parloit, quand il diſoit :

Il en arriva trois volées
Des marches les plus reculées,
Du Cap-vert; ceux-là ſont petits,
Gaillards, éveillez, & gentils,
Ils ont par tout meſme ramage,
Et cent couleurs en leur plumage,
Comme on en voit aux Perroquets,
Ce ſont ceux qui font les Coquets.

Il y a aſſurément plus de ceux-là en France aujourd'huy, repliqua cét homme, que de toutes les autres especes, & si vous pouviez vous servir d'vne petite lunette d'approche enchantée que je tiens, qui fait découvrir les Amours par tout où il y en a, vous verriez qu'il y a presentement fort peu

D'vn certain amour de respect, dont parle Sarrazin, & qu'on voit en plusieurs endroits

> *Force Cupidons insensez,*
> *Des Cupidons interessez,*
> *De petits Amours à fleurettes.*

Je vous assure, luy dis-je, que ce seroit le plus grand plaisir du monde, de voir bien clairement tous les Amours qui sont à la feste de Versailles ; sur tout, ceux qui y sont *incognito* : car pour ces Amours, qui vont les aisles déploiées, & le flambeau à la main, je n'en ai pas de curiosité. Vous en demandez trop, me dit-il, car les Amours qui vont *incognito*, meritent qu'on veuille bien ne les pas connoistre. C'est-pourquoi je ne vous apprendrai pas le secret de mes lunettes d'approche, & je me contenterai de vous assurer, que qui compteroit tous ceux qui sont à la feste, y trouveroit plus d'Amours que de personnes. Car selon vne nouvelle opinion qui commence de s'établir, chaque passion a vn petit Amour qui l'inspire, & qui la conduit ; & ceux qui ont deux ou trois Maistresses, ont aussi deux ou trois petits Amours qui les suivent : & c'est vne erreur grossiere, de penser qu'il n'y ait qu'vn Amour pour les quatre parties du monde ; qui auroit, sans doute, trop d'affaire à blesser tant de cœurs. Je croi mesme, ajoûta-t-il plaisamment, que comme il y a diverses especes de chiens, pour diverses sortes de chasses, il y a aussi des Amours de différentes sortes, & que ceux qui blessent les cœurs des Rois, ne sont jamais occupez à blesser des cœurs vulgaires. Mais aprés tout, luy dis-je, je croi que vostre lunette me fera mieux voir de loin les ornemens des superbes salons de Verfailles, que les Amours qui sont à la feste. Je m'en estois d'abord servi pour cela, repliqua-t-il en riant ; mais elles ont vn autre vsage. Dans ce moment la colation finit, la foule ne nous separa pourtant point, & nous vîmes toute la feste ensemble. Au partir de là on vit les plus beaux jardins du monde, entiérement remplis de la plus belle Cour qui fut jamais, & vn grand parc plus tumultueux que ne le sont les plus grandes villes, car le Roi avoit eu la bonté de permettre aux personnes de qualité de laisser entrer leurs carrosses. On ne peut assurément imaginer rien de plus magnifique, que l'agréable confusion qui se voioit dans ces superbes jardins qu'il faloit traverfer pour aller à la Comedie, en vn lieu qui furprend également, & par fa grandeur, & par la beauté d'vn theatre bâti, comme il fembloit, pour l'eternité. Cependant, ce lieu-là n'eft qu'vne grande feuïllée : mais fi belle, fi haute, & fi ferme, qu'il y a vn amphitheatre à contenir trois mille perfonnes, fans eftre preffées. Le theatre a des colomnes magnifiques, des ftatuës, des jets d'eau en abondance, & mille autres ornemens qui feront fans doute dépeints ailleurs plus exactement que je ne le pourrois faire ici. La premiere face du theatre fut vn fuperbe jardin orné de canaux, de cafcades, de la veuë d'vn palais, & d'vn lointain au delà. Une feconde colation offerte au bord du theatre, dans cent corbeilles fort propres, des plus beaux fruits qui furent jamais, fit voir que l'abondance se trouvoit par tout. Ensuite, vne agréable comedie de Moliere fut representée ; le theatre changea plusieurs fois tres-agréablement, & la comedie fut entremêlée d'vne symphonie la plus surprenante & la plus merveilleuse qui fut jamais, de quelques scenes chantées par les plus belles voix du monde, & de diverses entrées de balet, tres-divertissantes, & tres-bien dansées. La derniere, sur tout, fut admirable par vne prodigieuse quantité de personnages, & de figures différentes, dont la foule reguliere, s'il est permis de parler ainsi, occupa tour à tour toutes les places du theatre, avec tant d'ordre & de justesse, qu'on n'a jamais rien vû de pareil. J'oubliois de vous dire, Madame, que pendant qu'on presenta cette colation au bord du theatre, je demandai à ce nouvel Ami, que la feste m'avoit donné, si tous ces Amours dont il m'avoit parlé, estoient à la comedie. N'en doutez pas, repliqua-t-il sans hesiter : car les Amours sont les premiers & les meilleurs Comediens du monde ; ils pleurent, ils rient, ils font cent personnages différens selon les occasions, & passent d'vne extrémité à l'autre en vn instant. Au sortir de là, on ne pouvoit penser qu'il puſt y avoir rien de plus beau, on fut cependant malgré la nuit qui eſtoit ſurvenuë, vers le ſalon où le Roi devoit ſouper. Mais, Madame, n'attendez pas que je le décrive exactement, j'en détruirois la beauté dans voſtre imagination, & la multitude des parties vous empécheroit d'en concevoir tout l'éclat. Jamais rien ne fut ſi ſurprenant que cét objet-là, ni plus difficile à repreſenter. On a pu dire comment ont eſté faits les plus ſuperbes bâtimens de l'ancienne Rome ; mais on ne peut exprimer ce que c'eſtoit que ce palais qui n'a jamais eu de modéle. Il eſtoit extrémément grand & fort élevé. C'eſtoit vne architecture de verdure par le dehors, ornée de basses tailles lumineuses, qui dissipoient les tenébres de la nuit, de figures, de chiffres, & de mille autres ornemens que je ne puis vous décrire, & que les lumieres du dedans faisoient éclater au dehors. Ce grand salon avoit huit grans portiques, & seize fenestres, ornées de festons de fleurs, pour donner lieu à tous les Zephirs d'alentour, d'empécher que la multitude des lumieres ne pust trop échauffer. Le dome estoit soûtenu par des pilastres de porphire à chapiteaux dorez, les corniches ornées de vases de porcelaine, remplis de fleurs, d'où pendoient encore des festons. Le haut du dome sembloit vn arabefque de feüillages, à travers lefquels on voioit reprefentées toutes les belles couleurs que l'Aurore & le Soleil étalent le matin, pendant les beaux jours de l'Efté, quand le ciel paroît fans nuages. En quatre endroits eftoient difpofez reguliérement, quatre rangs de coquilles de porphire, les vnes fur les autres, qui fe déchargeoient fucceffivement jufques dans vn grand baffin à plain pied du falon, & accompagné d'orengers. Au deffus de ces coquilles, eftoient des girandoles à plufieurs bougies, qui redoubloient leur propre lumiére par l'éclat des eaux dont elles eftoient environnées. Un nombre infini de chandeliers de cryftal rattachez avec des écharpes de gafe d'argent, & entremêlez de feftons de fleurs, éclairoient cét admirable falon. Le milieu duquel eftoit occupé par vne grande table à huit pans, capable de contenir foixante perfonnes commodément. Au milieu de cette table, eftoit vn grand rocher extrémément agréable, dont les coquillages eftoient induftrieufement variez. Ce rocher reprefentoit le Mont Parnaffe, Apollon & les Mufes y paroiffoient fous des figures d'argent, & le cheval Pegafe, de mefme métal, eftoit fur le haut du rocher. Il fembloit d'vn coup de pied l'avoir fait entr'ouvrir, & fourdre mille gros bouïllons d'eau, qui fortant en quelques endroits, par des vrnes de porcelaine, se dégorgeoient dans des coquilles de cryſtal, & se perdoient dans de petits quarrez, placez de distance en distance, à l'entour de la table. Un nombre infini de bougies, dans des chandeliers de cryſtal, éclairoient, & la table & le rocher, & par mille reflexions de ces lumieres, dans les eaux, & ſur les coquillages, & ſur les cryſtaux, il ſe formoit je ne ſai quel éclat éblouïſſant, qui ne permettoit pas de rien diſcerner, & qui faiſoit pourtant paroiſtre tout beau. Je ne vous repreſente pas, Madame, la magnificence du buffet du Roi, & de deux autres deſtinez pour les Dames. Je ſai qu'vn homme fort exact en deſcriptions, doit donner ce détail-là

DE CELANIRE.

là aux Etrangers, & à la Postérité. Il suffit de dire, que plusieurs cuvettes de mille marcs chacune, estoient accompagnées de cinquante bassins proportionnez à cette magnificence, qu'vn pareil nombre de grans vases & de cassolettes les séparoient, que les plaques, les girandoles, & vingt-quatre pots remplis de fleurs, ornoient le buffet du Roi, avec vn nombre infini d'autres choses, & qu'enfin plusieurs Rois assemblez ne sauroient rien faire voir de plus magnifique. Je ne parle point de l'excellence de l'harmonie, de la somptuosité du repas, de la diversité des services, de l'abondance, de l'ordre, & du choix des choses ; le festin, pour dire

Pp

tout en vn mot, répondoit au lieu du festin. Il y eut huit autres tables destinées pour trois cens Dames conviées, qui furent servies en mesme temps, avec vne égale magnificence. Voilà bien des tables, dis-je à mon ami de la feste; mais je n'en voi point pour vos Amours. Vous vous trompez, me dit-il, ils sont à ces tables, de mesme qu'à la comedie, comme ailleurs, repliqua-t-il: car comme l'a dit autrefois vne agréable chanson de Sarrazin:

Bisques, dindons, poix, & féves
         nouvelles
      Charment les Belles,
      Et les Amours,
Qui sont enfans, veulent manger
         toûjours.

Mais, Madame, pour en revenir où j'en estois, tout ce que j'ai décrit, quelque beau qu'il soit, fut encore surpassé par la sale du bal. En effet, Madame, c'est vn mélange de tant de beautez, de tant d'invention, de tant d'éclat, & de tant de charmes, qu'on peut le regarder comme vn abrégé de toutes les beautez de l'art, & de la nature. Il n'y a point de palais au monde qui ait vn salon si beau, si grand, si haut élevé, ni si superbe; la forme en est octogone, & dans sa vaste regularité, & sa magnificence, il a par tout des choses qui plaisent, & qui étonnent en mesme temps. On y voit des rochers suspendus en quatre endroits, comme les jardins de la fameuse Semiramis, au deſſus de quatre petits amphitheatres, qu'on a pratiquez adroitement dans l'enfoncement des arcades. Ces rochers ont de la mouſſe, de l'eau, & des ſtatuës ; & ces ſtatuës ont rapport entre elles, & au deſſein général de ce magnifique ſalon. Celles qu'on voit tout à l'entour repreſentent tous les fameux Muſiciens de l'antiquité, & à tous les angles, on voit de grandes coquilles & des muffles jetter de l'eau en abondance, avec des jets de diſtance en diſtance d'vn angle à l'autre, & des orangers entremêlez. Dans l'enfoncement de ce ſuperbe ſalon, à la face oppoſée à l'entrée principale, on voit vne allée fort longue, formée par des arbres extrémement verds, entremêlez de termes d'architecture, de jets d'eau, de vases pleins d'orangers; & dans la profondeur de l'allée, vn rocher admirable, des monstres marins, & des masques jettant de l'eau en abondance, & formant trois napes d'eau, telles qu'on en pourroit voir aux lieux où la nature est la plus prodigue de fontaines, de rivieres & de torrens. Toutes ces eaux remplissent vn grand carré au pied du rocher, & forment ensuite deux cascades le long de l'allée, bordée de gason des deux costez avec des jets fort prés les vns des autres. Toutes ces eaux se rendent ensuite dans vn grand bassin, ou quatre testes de Dauphins n'en formant qu'vne, jettent impetueusement vn jet d'eau de trente pieds de haut, qui retombe dans le bassin, comme vn déluge de perles. Cependant, ce grand amas d'eaux qu'on voit, & au theatre de la comedie, & au salon du souper, & à celuy du bal, n'a sa principale source qu'en la volonté, & en la magnificence d'vn grand Roi, qui a sû joindre en ce lieu-là, tout ce que les villes les plus superbes, & la campagne la plus agréable, ont de plus magnifique, & de plus charmant. Et si l'on pouvoit faire concevoir l'effet merveilleux de cent chandeliers de cryſtal, & d'vn nombre infini de plaques, de girandoles & de pyramides de flambeaux dans ce grand salon, où l'éclat des eaux disputoit de beauté avec les lumiéres, où le bruit des fontaines s'accordoit avec les violons, & où mille objets différens faisoient le plus bel objet qui fut jamais ; les nations étrangeres auroient peine à croire qu'on n'ajoûtast rien à la vérité. Ce fut en ce lieu-là, que mon ami aux Amours me dit qu'il en voioit le plus, & il me soûtint que c'estoit principalement au bal, où les Amours faisoient les conquestes les plus promtes, & quelquefois aussi les moins durables ; ajoûtant, que les cœurs qu'on prenoit seulement en dansant, se perdoient bien souvent aussi-tost qu'on ne dansoit plus. N'attendez pas, Madame, que je vous décrive la beauté de l'assemblée & du bal, il y auroit encore bien plus de hardiesse à l'entreprendre, qu'à vous representer la beauté du salon. Vous savez que le Roi danse de la meilleure grace du monde, & qu'il est le maistre par tout. Vous connoissez la beauté de la Reine, & celle de toutes les Dames de la Cour. Vostre imagination vous peindra tout cela mieux que moi. Je me contenterai seulement de vous dire, que le bal parut fort court à tout le monde, n'osant assurer qu'il le fust effectivement: & qu'au sortir d'vn lieu qui semble tenir plus de l'art magique, que de l'art dont les hommes ont accoûtumé de se servir; on rencontra pourtant quelque chose de plus surprenant encore. Car aprés avoir passé par quelques allées vn peu sombres, pour donner plus d'éclat à ce qu'on devoit voir, comme l'on arrivoit sur vne magnifique terrasse, d'où l'on découvre également, & le palais, & les terrasses qui vont en décendant, & qui font vn amphitheatre de jardins, on vit vn changement prodigieux en tous les objets ; & l'on peut dire, que jamais nuit ne fut si parée, & si brillante que celle-là. En effet, le palais parut veritablement le palais du Soleil : car il fut lumineux par tout, & toutes les croisées parurent remplies des plus belles statuës de l'antiquité ; mais de statuës lumineuses & colorées diversement, qui répandoient vne si grande lumiére, que les ombres pouvoient à peine se cacher sous les bois verds qui sont à l'extrémité du parc ; & quiconque ne s'est point trouvé à la feste de Versailles, ne peut concevoir qu'imparfaitement, l'effet merveilleux de ces lumiéres captives & retenuës en apparence, qui se répandent toutefois beaucoup davantage que si elles ne l'estoient pas. Toutes ces diverses balustrades, aussi bien que les terrasses des divers jardins, qui ont accoûtumé d'estre bordées de vases de porcelaine, remplis de fleurs, le furent de vases flamboyans, qui ornoient & éclairoient en mesme temps la vaste étenduë de ces superbes jardins.

Outre les statuës du palais, & les vases des terrasses & des balustrades, on vit dans les jardins d'embas, des allées de termes enflâmez, & en plusieurs autres endroits des colosses lumineux, des statuës, des caducées de feu entrelassez, & mille objets enfin, qui en se faisant voir eux-mesmes, servoient aussi à faire voir les autres. Mais comme ce n'estoit pas encore assez de charmer les yeux par tant d'objets éclairez, qui étoient fixes dans leur éclat, on entendit tout d'vn coup, par le bruit éclatant de mille boëttes, vne harmonie héroïque, pour ainsi dire, qui fut suivie de mille aigrettes de feu d'artifice, qu'on vit sortir des rondeaux, des fontaines, des parterres, des bois verds, & de cent endroits différens, & enfin, du haut de la machine qui fert à élever les eaux, & dont la brillante multitude d'étoiles euft pû même ternir le Soleil. Jamais on n'a vû vn mêlange plus furprenant, que celuy que caufa la confufion des eaux & des flâmes, & les divers effets de ces ennemis irreconciliables, qui s'accordérent alors, pour contribuer enfemble aux divertiffemens du Roi. Du moins, disje en riant à celuy dont j'ai déja parlé plufieurs fois, avouëz-moi que vous ne favez plus où font tous ces Amours, dont nous nous fommes entretenus. Ils font en l'air, reprit-il hardiment, ce sont eux qui font tout le bruit que vous entendez, & par le moien de mes lunettes d'approche, je voi distinctement que ce qu'on prend pour des serpenteaux, sont de petits Amours enflâmez, qui se joüent & qui s'entrebattent, car ils ont souvent des disputes ; & je voi le mien qui en attaque cent à la fois, & qui soûtient qu'il est le plus ardent de tous. Je n'en voi rien, & n'en sai rien, repris-je ; mais je croi seulement que nul de tous les Amours qui sont à Versailles, n'est si constant que celuy qui est maistre de mon cœur. Nous pensâmes alors nous quereller aprés avoir esté si bien ensemble, & nous nous séparâmes à demi brouïllez. Je ne dis rien, Madame, de la beauté de la Cour, ni de cette foule inconcevable, qui dans ce qu'elle a de fâcheux, a pourtant quelque chose de grand. Il suffit que j'assure, s'il est permis de parler ainsi en prose, que l'Aurore parut sans estre regardée, & que le Soleil se leva pour la premiere fois, moins beau que la nuit qui l'avoit précédé, n'avoit esté belle.

Celanire, Glicere & Telamon, loüérent plus cette relation que moi, qui trouvai qu'elle faisoit tort à la feste de Versailles. Mais à peine eûmes nous achevé de voir le salon du festin, que celuy qui nous avoit fait voir d'abord cette admirable Maison roiale, & qui avoit remarqué que la belle étrangere ne vouloit voir personne, vint luy demander si elle trouveroit bon que deux étrangers eussent le plaisir de voir les eaux du salon, qu'on ne faisoit pas voir à tout le monde. Celanire soûrit nonchalament, & répondit que dans la maison d'vn grand Roi, elle n'avoit rien à répondre, si ce n'estoit que plus de gens verroient vne si belle chose, & plus on loüeroit sa magnificence. Aprés cela cét homme fit venir ces étrangers. Je les apperçûs la premiere : car pour Celanire, ne voulant presque pas tourner la teste de ce costé, elle ne regardoit que l'enfoncement de l'allée où sont ces belles napes d'eau. Je vis donc que ces étrangers estoient tous deux bien faits ; mais celuy qui

estoit le plus jeune, & qui marchoit le premier, me parut de la meilleure mine du monde; il étoit beau, de belle taille, il avoit l'air grand, noble, & tellement la liberté Françoise, que je le crus vn homme de nostre Cour, que je ne connoissois pas. Mais à peine Glicere, & Telamon l'eurent-ils apperçû, qu'ils firent vn grand cri qui me surprit extrémément, & qui força Celanire de tourner la teste. Glicere & Telamon s'approcherent de cét inconnu dont l'air estoit si grand, & aprés avoir vû que c'estoit Cleandre, qu'ils croioient esclave parmi les Corsaires, l'embrasserent avec vn transport extréme. Mais pour Celanire, sa modestie retint vne partie de l'émotion, & de la tendresse
de

de son cœur. Il parut pourtant vn trouble si plein de joie sur son visage, que Cleandre vit assûrément dans ses beaux yeux, tous les sentimens de son ame, & dans cette agitation intérieure, qu'elle vouloit retenir, elle fut si belle, & si charmante, qu'on ne peut rien voir de plus touchant. Aussi Cleandre, dont j'appris alors le veritable nom, qu'il ne m'est pas encore permis de publier, ne regarda-t-il que Celanire, & quoiqu'il fust à ce beau salon, avec le bruit charmant que font ses jets, ses bouïllons, & ses napes d'eau, je croi pouvoir assûrer qu'il n'en vit & n'en entendit rien alors, n'aiant les yeux & l'esprit occupez que de Celanire. Celuy qui estoit

Qq

avec Cleandre, eſtoit parent de Glicere, & envoié par Euribiade. Aprés la premiere civilité, Celanire dit à Cleandre mille choſes obligeantes pour moi. De-ſorte, qu'il me fit vn compliment, qui me fit voir d'abord toute la délicateſſe de ſon eſprit; car ſans en dire ni trop, ni trop peu, il y eut en vn quart-d'heure, entre luy & moi, autant de liberté dans la converſation, que ſi nous nous fuſſions veus durant dix ans. Mais comme Celanire, Glicere, Telamon, & moi, avions vne envie extréme de ſavoir de quelle ſorte Cleandre eſtoit délivré, nous fûmes chercher vne allée au bout de laquelle eſt vne fontaine, où nous eſtant aſſis, Cleandre parla à Celanire, en ces termes. Mais quoiqu'il se servît alors des veritables noms des personnes qui sont mêlées dans cette histoire, je ne les emploierai pas, & ne les ferai point connoître, que Celanire ne me l'ait écrit. Mais enfin Cleandre parla de cette sorte.

SVITE DE L'HISTOIRE

DE CELANIRE.

JE vous demande pardon, Madame, si dans ce que j'ai à vous apprendre, il m'échape quelquefois de dire quelque chose qui vous déplaise: ne craignez pourtant pas que mon cœur ait jamais eu vne seule pensée qui approche de l'infidélité. Mais je vous avouërai ingenûment que le grand attachement que j'ai toûjours eu pour le Prince, m'a fait murmurer contre l'Amour en général, & murmurant, & me plaignant de cette passion, je n'ai pourtant jamais eu la force de souhaitter de ne vous aimer point. En effet, Madame, lorsque je reçûs le cruel commandement de m'éloigner, & de sortir des Etats du Prince, & que je considerai que je vous laissois exposée à l'amour de mon Maistre, à la jalousie d'Argelinde, à l'injustice d'Euribiade, aux importunitez d'Iphicrate, & à la brutalité de Cleonte: Je faisois mille souhaits au lieu d'vn ; mais mon esprit ne put jamais chercher mon repos par ma liberté. Enfin je partis, je me donnai l'honneur de vous écrire, j'écrivis aussi au Prince, & je fus m'embarquer pour aller en Candie. Vous avez sû, Madame, que je fus pris dans vn vaisseau, attaqué par plusieurs Corsaires : & s'il m'est permis de parler bien de moi, pour excuser ma prise, je vous dirai que nous n'eussions pas esté pris si la poudre n'eust manqué dans le vaisseau où j'estois, car si nous n'eussions pû vaincre, nous eussions eu recours à cét effroiable remede, qui oblige tant de Chrestiens à se brûler eux-mêmes, plûtost que de tomber entre les mains des Turcs. Mais n'y en aiant plus dans noftre vaiffeau, & eftant environné de partout, il falut ceder au nombre; & fi je l'ofe dire, je me défendis fi bien, que les Corfaires qui nous prirent, crurent qu'ils avoient beaucoup gagné en me prenant, & prirent enfuite la refolution de m'envoier au premier Vifir, efpérant que fi par vn traitement favorable, ils pouvoient me gagner, ils en tireroient de grans avantages. Ils ne me traiterent donc pas en efclave, comme les autres, mais en prifonnier, c'eft-à-dire, avec affez d'honnefteté, pour des gens de cette forte, & comme j'entendois affez bien vn certain Italien corrompu, qui eft entendu par tout le Levant,

DE CELANIRE. 615
je pouvois leur parler & les entendre. Je ne vous dis point, Madame, avec quel chagrin j'ai supporté cette cruelle avanture, dont la fin me paroissoit si affreuse ; mais seulement, qu'au milieu de mes fers, & parmi des Barbares, je vous ai toûjours rendu dans mon cœur, tous les témoignages d'affection, que je devois à la plus charmante personne du monde. Ce qui me tourmentoit alors le plus cruellement, estoit l'ignorance où j'estois, de ce qui se passoit: car je ne seus pas mesme alors ce que mes amis firent pour ma liberté, ce que le Prince fit, & ce que vous fites aussi, Madame. Je n'entendois parler tous les jours, que des prises qu'ils

Qq iiij

avoient faites, & de celles qu'ils espéroient faire. Et comme ces gens-là sont fort intéressez, ils ne voulurent pas me donner au premier Visir, qu'ils n'eussent essaié de savoir au vrai qui j'étois. Le Capitaine de ces Corsaires avoit dans son vaisseau trois ou quatre fort belles esclaves Chrestiennes, qu'il vouloit aussi donner au premier Visir, & quoique je ne leur parlasse point, elles me faisoient beaucoup de pitié : car je les voiois aussi affligées, que j'estois affligé. Il y en eut vne, qui estoit la plus considérable de toutes, qui trouva moien de m'écrire, par vn bas Officier qu'elle gagna, pour me prier, si je trouvois lieu de faire savoir de mes nouvelles en mon païs, de faire savoir au sien le pitoiable état où elle estoit : & afin de me donner plus de compassion de son malheur, elle me faisoit savoir, que s'étant embarquée avec son pere, pour aller se marier à vingt lieuës de là, à vn homme, dont il y avoit long-temps qu'elle estoit aimée, & qui estoit Gouverneur d'vne place, dont il n'osoit sortir pendant la guerre, elle avoit esté prise, & avoit vû mourir son pere. Vous pouvez juger, Madame, que je fis dire à cette malheureuse personne, que je la servirois en tout ce que je pourrois, si l'occasion s'en presentoit, mais que je craignois bien que la mort ne fust nostre seul remede. Nous courûmes ainsi, Madame, assez long-temps sur les mers de l'Archipel, où nous rencontrâmes deux vaisseaux Chrestiens, que les Corsaires attaquérent & prirent, sur vn desquels se trouva l'Amant de cette belle Captive, qui aiant sû son malheur s'estoit mis en mer pour aller traiter de sa rançon. Cét homme se défendit avec beaucoup de courage, & comme pendant ce combat on enferma tous les Captifs, je fus mis à vne petite chambre, proche de celle des belles esclaves. Lorsque le combat fut fini, & que les Corsaires firent passer ceux qu'ils avoient pris dans leur vaisseau, la belle esclave reconnut son Amant, & fit vn si grand cri, que ce nouveau captif, malgré le tumulte, la reconnut à la voix. Je ne m'arresterai pas, Madame, à vous representer la douleur de ces deux personnes. Mais je vous dirai, que ce nouveau prisonnier estant mis avec moi, & aiant compris par ce que la belle esclave avoit dit, que cét homme estoit celuy qu'elle devoit épouser, je luy parlai pour m'en éclaircir, & trouvai que c'estoit effectivement luy. Je me resolus de le servir en tout ce que je pourrois, & je crus que j'obligerois peut-estre le Ciel à soulager mes malheurs, si je prenois soin de soulager ceux des autres ; de-sorte que par le moien de celuy, dont cette belle affligée s'estoit servie pour me donner de ses nouvelles, je fis qu'ils se purent écrire, & qu'ils se parlerent mesme vne fois. Cét Amant affligé me soûtenoit tous les jours qu'il estoit le plus malheureux du monde, & qu'il n'eust compté pour rien d'estre esclave, si sa Maistresse ne l'avoit pas esté. Je convenois avec luy, que voir la personne qu'on aime esclave, estoit le plus grand malheur du monde; mais je pensois en moi-mesme, que celuy de savoir que sa Maîtresse peut estre à tous les momens enlevée par vn rival, sans la pouvoir secourir, & par vn rival qu'on aime, & qu'on doit aimer, estoit quelque chose que la Fortune n'avoit inventé que pour moi. Mais enfin, Madame, pour n'abuser pas de vostre patience, le Capitaine des Corsaires sachant que le Capitan Bassa estoit à l'Isle de Paris, avec cinquante-quatre galeres, qui avoient ordre d'aller en diligence porter vn puissant secours dans la Canée, il fut le trouver & traiter avec luy, pour me remettre entre les mains du grand Visir, & luy bailla aussi les belles esclaves, & je fus assez heureux, ou assez adroit, pour faire que cét Amant de la belle esclave vint avec moi. Et comme nous estions alors dans vne galere où il y avoit des poudres, nous ne craignîmes plus tant de tomber entre les mains du grand Visir. Mais nous resolumes pourtant de n'avoir recours à cét extréme remede qu'à la derniere extrémité. Cependant je puis dire que pendant le peu de jours que nous fûmes dans cette galere, on nous traita avec beaucoup de soin, car le Bassa voulant que le present qu'il devoit faire de nous au premier Visir, parust autant qu'il pourroit, commanda qu'on ne nous donnast aucun sujet de chagrin. Mais comme la belle esclave seut qu'on ne la traitoit ainsi, qu'afin de la faire paroistre plus belle, quand on la presenteroit au Visir, elle s'en affligea mortellement; & pour son Amant, & pour moi, nous regardâmes toûjours la mort, comme nostre vnique secours, & je pensai mille & mille fois, Madame, pour me consoler, à la compassion que vous auriez euë de moi, si vous m'eussiez vû en cét état. Pendant que le Bassa se préparoit pour aller à la Canée, il eut avis qu'il y avoit quatre vaisseaux de Malthe, commandez par quatre Chevaliers, qui estoient au port de Nio pour y faire nettoier vn de leurs vaisseaux. Il seut qu'on avoit mis toutes les provisions de ce vaisseau à terre, avec la plus grande partie de son artillerie, ne luy restant que vingt-quatre canons ; il apprit en même temps, que le second de ces vaisseaux avoit fait décendre ses voiles & décharger les équipages des Mariniers à terre pour faire plus de diligence ; que le troisiéme avoit fait la mesme chose ; qu'ainsi il n'y en avoit qu'vn qui fust tout-à-fait en état de défense. Mais quoique ce Bassa fust averti de tout cela, il n'eut nul dessein d'aller attaquer ces Chevaliers, soit qu'il voulust aller en diligence à la Canée, ou qu'il eust quelque autre intention. Cependant vn Commandant de la milice de ces Barbares, qui estoit present à l'avis qu'on luy donna, & qui connut qu'il vouloit éviter de combattre, entreprit de le luy persuader: emploiant tout ce qu'il put pour cela, & luy laissant mesme entendre que le premier Visir trouveroit fort mauvais qu'il n'eust pas voulu prendre quatre vaisseaux de Malthe, qui sont ennemis eternels des Turcs sur

toutes

toutes les mers de Levant. Ce Commandant exagera la différence des forces, & dit qu'il étoit persuadé que ces vaisseaux ne combatroient pas, & qu'il n'y avoit qu'à se presenter pour les prendre. Le Bassa n'osant resister davantage, fit cingler son armée vers le port de Nio. Vous pouvez juger, Madame, que le vaillant esclave, & moi, eusmes vne extréme augmentation de douleur, en voiant que ce combat si inégal devoit estre avantageux au Bassa. J'ai seu depuis, que dés que la garde des quatre vaisseaux de Malthe eut apperçû l'armée ennemie à la pointe du jour, & qu'elle eust fait le signal, ces braves Chevaliers, sans s'étonner de l'inégalité du nombre se mirent en état de bien recevoir d'aussi redoutables ennemis. Deux des Chevaliers demeurerent au fonds du port, pour défendre tout ce qu'ils avoient fait décharger de leurs vaisseaux, & les deux autres furent courageusement se mettre à travers, chacun à vne pointe de l'emboucheure, & s'y estant attachez & retranchez avec les seuls cordages qui leur restoient, & qui leur servoient de chaînes, ils s'embrasserent avant que d'entrer dans leur bord, s'exhortant de se signaler, & se promirent de se brûler plûtost eux-mesmes que de souffrir que leurs vaisseaux tombassent sous la puissance des Ottomans. Cependant, le Baſſa entreprit de les attaquer; mais conſidérant que ſes galeres ne pouvoient entrer dans cette emboucheure, qui eſtoit fort étroite, il ſe vit réduit à les faire canonner, & envoia huit galeres contre chaque vaiſſeau, qui les ſalüérent de tout leur canon, & de toute leur mouſqueterie, faiſant meſme débarquer trois mille ſoldats pour les attaquer par terre, auſſi bien que par mer. Mais ces hardis Chevaliers rendirent ſi bien le ſalut aux ſeize galeres qui les attaquoient, qu'ils les fracaſſérent toutes avant qu'elles puſſent faire place à celles qui leur devoient ſuccéder. Le Baſſa irrité de cette reſiſtance, fit retirer les ſeize galeres, & en mena vingt en personne; mais cette seconde attaque luy succéda encore plus mal que la premiere : car comme ces infidéles vont au combat à découvert, c'est-à-dire, sans nulle pavesade à leurs galeres, il perdit beaucoup d'hommes par la mousqueterie des Chevaliers, & il fut luy-même blessé legerement, ce qui l'obligea de se retirer, & d'envoier pour la troisiéme fois d'autres galeres à l'attaque, qui n'eurent pas vn meilleur succés. En ce mesme temps vn des vaisseaux qui estoient demeurez au fonds du port, s'estant venu mettre auprés des autres, tourna son artillerie du costé de terre, pour donner sur ces trois mille soldats, que le Bassa avoit fait décendre, & qui defoloient par leur moufqueterie, tout ce qui paroiſſoit ſur ces vaiſſeaux, qui tirerent chacun plus de deux mille coups de canon. Auſſi peut-on dire, qu'on n'a jamais entendu vn tel fracas, il dura meſme juſques à la nuit; car les galeres tirerent continuellement, les ſoldats qu'on avoit débarquez, en firent autant, & les hurlemens que font les Turcs en combattant, rendirent ce grand bruit plus terrible. Le vent s'eſtant rafraîchi, les galeres ſe mirent en devoir de ſe retirer, craignant que les vainqueurs ne ſe miſſent à la voile; ce qu'ils euſſent fait, ſans doute, ſi deux de leurs arbres n'euſſent eſté rompus. Mais c'eſtoit assez pour eux, d'avoir fracassé toutes les galeres ennemies, blessé le Bassa, tué plus de six cens hommes, & plusieurs Officiers, fait perdre plusieurs galeres, comme je vous le dirai, & d'être demeurez maistres de la mer. Pendant ce combat, le vaillant esclave & moi, qui estions dans vne galere, commandée par vn Officier, appellé Muza Mama, prîmes la resolution d'essaier de faire quelque chose, ou qui facilitast la victoire aux Chevaliers, ou qui nous donnast nostre liberté. Vous pouvez penser, Madame, que nous n'eûmes pas beaucoup de temps à nous préparer à ce dessein, nous avions seulement remarqué qu'il y avoit beaucoup d'esclaves dans

DE CELANIRE.
cette galere, & qu'il seroit aisé de s'en rendre maistres, pourveu que nous pussions nous défaire des Officiers. Nous nous servîmes de ce bon Officier que nous avions déja gagné pour nous donner de quoi écrire, & par luy nous eûmes le moien de sortir la nuit du lieu où l'on nous enfermoit. Nous avons sû depuis, que cét Officier Turc avoit esté converti par vn esclave Chrestien, & que l'envie de nous suivre luy fit agréer toutes les promesses que nous luy fîmes, sans luy découvrir nostre véritable dessein, de peur qu'il n'y voulust pas consentir. Nous convînmes seulement qu'il nous donneroit moien de sortir la nuit du lieu où nous

estions enfermez, que nous pourrions aussi faire sortir les belles esclaves, & qu'il feroit en sorte que le caïque de la galere pût estre proche en cas de besoin. Tout cela fut promis & executé, pour attendre l'occasion qui pouvoit naistre pendant le combat, & cependant, ayant parlé à vn esclave Chrestien, qui avertit tous les autres de se joindre à nous si l'occasion en venoit, nous attendîmes ce qu'il plairoit au Ciel de nous envoier. Le combat dont je vous ai parlé estant fini par la victoire des Chevaliers, & le Bassa voulant se retirer avant que le jour parust, & faire rembarquer les soldats qu'on avoit mis à terre, nostre galere fut commandée pour les aller recevoir des barques qui alloient les prendre à terre, car les galeres n'en pouvoient approcher. Ce fut alors que le vaillant esclave, & moi, emportez par vn mouvement que nous ne pûmes retenir, & presque sans nulle espérance d'vn bon succés, sortîmes avec des armes que l'Officier nous avoit baillées secretement, & sans balancer nous fûmes attaquer Muza Mama, criant aux esclaves, liberté, liberté. Ce Capitaine qui estoit fort brave se mit en devoir de se défendre, & se défendit en effet, mais tous les siens qui estoient épouvantez par l'héroïque resistance des Chevaliers, crûrent que nous estions cent au lieu de deux, & bien loin de se ranger auprés de luy, ils se jettérent dans les barques qu'on alloit envoier pour prendre ceux qui estoient à terre, & il n'en resta que huit ou dix, dont le vaillant esclave & moi, secondez de quelques Chrestiens qui rompirent leurs chaînes, nous fûmes bien-tost défaits. A l'heure-mesme, estant maîtres de la Chiorme, nous fîmes prendre la pleine mer à la galere, & courageusement nous tirâmes le canon sur les galeres Ottomanes, & en fîmes couler vne à fond. L'Officier que nous avions gagné fut surpris de ce bon succés, & l'attribuant au dessein qu'il avoit d'estre Chrestien, il nous aida à rompre les chaînes de tous les Chrestiens. Ce-

DE CELANIRE.

pendant, les Turcs ne savoient ce qui se passoit dans nostre galere, & nous eussions pû l'emmener, si ce n'eust esté que tout d'vn coup ayant appris par vne barque, ce qui s'estoit passé, toute l'artillerie des Ottomans donna sur nous. Nous jugeâmes que la galere ne pourroit plus guere aller, faisant eau de toutes parts, & voiant que nous avions vn caïque, nous nous mîmes dedans avec les belles esclaves, l'Officier, & autant de Chrestiens qu'il en put contenir, & à la faveur de la nuit nous nous sauvâmes, & fûmes pour prendre terre au dessus de Nio. Mais à peine eûmes-nous quité la galere, qu'elle coula à fond, aussi-bien que deux autres qui avoient efté fracaſſées par l'artillerie des Chevaliers. Il ne nous fut pas auſſi aiſé d'aborder que nous l'avions cru, car vn vent impetueux aiant ſoufflé toute la nuit, & la mer s'éſtant enflée épouvantablement, avoit inondé toute la campagne, en deux heures de temps. Les mêmes vagues qui avoient empéché beaucoup de Turcs de ſe rembarquer, empéchoient noſtre petite troupe de mettre pied à terre, & tout ce que nous pûmes faire, voiant que noſtre barque faiſoit eau, fut d'approcher d'vn petit tertre, ſur lequel nous cherchâmes vn aſyle, en attendant que la mer ſe fuſt retirée. Mais lorſque le jour parut nous vîmes que la terre reſſembloit à la mer, tant l'inondation estoit grande, excepté qu'on voioit quantité de bagage & de morts flotter sur les eaux, entremêlez avec plusieurs Turcs vivans, qui se trouvoient en vn état terrible; car du costé de la mer, ils ne voioient point de barques pour les recevoir, & du costé de la terre tout leur estoit ennemi. On en voioit plusieurs estre dans l'eau jusques à la ceinture, & pensant trouver vn terrain plus ferme, s'enfoncer & se noier. Mais par malheur pour nous, le plus grand nombre ayant à la fin trouvé quelques roches, ils se rassemblerent, & nous voiant sur ce tertre, d'où ils ne pouvoient approcher, ils nous couvrirent de fléches, & je puis dire ne m'eſtre jamais trouvé en vn ſi grand peril; il eſtoit d'autant plus terrible, que nous ne pouvions nous défendre, n'aiant que nos cimeterres pour toutes armes; car ſoit en ſortant de la galere, ou en quitant la barque, nous avions eſté contraints d'abandonner les autres armes. Voiant donc qu'à la fin nous peririons miſérablement, ſans nulle gloire; je dis au vaillant eſclave, que malgré l'eau qui nous environnoit, il faloit aller attaquer ces Barbares le cimeterre à la main, & que du moins en nous ſéparant de la belle eſclave, nous l'empécherions d'eſtre expoſée à leurs traits, puiſqu'apparamment ils ne tireroient que ſur nous. J'ex-

DE CELANIRE.

hortai ma petite troupe, & malgré les prieres des Dames qui vouloient nous retenir, nous fûmes moitié en marchant, moitié en nageant attaquer ces Barbares, qui furent si surpris de nostre resolution, qu'ils cesserent de tirer pour vn moment, pendant quoi aiant gagné le terrain, nous fûmes à eux avec beaucoup d'impetuosité. Je ne vous dirai point, Madame, le détail de cette action, qui fut aussi heureuse qu'elle avoit paru temeraire aux Turcs, car nous les défismes entiérement, la pluspart furent tuez, les autres se noiérent en voulant fuïr; je pris le principal Officier de ma main, & le reste se rendit sans condition. La mer s'estant retirée, nous rejoignîmes la belle esclave. Il seroit impossible de vous representer quelle fut sa joie, & celle de son Amant, qui ont voulu emmener avec eux l'Officier, qui nous avoit si bien servis, & à qui j'ai envoié vn magnifique present. Je ne m'arresterai pas non plus à vous dire comment nous fûmes à Nio, ni comme nous en partîmes : je vous assurerai seulement, Madame, que l'espérance de vous revoir, me donna pour vn moment vne joie incroiable ; mais vn instant aprés, la mort me parut plus douce que ma fortune, j'eus regret de n'estre pas demeuré dans ce combat. Je me trouvai alors dans la nécessité de me raprocher de mon païs, afin d'avoir de l'argent, ne voulant pas aller

aller en Candie, comme vn simple avanturier, & si je l'ose dire, Madame, je ne me rapprochai de vous, que parce que mon cœur ne pouvoit souffrir que je m'en éloignasse, sans savoir du moins encore vne fois de vos nouvelles. Le vaillant esclave voulut que j'allasse au lieu dont il est le Gouverneur, ou pour mieux dire le maître, & où il épousa sa Maistresse. Je fus contraint d'y demeurer quelque temps, pendant que j'envoiai vers celuy à qui j'avois laissé le soin de mes affaires : je luy adressois mesme vn paquet pour Glicere, n'osant vous écrire, que je ne sceusse l'état des choses, qui pouvoient avoir changé depuis mon départ, & ne voulant rien hasarder de peur de vous déplaire. Cependant la felicité des deux perſonnes que j'avois eu le bonheur de ſervir, redoubloit mes chagrins malgré moi, & mon vnique conſolation eſtoit d'aller penſer à vous, Madame, en me promenant au bord de la mer. Comme j'y eſtois vn ſoir pendant que mon ami recevoit des dépeſches importantes, & que j'avois l'eſprit occupé de ma paſſion & de ma mélancolie, m'y eſtant arrêté fort long-temps, il vint m'interrompre, & m'abordant avec vn viſage fort gai, Il n'eſt plus temps, me dit-il, de vous amuſer à vous plaindre, il faut délivrer Celanire, & vous venger de tous vos rivaux. Helas! repris-je en ſoûpirant, j'en ai peut-eſtre vn dont je ne voudrois pas eſtre vengé. Cleandre s'arréta pour vn moment, & reprenant la parole avec vn air reſpectueux, en regardant Celanire : Je vous demande pardon, Madame, ſi je vous rapporte peut-eſtre trop fidélement tous les ſentimens de mon cœur ; mais comme j'ai toûjours remarqué que vous aimez autant la ſincérité que le ſecret, je vous dirai tout ce qui me paſſa dans l'eſprit, en cette occaſion. Mon ami m'entendant parler ainſi, me dit que je ne ſongeois pas à ce que je diſois, & qu'enfin ſi je voulois entrer dans vne puiſſante ligue, qui ſe formoit, & dont on le ſollicitoit d'eſtre, il s'engageoit à me donner moien de vous enlever du lieu où je croiois que vous estiez, & de me venger d'Euribiade & de tous mes rivaux. Cette proposition fut faite avec beaucoup plus de force & de circonstances que je ne vous la rapporte. Car prenant vne entiere confiance en moi, on me fit voir tres-clairement que la chose estoit possible, & comme indubitable, ce qui excita vn trouble si grand dans mon cœur, que je ne me suis jamais trouvé en vn tel embarras. D'abord ne regardant que Cleonte prest à vous épouser, Euribiade mon ennemi mortel, & Iphicrate toûjours cherchant à me nuire, je trouvai la vengeance belle & agréable, & me figurant mesme vous avoir déja mise en liberté, je crus durant vn instant, que c'estoit la plus belle action du monde. Mais, Madame, oserois-je vous le dire, croiant voir le Prince parmi mes rivaux, je ne vis plus les choses comme je les voiois; je me vis rebelle, ingrat, & perfide envers mon Maistre, si j'écoutois seulement cette proposition. Ce grand sentiment de vertu pensa pourtant estre étouffé dans mon cœur, quand je me figurai, que peut-estre en n'écoutant pas la proposition qu'on me faisoit, je serois cause que je vous perdrois pour toûjours, & peu s'en falut alors que je ne changeasse d'avis. Mon ami me voiant dans vne cruelle incertitude, qui paroissoit par vn silence fort inquiet, me pressa de luy répondre. Depuis quand, me dit-il, l'amour cede-t-il à la droite raifon, & en quel lieu a-t-on vû vn Amant hefiter s'il délivreroit fa Maiftreffe, & s'il voudroit eftre heureux? Pour moi, lorfque j'eftois parmi les Turcs, j'euffe fait la guerre à tous les Princes du monde pour tirer la mienne des fers ; & cependant vous m'avez toûjours foûtenu que vous eftiez plus amoureux que moi. Ce cruel & injufte reproche me fit rougir & m'irrita, & j'eus vne certaine confufion que je ne pus démêler alors. En effet, je ne favois fi j'eftois honteux de n'avoir pas affez de vertu, ou fi c'eftoit de n'avoir pas affez d'amour, & j'étois en colére, fans favoir précifément dequoi. Mais tout d'vn coup, Madame, vous terminâtes ce grand différent, & venant à penser que vous ne voudriez pas que je vous délivrasse en vous enlevant, ni que je fisse vne mauvaise action pour vous servir ; la peur de vous déplaire, soûtint ma vertu. Quoi, disois-je en moi-mesme, pourrois-je penser que l'admirable Celanire, aprés avoir témoigné tant d'aversion pour le moindre éclat, dans vne affection la plus innocente du monde, pust approuver vn éclat tel que celuy-ci, qui persuaderoit à toute la terre, que nous serions dignes de tous nos malheurs ? Vous eustes raison, interrompit alors Celanire, & si vous eussiez fait vne action comme celle-là, vous eussiez perdu mon cœur pour toûjours, car qui n'auroit cru que j'eusse eu part à cette entreprise ? Oserois-je encore vous dire, Madame, ajoûta Cleandre, que vous ne fustes pas seule à me persuader d'estre généreux ? Le Prince m'apparut avec toute sa bonté, avant que je le crusse mon rival, je vis en vn instant toutes les graces que j'en ai reçûës, & je me vis aprés cela tout noirci d'ingratitude, & absolument indigne de vous, si je pouvois entrer dans vn parti qui seroit contre luy. Non, non, dis-je alors à mon ami, je ne puis écouter ce que vous me proposez, je serois également indigne de Celanire, & de tous les bien-faits que j'ai reçûs du Prince. Quand on est ingrat envers son Maistre, on peut l'estre ensuite envers sa Maistresse, & quand on a le cœur noble, on ne peut jamais estre heureux par vne lâcheté. Vous consentez donc, me dit mon ami, à ne revoir jamais Celanire, & à l'abandonner à la passion de vos rivaux, & à la haine d'Argelinde. Ah ! cruel ami, repris-je, quel plaisir prenez-vous à mettre mon ame à la gehesne ? Ne voiez-vous pas que l'amour a autant de part à ce que je fais que la générosité, & que pour conserver l'estime de Celanire, je renonce au plaisir de la vengeance, & je considére en la personne du Prince, la qualité de maistre, plus que celle de rival ? Je resvai alors, je marchai, je me séparai de mon ami, je revins à luy, je pensai mille choses qui se détruisoient les vnes les autres, je formai cent desseins, & les abandonnai vn moment aprés. Puis tout d'vn coup je me rapproche de mon ami, & le regardant comme vn homme de qui j'attendois toutes choses ; Oüy, luy dis-je, c'est de vous que je veux tenir Celanire, c'est à vous à qui je devrai tout le bonheur de ma vie. Vous avez donc enfin resolu de me croire, reprit-il. Nullement, repliquai-je ; au contraire, j'ai resolu de vous persuader de refuser d'entrer dans la ligue, dont vous m'avez parlé, & de venir avec moi avertir le Prince de ce qui se trame contre luy. Vous n'avez encore rien promis, ajoûtai-je, voſtre honneur ne ſera point bleſſé, & rendant vn auſſi grand ſervice au plus généreux Prince du monde, il aura peut-eſtre pitié de mon malheur, il me pardonnera de luy avoir déguiſé la verité vne ſeule fois, pour l'intéreſt de ma paſſion, & me rendra Celanire. De plus, pourſuivois-je, le parti où vous voulez entrer, eſt injuſte, celuy dont je vous veux mettre, eſt équitable, & rien ne doit vous retenir. Mon ami ne ſe rendit pourtant pas d'abord, diverſes raiſons d'intéreſt, qu'il ne me diſoit point, le retenoient, & nous diſputâmes enſemble aſſez fortement; de ſorte que la belle perſonne qu'il avoit épouſée, eſtant venuë nous joindre, & aiant remarqué que nous avions quelque contestation, elle voulut absolument la savoir : & comme je ne doutai pas qu'elle ne fust dans mes sentimens, non seulement parce qu'elle avoit paru fort sensible au service que je luy avois rendu ; mais encore parce que ce que je proposois empêchoit vne grande guerre, où son mari, qu'elle aime tendrement, eust esté engagé, je luy dis qu'il ne tiendroit pas à moi qu'elle ne fust juge du différent qui estoit entre nous. Mon ami qui l'aimoit éperdûment, & qui l'estimoit assez pour luy confier toutes choses, consentit qu'elle aprist par moi le sujet de nostre contesta-

DE CELANIRE.

tion ; mais à peine eus-je dit dequoi il s'agissoit, que cette généreuse femme prenant la parole: Quoi, luy dit-elle, vous pourrez refuser quelque chose à vn homme à qui je dois la vie, la liberté, & la gloire? Ah! non, non, il ne faut pas hesiter vn moment, il faut luy rendre Celanire en servant son Prince, & il faut faire absolument tout ce qu'il voudra. Vous ne trahissez personne, puisque vous n'avez rien promis, vous estes reconnoissant, vous étouffez vne grande guerre, & vous m'obligerez sensiblement en obligeant vn homme qui m'a si généreusement délivrée. Enfin, Madame, sans m'amuser davantage à vous repeter tout ce qui fut dit en cét entretien, mon ami céda à nos raisons, & à nos priéres, il amusa de paroles ambiguës, ceux qui vouloient l'engager dans la ligue, & me fit connoistre qu'il la pouvoit dissiper, & qu'il le feroit, si le Prince me traitoit bien. L'homme que j'avois envoié vers celuy à qui j'avois laissé le soin de mes affaires, revint, & j'appris alors vostre éloignement, celuy de Glicere & de Telamon, avec de la joie & de la douleur, Madame, car je compris bien que vous fuyiez tous mes rivaux. Mais oserai-je vous dire le plus bizarre sentiment du monde, & le plus nouveau, c'est qu'en me réjouïssant de ce que Cleonte, & Iphicrate ne vous pouvoient plus perfecuter, j'eus prefque pitié du Prince, que je croiois amoureux de vous, & que je prevoiois devoir eftre fort affligé de voftre fuite. Ce n'eft pas que j'euffe voulu qu'il vous euft euë en fon pouvoir ; mais c'eft, fi je l'ofe dire, que jamais l'amour, ni la jaloufie n'ont pû étouffer dans mon cœur le refpect & l'amitié que j'ai toûjours eus pour luy. J'appris en mefme temps, par vn de mes amis, à qui j'avois écrit, que le Prince avoit paru fort touché de mon malheur, & qu'il avoit donné plufieurs ordres fecrets, pour travailler à ma liberté. Cette nouvelle me confirma dans le fentiment où j'étois ; car, difois-je en moi-même, si le Prince est mon rival, il est bien généreux d'avoir songé à ma liberté, & s'il ne l'est pas, je suis plus obligé que jamais à faire toutes choses pour son service. Je n'entreprens pas, Madame, de vous dire quelle impatience j'avois de savoir en quel lieu vous estiez. Quand je songeois que Glicere & Telamon estoient avec vous, & que je n'en estois pas haï, je me flatois de la pensée qu'ils vous parloient quelquefois de moi. Mais aprés tout, la crainte & la jalousie estoient toûjours les plus fortes. Cependant, mon ami s'estant déterminé à me servir, nous partîmes & fûmes à la frontiére la plus proche du lieu où le Prince fait son sejour ordinaire.

dinaire. Je luy écrivis, & le suppliai instamment de m'accorder vn moment d'audience secrette, pour quelque chose qui le regardoit directement, & qui estoit de grande conséquence. Le Prince qui me croioit esclave, fut surpris de ma lettre, & me fit dire qu'il iroit à la chasse le jour suivant, que je me trouvasse à vne de ses maisons de ce costé-là, qu'il y décendroit, & me verroit dans les jardins à vn lieu qu'il me designa. J'y fus donc, Madame : mais de vous dire avec quels sentimens, je ne puis vous l'exprimer. Quoi, disois-je en moi-mesme, je vais trouver vn rival, & vn rival qui a voulu m'enlever Celanire ? mais, reprenois-je vn instant aprés, c'est mon Maistre, à qui je dois tout l'éclat de ma fortune. Helas! ajoûtois-je à l'heure-mesme, que me sert cét éclat sans Celanire? Enfin, Madame, je pensai cent choses contraires les vnes aux autres, & j'eus le cœur déchiré de cent maniéres différentes. Je menai celuy qui m'avoit donné l'avis, afin de le faire parler au Prince, s'il l'avoit agréable, mais comme j'avois l'esprit fort agité, nous nous égarâmes, & au lieu d'aller au chasteau où j'avois ordre d'aller par le chemin le plus court, je pris le plus long, & nous nous trouvâmes dans vn bois où des assassins s'estoient cachez, pour faire perdre la vie à Euribiade, qui devoit passer par là, & qui y passa en effet, vn quart-d'heure aprés que mon ami & moi y arrivâmes; de-sorte qu'il fut attaqué par ces gens-là avec beaucoup de fureur. D'abord, l'opinion où il estoit que tout le mal qui luy arrivoit, devoit estre causé par ceux de ma Maison, luy fit venir dans l'esprit que c'estoit moi ou quelqu'vn de mes proches qui luy avoient dressé cette partie, & qu'on feignoit que j'estois esclave; & au même instant que je le vis environné de plusieurs hommes qui l'alloient tuer, j'entendis qu'il crioit, Ah! traistre Cleandre, c'est toi qui me veux faire perir. Nullement, luy dis-je, mais c'est moi que le Ciel envoie à vôtre secours: Et en effet, estant secondé de mon ami, & de deux Escuiers qui nous suivoient, nous tuâmes ou fîmes fuïr dix ou douze hommes qui l'attaquoient, & qu'on a cru avoir esté suscitez par Cleonte, qui est venu à croire qu'Euribiade luy vouloit manquer de parole, & ne vouloit que jouïr du grand bien qui vous appartient, sans vous marier. L'étonnement d'Euribiade fut sans doute extréme, & sa fierté eut de la peine à luy permettre de témoigner quelque reconnoissance à vn homme qu'il n'aimoit pas. Mais dans ce moment le Prince arriva, que la chasse avoit attiré plus loin qu'il n'avoit voulu ; & voiant Euribiade couvert de sang pour deux legeres blessûres qu'il avoit reçûës avant que je fusse venu à son secours, & appercevant encore quelques gens morts dans le bois, il demeura étonné de trouver Euribiade & moi l'épée à la main, & demanda ce que c'eſtoit. Je crus que la modeſtie vouloit que je laiſſaſſe parler Euribiade, qui tout embarraſſé entre la haine & la reconnoiſſance, fut vn moment ſans rien dire, pour voir ſi je répondrois. Mais à la fin prenant la parole, j'avouë avec confuſion, reprit-il, que je dois la vie à Cleandre, & que ſans luy, j'eſtois preſt de ceder au nombre de pluſieurs aſſaſſins qui m'ont attaqué. Seigneur, dis-je alors au Prince, ne pouvant deviner s'il vouloit qu'on ſeût que je le devois voir, je vous demande pardon d'oſer me presenter devant vous, mais c'est la Fortune qui l'a fait, & non pas moi. Quand on a sauvé la vie à vn de mes amis, repliqua le Prince, on revient toûjours à propos, & je vous commande de me suivre. Aprés cela il ordonna qu'on menast Euribiade au Chasteau qui n'estoit pas loin, afin qu'on pensast ses blessûres, & il alla devant au galop. Dés qu'il fut décendu, il m'appella, & me menant dans vne allée, où il défendit aux siens de le suivre, il me regarda fixement, & se souvenant d'vne des derniéres conversations que j'avois euës avec luy : Et bien, Cleandre, me dit-il, qui suis-je, & qui estes-vous ? Helas, Seigneur, repris-je avec vne inquiétude étrange, je suis vn malheureux, qui ne suis coupable envers vous que parce que l'obeïssance que j'ai voulu rendre à vne admirable personne, m'a forcé de vous déguiser la vérité, & que le respect que j'ai eu pour vous, m'a aussi empêché de vous dire mes sentimens. Quoi, Cleandre, me dit-il, aprés tant de témoignages de bonté que vous aviez reçûs de moi, vous faites semblant de vous éloigner, & d'aller combatre la passion que vous avez dans l'ame, & cependant vous faites tout le contraire de ce que vous me promettez. Ah ! Seigneur, luy dis-je, si vous saviez en quel état estoit mon esprit, & la peine que j'avois à vous déguiser la vérité, vous me le pardonneriez. Mais encore, repliqua le Prince, par quel motif me trompâtes-vous. Ah! Seigneur, repris-je, oferai-je vous dire, que vous croiant Amant de Celanire, je n'eus pas la hardieffe de vous déclarer que je ne pouvois combattre ma paffion, & vn faux refpect, & vn veritable amour, furent caufe du menfonge que je fis. Mais, Seigneur, je vous dirois plus de chofes qui pourroient fervir à ma juftification, fi je favois le véritable état de voftre cœur pour Celanire : car dans le doute où je fuis, fi vous l'aimez ou non, je n'ofe parler de ma paffion, & cependant ce n'eft que par fa grandeur, que je puis diminuer ma faute à vôtre égard. Ainsi, Seigneur, dans l'incertitude où je me trouve, je suis contraint de vous supplier seulement d'écouter les avis que j'ai à vous donner. Et en effet, le Prince m'aiant commandé de luy expliquer comment je m'estois sauvé, & ce que j'avois à luy dire, je luy rapportai tout ce que mon ami m'avoit appris pour son service, qui estoit vne chose de la derniere conséquence, dont mon ami luy donna des preuves le soir mesme, quand le Prince le fit appeller dans son cabinet. Je ne luy dis pourtant pas ce qui s'estoit passé, lorsque j'avois refusé d'entrer dans vne ligue contre ses intérests ; ce fut par mon ami qu'il l'apprit, & cette action me remit dans son esprit aussi bien qu'auparavant. Mais pour en revenir où j'en étois, le Prince reprenant son premier discours me demanda pour qui je croiois qu'il avoit eu dessein de vous tirer du lieu où vous estiez. Helas ! luy dis-je bien embarrassé; je ne sai ce que je dois répondre; mais s'il faut dire la vérité, j'ai cru que vous vouliez m'oster Celanire pour quelque heureux rival, que je n'ose nommer. Vous estes vn ingrat, me dit le Prince en me tendant la main : car il est vrai que lorsque je songeai à tirer Celanire du lieu où elle estoit, c'est que je fus averti qu'Argelinde & Euribiade s'estant joints d'intérests la vouloient enlever pour Cleonte. Mais, Seigneur, repris-je, vous m'avez dit autrefois que vous avez confenti à cét injufte mariage. Ah! Cleandre, s'écria le Prince, fi vous aviez vn fecret dont je n'eſtois pas, j'en avois vn auſſi dont vous n'eſtiez point, & que je veux bien vous dire aujourd'huy. Sachez donc, que bien que vous ayez cru que j'ai eu vne grande & violente paſſion pour Argelinde, mon cœur n'en a pas eſté abſolument penétré. Je n'ai aimé que trois perſonnes en ma vie. La Princeſſe Argelinde, comme vous ſavez, en eſt vne ; mais ce fut parce que je connus qu'elle m'aimoit, & qu'elle defiroit que je l'aimaſſe. Ainſi la reconnoiſſance fut la plus grande cauſe de ma paſſion, qui fut neantmoins devenuë plus forte fans les jalousies continuelles, dont elle m'a persecuté. La seconde, fut Celanire, il le faut avouër ; mais vous aimant, & ne voulant pas m'engager à aimer fans estre aimé, j'ai tenu toute la conduite que vous avez veuë pour tâcher de vous dégager de l'amour de Celanire, & pour découvrir si elle vous aimoit ; car de l'humeur dont je suis, je voulois vn cœur fans engagement, & j'estois assez-équitable, pour ne vouloir pas vous rendre miférable, fans me rendre heureux. Mais, Cleandre, le procedé & la fuite de Celanire m'a si bien fait connoistre qu'elle vous aime véritablement, que depuis cela j'ai excusé ce que l'amour vous a fait faire contre moi, & je me suis entiérement gueri de cette amour naissante, qui n'avoit esté soûtenuë de nulle espérance: Et pour vous ouvrir entiérement mon cœur, je n'épouserai point Argelinde, quoique la politique le veuïlle, & renoncerai à la grande passion pour toûjours. Mais, Seigneur, repris-je, vous m'avez fait l'honneur de me dire que vous avez aimé trois personnes, & vous n'en avez nommé que deux. Il est vrai, reprit-il, mais c'est que j'ai promis de ne nommer jamais la troisiéme. Et qu'au milieu de la Cour, sans que qui que ce soit le sache, j'ai aimé éperdûment vne personne avec qui j'ai eu vn secret que je ne puis reveler. Car je n'ai nul sujet de me plaindre d'elle ; elle ne m'a point aimé, parce qu'elle ne vouloit rien aimer ; & parce qu'elle n'a jamais pû croire que je luy pusse sacrifier Argelinde. Je luy ai promis de ne découvrir pas ce qui s'est passé entre nous , & je luy tiendrai ma parole. Mais aprés avoir aimé par reconnoissance, & en avoir esté si persécuté ; aprés avoir aimé Celanire, qui vous aime fidélement, & avoir aimé vne autre personne qui ne veut rien aimer, je me suis resolu de l'imiter. Je serai galant, tant que l'âge de la galanterie durera, je me marierai, comme tous les Princes se marient, par raison d'Etat seulement, & je défendrai mon cœur d'vne violente paffion, autant qu'il me fera poffible. Cependant, par des fentimens de reconnoiffance pour Argelinde, j'ai fait en forte qu'elle époufera vn Prince, qui, en l'éloignant, l'empéchera de me donner, ni marques d'amour, ni marques de haine, & je tâcherai de vivre en repos, & de trouver en l'amitié, la fatisfaction que l'amour ne m'a pu donner. Vous pouvez juger, Madame, que je dis au Prince tout ce que le refpect que j'ai toûjours eu pour luy, me put infpirer de plus tendre. Aprés quoi il eut la bonté d'examiner avec moi quelle voie il faudroit tenir pour appaifer les parens d'Alcinor, qui ne luy eftoient pas fort proches, &

pour porter Euribiade à changer de volonté à mon égard. Pendant que Cleandre parloit ainſi, Celanire eut divers ſentimens dans le cœur ; car elle eut bien de la joie de revoir Cleandre, d'apprendre le ſervice qu'il avoit rendu à Euribiade, & que le Prince n'avoit plus d'amour pour elle ; mais ſa ſcrupuleuſe générosité luy faiſoit douter qu'il fuſt beau qu'elle épouſaſt Cleandre, aprés la déclaration que ſon pere avoit laiſſée. Elle ne fut pas long-temps en cette inquiétude : car Cleandre reprit ainſi la parole. Aprés vn entretien aſſez long, où je retrouvai dans l'eſprit du Prince, la meſme confiance qu'il avoit autrefois, & la meſme bonté, il
me

me commanda de demeurer dans le chasteau, d'où il me rapelleroit bien-tost, & aiant conféré le soir avec celuy qui devoit luy rendre vn si grand service, il retourna à la ville, & le lendemain au matin il m'envoia querir. Je trouvai auprés de luy le fameux Solitaire, qui à ce que j'ai seû, eut l'honneur de vous voir dans vostre solitude, lorsque j'estois caché, & que ce Prince a forcé de demeurer proche de la Cour, pour aller quelquefois apprendre de cét homme sans nul interest, ce qu'il ne peut savoir de tous ceux qui l'environnent. Dés que le Prince me vit, il me dit que Philemon luy avoit apporté vn papier, qui apparamment m'alloit
Vu

rendre le plus heureux homme du monde. Aprés quoi il me montra, Madame, la véritable déclaration que feu voſtre généreux pere avoit faite deux jours avant ſa mort, & depuis celle qu'Euribiade avoit montrée. Et que porte cette déclaration? reprit Celanire en rougiſſant. Elle porte, Madame, repliqua-t-il, qu'il reconnoiſt que la plus injuſte choſe du monde, eſt de vouloir eterniſer la haine; qu'il ſe repent d'avoir veſcu ſi long-temps dans des ſentimens oppoſez; & qu'il declare qu'il entend qu'Euribiade faſſe tout ce qu'il pourra pour réünir ſa Maiſon & la mienne, par vn heureux mariage. Mais, reprit Celanire d'vn air fort modeſte, comment Philemon a-t-il eu cette déclaration. Il dit au Prince, Madame, répliqua Cleandre, qu'il avoit juré solemnellement de ne le reveler pas, & tout le monde crut dans la Cour qu'Euribiade voiant que j'avois esté assez heureux pour luy sauver la vie, s'estoit resolu de montrer cette derniere déclaration qu'il avoit supprimée. Il y a lieu en effet de le croire ainsi, car lorsque le Prince la luy envoia montrer dans son lit, estant hors de danger, il dit qu'il connoissoit bien qu'elle estoit véritable, qu'il n'étoit pas besoin d'approfondir davantage les choses, & qu'il me devoit assez pour ne s'opposer pas à mon bonheur: de-sorte, Madame, qu'aprés cela il ne s'est plus agi que de venir vous avertir de cette grande nouvelle. J'ai seû par la premiére des Vierges voilées, que vous estiez à Paris, j'y suis arrivé aujourd'hui, & aiant appris que vous estiez à Versailles, j'y suis venu à l'heure mesme. Tisandre que vous voiez avec moi, vous la confirmera, & vous dira qu'Euribiade & Elisene ont consenti que je vinsse avec luy, qu'ils vous écrivent & vous attendent avec impatience ; que le Prince veut estre vostre ami, au lieu d'estre vostre amant ; que toute la Cour vous souhaite passionnément, & qu'Argelinde n'y sera plus quand vous y arriverez. Et pour moi, Madame, je vous dis que si vous estes toûjours la mesme, je serai le plus heureux de tous les hommes, & que je me souviendrai eternellement de Versailles, si vous avez la bonté de m'y dire que vous ne vous opposez pas à ma felicité, lorsque tout semble m'estre favorable. Quand je serai retournée en mon païs, répondit Celanire avec beaucoup de modestie, je vous promets de ne m'opposer pas aux dernieres volontez d'vn pere que j'ai fort respecté, & de suivre toûjours pour vous tout ce que la raison & la vertu me permettront. Je n'en veux pas davantage, Madame, reprit Cleandre, & je suis trop heureux d'vne si glorieuse espérance. Alors nous témoignâmes tous à Celanire la part que nous prenions à sa joie. Et comme il estoit déja assez tard, nous reprîmes le chemin de Paris. Mais ce ne fut pas sans recommencer à parler du Roi : car comme Celanire avoit vne modestie extréme, elle voulut éviter que Cleandre luy parlast de sa passion, & se mit à luy rapporter tout ce que je luy avois dit de cét incomparable Prince, au commencement de nostre promenade.

FIN.